59
60

CALGARY
SEOUL

OLYMPISCHE SPIELE 1988

Mit Beiträgen
von Ulrich Kaiser
und
Rudi Holzberger

Herausgegeben
von Dieter Kürten

Mosaik Verlag

Produktion: Roland M. Gööck

Texte: Rudi Holzberger und Petra Kretschmann
Nachrichten: dpa Deutsche Presse-Agentur GmbH

Redaktionsassistenz: Doris Buchholz

Layout: Gundula Duda und Wolfgang Venker

Herstellung: Jürgen Lindhoff

Umschlaggestaltung: Mascha Blömer

Der Mosaik Verlag ist ein Unternehmen der Verlagsgruppe Bertelsmann

Gesamtherstellung Mohndruck Graphische Betriebe GmbH, Gütersloh
Gedruckt auf Gardamatt brillante von Cartiere del Garda, Riva
ISBN 3-570-01821-0

Die Welt war in Seoul zu Gast

Als sie damals im Oktober 1981 in Baden-Baden die Wahl gegen die Japaner aus Nagoya gewonnen hatten, standen sie da und vermochten ihren Stolz nur mühsam zu verbergen: Die würdigen Herren in ihren dunklen Anzügen genauso wie die schönen Mädchen in ihren bunten Trachten. Es war der erste Erfolg der Koreaner gegen sie Söhne Nippons gewesen – gegen jene, die man so lange im eigenen Land hatte ertragen müssen – gegen jene, die diesen Wurmfortsatz des chinesischen Subkontinents als ihre Kolonie betrachtet hatten – gegen jene, denen man so lange als Sklaven hatte dienen müssen.

Der Präsident des internationalen Olympischen Komitees, der Spanier Antonio Samaranch, sagte einige Tage vor Beginn dieser Spiele, daß sich niemand bisher so bemüht habe. Derartiges hatte Samaranch bei gleicher Gelegenheit auch bereits in der Vergangenheit gesagt, aber dieses Mal stand hinter dem Kompliment mehr. Es kamen fast 10 000 Athleten nach Seoul – aus 160 Ländern: Das sind mehr Staaten als beispielsweise die UNO zu vereinen versucht. Da war München 1972 gewesen, wo man die Rhodesier aus dem Olympischen Dorf jagte – da war Montreal 1976, wo die Afrikaner alle auszogen – da war Moskau 1980 mit seinem Boykott wegen Afghanistan – und da war Los Angeles 1984 mit dem Boykott der anderen als Retourkutsche. Auch jetzt in Seoul gab es einige, die der Einladung nicht folgen mochten – eine Handvoll. Darunter allerdings der nördliche Teil dieser Halbinsel: Am Eröffnungstag blies eine Brise aus Süden die Ballons aus dem Stadion dorthin – ein Gruß an Brüder und Schwestern.

Die Politik hat den Sport beim Wickel, hat der Olympier Willi Daume einmal gesagt – und allein der Blick auf die nahe olympische Vergangenheit bestätigt das. Aber es hatte den Anschein, als ob jener brutale Griff dieses Mal etwas weniger hart war: Olympia hatte sich wenigstens für die zwei Wochen entwinden können. Man wird wahrscheinlich auch in der Zukunft nur immer im Rhythmus der Spiele weiterdenken dürfen – nichts ist garantiert, und schon gar nicht der Friede.

Die Entscheidung, diese Spiele der 24. Olympiade in das südkoreanische Seoul zu vergeben, war nach den Erfahrungen zuvor von gewaltiger Brisanz – aber es ist gut gegangen. Sie hatten Stadien und Hallen in ihre Stadt gesetzt, deren Architektur das moderne Asien verkörperte, ohne das alte zu verraten. Die immensen finanziellen Aufwendungen dafür liefen parallel zu dem wirtschaftlichen Aufschwung des Landes und taten deshalb weniger weh. Man hatte die Welt zu Gast und man hat gezeigt, ›schaut her – das sind wir‹. Es gab kein Fernsehgerät auf der Welt in diesen Tagen, welches nicht die Bilder aus Seoul gezeigt hätte: Es waren nicht nur die Athleten, die hier siegten – es waren auch jene, die damals in Baden-Baden Versprechungen abgaben.

Als das Fest zu Ende war, standen sie alle da in ihrem leisen Stolz und nahmen Lob entgegen. Verdientes Lob.

Die XXIV. Olympischen

Sommerspiele in Seoul

Mit einem farbenprächtigen Fest begannen die Olympischen Sommerspiele in Seoul.

Seoul oder der herbe Duft des Kimchi

Riesige Reklametafeln, tausendfach über ganz Südkorea verteilt, verkünden »Die Welt nach Seoul, Seoul in die Welt«. Seoul bedeutet schlicht und einfach »Hauptstadt«, Kapitale eines im Westen fast unbekannten Landes, das auf eine rund 2000jährige Kultur und Geschichte zurückblickt. Westliches Gedankengut mischt sich mit Geisterglaube und Ahnenverehrung, Tempelanlagen (rechts) spiegeln die wechselvolle Geschichte ebenso wieder wie Seoul (rechte Seite oben), die Stadt des 20. Jahrhunderts, mit Hochhäusern und sechs- und achtspurigen Stadtautobahnen.

Man könnte mit verbundenen Augen in diese Stadt kommen und man würde sie an ihrem Geruch erkennen. Nein – es kommt nicht mehr aus dem Han-Fluß, der Jahrhunderte lang das Abflußrohr dieser Ansiedlung bildete. Man hatte in den 7 Jahren der Vorbereitung dieser Olympischen Spiele Drainagen und Kläranlagen gebaut, die den Fluß reiner werden ließen. Es riecht nach Kimchi. Alle Städte, in denen diese Spiele bisher stattfanden, hatten ihre Charakterisierung – aber mit der Nase ließ sich nur Seoul erkennen. Wegen des Kimchi.

Seoul – eine der größten Metropolen der Welt – tausend Jahre alt und doch nur ein halbes Jahrhundert jung. Als damals Anfang der fünfziger Jahre die Auseinandersetzungen am 38. Breitengrad zu Ende gingen, lag die Stadt in Schutt und Asche. Und als man das Land trennte – auf eine bis heute viel strengere Weise, als man es anderswo tat lebte es von seiner Landwirtschaft. Heute ist der südliche Teil Koreas einer der wichtigsten Handelspartner für die großen Industrienationen der Welt. Im Schiffsbau beipielsweise ist man auf dem besten Wege, die Nummer eins zu werden – die Werften in Europa wissen es. In der Elektronik ist es ähnlich, man baut Autos. Viele Wirtschaftszweige lassen hier ihre Produkte herstellen – die meisten Menschen wohnen und arbeiten in den großen Städten. Nur Kimchi haben sie behalten aus der Zeit, als man noch auf dem Land lebte. Kimchi ist ein eingelegter Kohl, dem man zur Verstärkung des Aromas eine Prise Knoblauch beimengt. Deswegen erkennt man diese Stadt an ihrem Odeur.

Man muß nicht unbedingt die Hänge hinaufgehen, wo die Villen sind, die sich kaum von jenen in den Vororten aller anderen Metropolen unterscheiden. Unten im Tal, wo der Han-Fluß nicht weit ist, laufen diese Gassen zusammen, erweitern sich zu kleinen und großen Märkten, wo die Wohlgerüche Asiens oft selbst den herben Duft des Kimchi überdecken – die vielen kleinen Läden, in denen sich die Fremden aus den Reichen der Langnasen auf die Schnelle ihre Hemden schneidern lassen – die Krimskramsgeschäfte mit jenen Souvenirs, scheußliche und schöne, wie anderswo ebenfalls. Und da ist jener Stadtteil Itaewon, gleich neben den Stadien des hehren Olympia, dessen Nacht-Bars anrüchig und dessen Tages-Läden billig sein sollen.

Sie haben in Korea viel gelernt von den Leuten, die hier seit ewigen Zeiten koloniale Ansprüche stellten – von den Chinesen, den Mongolen, den Japanern natürlich, auch von denen aus Amerika vor nicht einmal 40 Jahren.

Und im Stadtteil Pildong von Seoul gibt es ein Kimchi-Museum mit historischen Abhandlungen zu diesem nahrhaften Thema – fast ein halbes hundert Varianten dieses Gemüses soll es geben, und einen Teil davon kann man dort

in dem Museum von Pildong probieren.
Als sich an diesem heißen Septembertag die Einwohner der Stadt im und um das Stadion zur olympischen Eröffnungsfeier versammelten, schwebte darüber eine gewaltige Wolke des herben Kimchi-Duftes. Die Wolke vertrug sich wunderbar mit den fünf Ringen Olympias.
Ulrich Kaiser

Oben: Tempelfigur. Links: Alte Frau in der Landestracht. Der unaufhaltsame Aufstieg Koreas zur Industriemacht hat zu einer massiven Landflucht geführt.

Die Eröffnungsfeier: Fernöstliche Exotik und moderne Show

Eine Mischung aus alten Ritualen und moderner Show, eine perfekt inszenierte Ouvertüre mit dem Olympiastadion als Bühne koreanischer Kulturdarstellung – das war die Eröffnungsfeier der Olympischen Sommerspiele in Seoul.

Rechts: Aus fließendem Tanz mündeten die Formationen in das koreanische Farbenzeichen für Harmonie.

Erstmals wurden die Olympischen Spiele außerhalb des Stadions eröffnet, nämlich mit einer Bootsparade auf dem Han-Fluß. Im nebenan gelegenen Olympiastadion entfalteten 6000 Tänzerinnen und Tänzer, Sportler und Folkloregruppen einen Farbenrausch von Figuren und Symbolen.

Der Auftakt war voller »Harmonie und Fortschritt«; das Motto Südkoreas für die Olympischen Spiele blieb bei der Eröffnungsfeier keine leere Formel: Vielen Befürchtungen und Zweifeln zum Trotz präsentierte sich die fernöstliche Metropole friedlich und voller olympischer Begeisterung. Und die Eröffnungszeremonie dieser 24. Olympischen Sommerspiele im architektonisch eigenwilligen, sanft geschwungenen Olympiastadion zeigte sich ebenfalls voller Schwung.
Nach so vielen kritischen Zweifeln am Sinn dieses Ritus fand Seoul zu einem neuen Verständnis, das zukunftsweisend sein dürfte: Nicht so sehr die bombastische Show wurde angestrebt, sondern ein unterhaltsames Feuerwerk, das der Weltöffentlichkeit die Eigenart Südkoreas präsentieren sollte. Farbenprächtige Tänze in der Landestracht oder der spektakuläre Auftritt von 1500 Taekwondo-Kämpfern rissen vor allem die internationale Prominenz zu höchster Begeisterung hin. »So etwas habe ich noch nie gesehen«, gestand etwa Prinz Albert von Monaco.
Das einheimische Publikum dagegen zeigte sich zurückhaltender, das südkoreanische Naturell neigt nicht zum Überschwang. Lediglich beim Einmarsch des eigenen Teams, von dem die Gastgeber Großes erhofften, waren die Zuschauer kaum noch zu halten. Ein großer Moment war die symbolträchtige Rückkehr eines verlorenen Sohnes: Der 76jährige Sohn Kee Chung trug das olympische Feuer ins Stadion. 1936 hatte er die Goldmedaille im Marathonlauf gewonnen – jedoch als »Japaner« Kitei Son. Korea war damals japanisch besetzt.
Dennoch kamen im Stadion nie nationale Ressentiments auf – diesmal verständigte Olympia die Völker wieder.

Sohn Kee Chung, 76jähriger koreanischer Nationalheld, trug die olympische Flamme ins voll besetzte Stadion. Seine jugendlichen Freudensprünge belohnte das Publikum mit frenetischem Beifall.

Leichtathletik

Die Leichtathletik-Arena von Seoul sah nicht nur Rekorde und Spitzenleistungen. In der hochmodernen Anlage gab's auch »den« Skandal der Spiele. Der Kanadier Ben Johnson (rechts oben), Fabelweltrekordler und zunächst klarer Sieger des 100-m-Finals vor seinem ewigen Konkurrenten Carl Lewis, wurde des Dopings überführt. Im Sprint-Rennen war er zunächst der überlegene Mann (rechte Seite oben), nicht zuletzt dank seiner blitzartigen Geschwindigkeit am Start. Das Kraftpaket, von vielen mit dem Spitznamen der »Bulle« bedacht ob seiner ausgeprägten Muskelpartien an Schenkeln und Schultern, scheiterte schließlich kläglich – er verschwand mit einem Sieg unrühmlich von jener olympischen Stelle, die die Stätte seines größten Triumphes hatte werden sollen.

Stilvolle Niederlagen

Am Ende blieb ein etwas zwiespältiger Eindruck: Es waren große Leichtathletik-Tage in Seoul, mit großen Namen, phantastischen Leistungen, Weltrekorden, Neulingen und den seit Jahren bekannten Routiniers. Aber: Ben Johnson disqualifizierte sich selbst, Florence Griffith-Joyner war der Konkurrenz derart überlegen, daß ihre Gegnerinnen aus der DDR gleich ans Aufhören dachten und die Zuschauer teils begeistert, mit der Zeit aber auch leicht gelangweilt die einseitige Show verfolgten – und die Athleten des Deutschen Leichtathletik-Verbandes kamen auch in Seoul nicht aus ihrem Tief heraus. Wen soll man herausheben? Vielleicht Carl Lewis, der nach so vielen Siegen in seinem Leben auch großen Stil in Niederlagen bewies. Jetzt muß man ihn wohl wirklich mit Jesse Owens vergleichen. Oder die Läufer aus Kenia, die mal wieder topfit anreisten und die zum Thema Doping nur die Achseln zucken können. Sie sind auch so schnell genug, gewannen alle Distanzen von 800 m bis 5000 m. Allein über die 10 000 m verhinderte der Marokkaner Boutayeb ihr gewohntes Spielchen mit der Konkurrenz.

Aber es gab auch große Niederlagen: Lewis über 200 m, Butch

Reynolds über 400 m, die Tragödien von Said Aouita oder Ingrid Kristiansen und der Sturz des Denkmals Edwin Moses. Niederlagen oder auch Tragödien wie das Staffel-Debakel der USA über 4 x 100 m: Die Sprinter mußten disqualifiziert werden, da sie den Wechselbereich überschritten hatten. Wie so etwas passieren kann? Die besten Sprinter der Welt hatten zuvor so gut wie nie den Wechsel trainiert.

Erleichterung

Für die bundesdeutschen Leichtathleten brachte erst der vorletzte Tag der Spiele die Erleichterung: Dieter Baumann zeigte die Kampfkraft eines Schwaben und gewann nach Harald Norpoth 1964 in Tokio eine Silbermedaille über 5000 m. Ansonsten gelang nur noch Rolf Danneberg (Diskus), Claudia Zaczkiewicz sowie der 4 x 400 m Staffel der Männer der Sprung aufs Treppchen.

Herren
100 m

Der gestrauchelte Sieger – Lewis: Die verspätete Goldmedaille

Jahrhundertereignis

Manchmal hätte man meinen können, diese olympischen Spiele finden wegen eines Wettkampfes statt, der knappe zehn Sekunden dauert. Carl Lewis und Ben Johnson sollten gegeneinander antreten – so, wie sie es in den Wochen zuvor taten, als es um sechsstellige Dollar-Summen ging, die niemand dementierte. Als es dann im Olympiastadion vorbei war, sprach man vom schnellsten Menschen der Welt, von einem Jahrhundert-Ereignis gar – Ben Johnson, das Wunder.

Drei Tage später holte man Johnson nachts aus dem Bett und erklärte ihm, daß er sein gewaltigen Muskeln einem Präparat zu verdanken habe, welches verboten ist. Er gab seine Goldmedaille ab und man bedeutete ihm, den Koffer zu packen. Mit der ersten Maschine reiste er ab – das Jahrhundertereignis war zerplatzt wie eine Seifenblase.

Carl Lewis erhielt die Goldmedaille, die vorher Johnson getragen hatte – aber wie muß man sich fühlen, wenn man die Trophäe auf diese Weise bekommt? Ohne Zeremonie, ohne Flagge und Hymne, ohne Triumph, ohne Feier? Carl Lewis, der zweite eines Laufes, der als irregulär gilt, hatte nun schon oft derartige Feiern erlebt – aber nun war er um eine weitere betrogen worden. Vielleicht jene, die für ihn am wichtigsten gewesen wäre. Ben Johnson hatte die Erinnerung daran mitgenommen – denn Erinnerungen kann man nicht zurückgeben.

Ulrich Kaiser

100 m	24. 09. 1988
1. Carl Lewis (USA)	**9,92**
2. Linford Christie (Großbritannien)	**9,97**
3. Calvin Smith (USA)	**9,99**
4. Dennis Mitchell (USA)	10,04
5. Robson da Silva (Brasilien)	10,11
6. Desai Williams (Kanada)	10,11

Angekündigt war: Der Zweikampf der Giganten, das Duell der schnellsten Männer – »High noon« im Fernen Osten. Das kleine Kraftpaket gegen den schwarzen Riesen, der »underdog« aus Jamaika gegen den Superman made in USA. 1987 war Ben Johnson einen Fabel-Weltrekord von 9,83 Sekunden gelaufen. 1988 ließ Ben zunächst Carl dem Großen den Vortritt. Wankelmütig wie die Experten sind, stempelten sie sofort Lewis zum Seoul-Favoriten. Noch nach den Vorläufen wettete fast alles auf Lewis, nur Bens Mutter Gloria betete auf der Tribüne für Ben. Und der dankte es ihr mit seinem Sieg: Ben Johnson rannte mit 9,79 Sekunden in eine neue Sprint-Dimension, Lewis hatte trotz persönlicher Bestzeit keine Chance gegen den Muskelmann, hatte Mühe, sich des Briten Linford Christie zu erwehren. Nur: Ben Johnson – wir wissen es schon.

Herren
200 m
400 m

Carl Lewis hatte einen olympischen Traum – aber keine Goldmedaille

»Carl Lewis ist vielleicht der größte Leichtathlet der olympischen Geschichte.« Dieser Superlativ war ausgerechnet am Abend jenes Tages, an dem Carl Lewis seine erste Niederlage in einem Olympia-Finale erlitten hatte, oft zu hören. Nach sechs Goldmedaillen in vier Jahren, darunter in Disziplinen (100 Meter und Weitsprung), die nie zuvor von einem Athleten zweimal gewonnen werden konnten, mußte sich der 27jährige Superstar aus den USA über 200 m erstmals mit Silber begnügen. Sein bester Freund, der 21jährige Joe DeLoach, hatte nach 19,75 Sekunden im Ziel die Brust knapp vor Lewis (19,79).
Und doch schien es, als habe dieses Rennen nur einen Sieger gehabt – Carl Lewis. »Er ist meine Inspiration, er hat mir im vergangenen Jahr geholfen, er hat mich unterstützt und ermutigt. Er hat auf mich abgefärbt. Bevor ich ihm begegnete, war ich nur ein Talent. Jetzt bin ich Olympiasieger.« Und fügte leise hinzu: »Bei aller Freude über meinen Sieg – ich mag nicht daran denken, daß ich es war, der Carls olympischen Traum zerstört hat.«
Energisch wies Lewis selbst das Ansinnen zurück, der zweite Platz hinter einem Neuling der Sprint-Szene, der den Weltrekord des Italieners Pietro Mennea nur um die Winzigkeit von 0,03 Sekunden verfehlt hatte, sei für einen wie ihn wohl doch ein Versagen. »Das Wort fehlt in unserem Familien-Vokabular. Sportliche Ziele zu verfehlen, bedeutet noch lange nicht, versagt zu haben. Die jungen Burschen werden immer stärker.«
Wenige Wochen zuvor hatte Harry ›Butch‹ Reynolds in Zürich mit 43,29 Sekunden einen Weltrekord über 400 m aufgestellt. Damit war er der klare Favorit für Seoul. Aber es kam wieder anders, wieder gab es eine Niederlage für ›Butch‹, so wie in Rom 1987 bei der Weltmeisterschaft. Der Sieger dort, Thomas Schönlebe aus der DDR, erreichte in Seoul allerdings nicht mal das Finale.
Wie immer startete Reynolds langsam, legte seinen Kopf schief in die zu enge Kurve von Bahn drei und war auf der Zielgeraden weitaus der Schnellste. Schnell genug um seinen Teamkollegen Danny Everett zu überholen, aber zu spät für den Angriff gegen Steve Lewis. Der 19jährige Newcomer gewann mit 43,87 Sekunden und verpaßte damit den olympischen Rekord von Lee Evans (aufgestellt in der Höhenluft von Mexiko) nur um eine Hundertstelsekunde.
Steve Lewis ist einer der jüngsten Olympiasieger der Leichtathletik: Nur Ulrike Meyfarth war mit 16 bei ihrem Hochsprung-Sieg 1972 in München jünger, und der damals 17jährige Zehnkämpfer Bob Mathias 1948 in London.
John Smith ist der Trainer von Lewis und Everett und deren Erfolg ist im wesentlichen seine Geschichte. Er setzt seine Athleten selten unter Streß: »Sie laufen zwar viele Rennen, aber alle ohne Druck.« Smith weiß, warum seine lockeren Boys so schnell sind: »Ein Schwarzer muß dreimal so

Joe DeLoach (rechts, 2. v. rechts) ließ Carl Lewis, als fairer Sportsmann übrigens der erste Gratulant nach dem Rennen, auf der 200 m Distanz hinter sich. Super-Carl: »Nur«-Silber.

gut sein wie ein Weißer, um den gleichen Erfolg zu haben. Viele resignieren deshalb, für andere ist das eine Herausforderung.«
Und so glaubt der Trainer an die Zukunft seiner beiden Talente: Lewis soll in einigen Jahren 42,5 Sekunden laufen und Everett der erste Mensch sein, der 800 m unter 1:40 Minuten zurücklegt. Abwarten. Schließlich: Beiden darf bei solchen Plänen keine Verletzung den Weg zum Rekord blockieren.

200 m	*28. 09. 1988*
1. Joe DeLoach (USA)	**19,75**
2. Carl Lewis (USA)	**19,79**
3. Robson da Silva (Brasilien)	**20,04**
4. Linford Christie (Großbritannien)	20,09
5. Atlee Anthony Mahorn (Kanada)	20,39
6. Gilles Queneherve (Frankreich)	20,40

400 m	*28. 09. 1988*
1. Steven Lewis (USA)	**43,87**
2. Butch Reynolds (USA)	**43,93**
3. Danny Everett (USA)	**44.09**
4. Darren Clark (Australien)	44,55
5. Innocent Egbunike (Nigeria)	44,72
6. Bertland Cameron (Jamaika)	44,94

Steven Lewis, mit Carl nicht verwandt und nicht verschwägert, beherrschte die 400 m Distanz vor Altmeister Butch Reynolds und Danny Everett. Die drei US-Boys waren klar vorn.

Herren, 800 m
1500 m/5000 m

Ein Turkana und zwei Nandi: Kenias Läufer gegen den Rest der Welt

Afrikas Läufer dominierten die Mittelstrecken überdeutlich. Der Keniate Ereng war über 800 m von keinem zu halten (oben). Peter Rono, ebenfalls aus Kenia, ließ über die 1500 m selbst Peter Elliott aus Großbritannien und Jens-Peter Herold aus der DDR hinter sich (Mitte). Und noch ein Athlet aus jenem Land, das in den vergangenen acht Jahren leichtathletisch so erstaunliche Fortschritte gemacht hat: John Ngugi auf seinem fünf Kilometer langen Weg im olympischen Rund.

Er war angetreten, ein Wunder zu vollbringen. Und inzwischen glaubten fast alle Experten daran, daß sein Ziel Wahrheit werden würde. Aber dann kam einmal mehr ein Nobody aus Kenia daher und entzauberte den Lauf-König Said Aouita. Seit drei Jahren ungeschlagen, langweilte sich der Marokkaner inzwischen auf seiner Hausstrecke über 5000 m und wagte sich unter die Mittelsteckler. »In Seoul will ich die 800 m gewinnen«, verkündete das leichtgewichtige Laufwunder und bezwang gleich nach dem großen Spruch im Vorfeld der olympischen Spiele die beiden Favoriten auf dieser Distanz, den Brasilianer Joaquim Cruz und den Briten Steve Cram. Und er steigerte dabei seine Bestzeit von 1:45 über 1:44 auf 1:43 Minuten. Unglaublich für einen Langstreckler. Die Konkurrenz erstarrte fast in Ehrfurcht, zumal Aouita jedesmal Spurtsieger war. In Seoul jedoch kam alles anders. Steve Cram schied wie der deutsche Läufer Peter Braun bereits im Halbfinale aus.

Es war eine mörderische Selektion: Johnny Gray, der Sieger so vieler internationaler Rennen und auch bei den brutalen US-Ausscheidungen vorn, rutschte in 1:45,04 Minuten gerade noch in den Endlauf. Alle anderen Läufer blieben unter 1:45!

800 m	*26.09.1988*
1. Paul Ereng (Kenia)	**1:43,45**
2. Joaquim Cruz (Brasilien)	**1:43,90**
3. Sald Aouita (Marokko)	**1:44,06**
4. Peter Elliott (Großbritannien)	1:44,12
5. Johnny Gray (USA)	1:44,80
6. Jose Barbosa (Brasilien)	1:46,39
1500 m	*01.10.1988*
1. Peter Rono (Kenia)	**3:35,96**
2. Peter Elliott (Großbritannien)	**3:36,15**
3. Jens-Peter Herold (DDR)	**3:36,21**
4. Steve Cram (Großbritannien)	3:36,24
5. Steve Scott (USA)	3:36,99
6. Hans Kulker (Niederlande)	3:37,08
5000 m	*01.10.1988*
1. John Ngugi (Kenia)	**13:11,70**
2. Dieter Baumann (BR Deutschland)	**13:15,52**
3. Hansjörg Kunze (DDR)	**13:15,73**
4. Domingos Castro (Portugal)	13:16,09
5. Sydney Maree (USA)	13:23,69
6. Jack Buckner (Großbritannien)	13:23,85

Und ein gewisser Paul Ereng gewann bereits sein Halbfinale.
Der Mann vom Stamm der Turkana hatte zudem mit seinem Landsmann Nixon Kiprotich einen Verbündeten im Rennen, der ein derart höllisches Tempo vorlegte, daß selbst der leichtfüßige Aouita schwere Beine kriegte. Im Spurt dann kreuzte Ereng quer durch die Favoriten und überspurtete scheinbar mühelos auch Cruz. So sehr sich Aouita auch streckte, ihm blieb nur Bronze.
Nach dem Erfolg des Mannes aus dem Stamm der Massai Billy Konchellah bei der Weltmeisterschaft in Rom, also wieder ein Keniate ganz oben. Ein schwarzer Bilderbuchathlet und ein Intellektueller dazu: Ereng studiert in den USA an der renommierten Universität von Virginia. Keine der Sport-Unis in den USA wollte ihn – »denen war ich zu schwach«. Ereng war erst 1988 auf die 800 m gewechselt und wollte dieses Jahr nur 1:50 min laufen – »aber plötzlich wurde ich schneller und schneller. Selbst in Kenia war alles baff, als ich zur Qualifikation angereist bin. Die wußten nichts mehr von mir.«
Eine Niederlage über 800 m und dann verletzt: Said Aouita konnte seinen großen Plan, eventuell auch noch die 1500 m und die 5000 m zu gewinnen, nicht verwirklichen – eine Oberschenkelzerrung stoppte den Weltklassemann.
So schien über die klassische Mittelstrecke der Weg frei für die Briten, die diese Distanz bisher stets beherrscht hatten. Steve Cram wollte endlich legitimer Erbe von Sebastian Coe und Steve Ovett werden. Aber wieder kam es anders: Peter Rono lief allen europäischen Favoriten einfach auf und davon. Und noch ein Keniate – mit großem Namen. Silber im Spurt für Peter Elliot vor Jens-Peter Herold. Vierter nur Steve Cram – vielleicht hätten die Engländer Sebastian Coe doch noch einmal nominieren sollen.
Ein wackerer Schwabe demonstrierte, daß auch deutsche Langstreckler noch zu kämpfen verstehen. In einem tollen Rennen über 5000 m riß Dieter Baumann aus Blaubeuren selbst das südkoreanische Publikum von den Sitzen. Taktisch geschickt lief der 23jährige Fotolaborant zuerst im Pulk mit, zwei Runden vor Schluß jedoch übernahm er das Kommando und setzte den beiden führenden Läufern nach: John Ngugi aus Kenia war früh entwischt und lief locker zum Sieg. Der kleine Portugiese Domingos Castro jedoch schien noch zu holen zu sein – und Baumann holte ihn mit seinem unwiderstehlichen Spurt. Da kam kein Hansjörg Kunze mehr mit, kein Sydney Maree, weder Europameister Jack Buckner noch Weltmeister Stefano Mei. Wahrscheinlich wurde es dem Mann von der Schwäbischen Alb hinterher erst klar, wen er da alles »abgesägt« hatte. 24 Jahre nach Harald Norpoth in Tokio wieder Silber für einen 5000-m-Läufer aus der Bundesrepublik. Weinend jedoch verließ der kleine Castro das Stadion – er hatte im Ziel die sichere Medaille verloren. Denn, überrascht durch Baumann, achtete er nicht mehr auf Kunze. Der DDR-Mann lief noch auf Rang drei vor, Castro wurde nur noch vierter.

Die Spiele des Peter Baumann, der Schwabe war auch Meister in der Freude. So schön kann Silber sein.

Herren
10 000 m
Marathon

Der Marathonlauf bildete traditionsgemäß den Abschluß der leichtathletischen Disziplinen, war gleichzeitig auch das Ende der Spiele. Gelindo Bordin überspurtete den Kenianer Douglas Wakihuru, nach 42 Kilometern trennten die beiden ganze 15 Sekunden. Fast als könnte er's nicht glauben: Bordin testet Zähne und Gold (kl. Bild). Dicht an dicht hielt sich das Läuferfeld über die 10 000 m (rechte Seite).

Die Revanche folgt sofort: Boutayeb und Bordin mit dem bösen Blick

Der 10 000-m-Lauf von Seoul wurde zu einer großartigen Lauf-Demonstration, samt einem nur knapp verpaßten Weltrekord. 20 Läufer hatten sich qualifiziert. Ein gnadenloses Temporennen stand an, obwohl die großen Namen eigentlich fehlten. Alberto Cova war diesmal der scharfen italienischen Qualifikation zum Opfer gefallen. Aber er wurde gut vertreten von Salvatore Antibo, der gleich mit einer Startrunde von 62 Sekunden loslegte und bis 1 000 m (2:41,74) das Kommando übernahm. Dann griffen die Keniaten an, drei Läufer vom Stamm der Nandi, und rasten vorneweg. Mit seinem getürkten Zwischenspurt zwischen 4000 und 5000 m zerriß Kimeli Kipkemboi das Feld. Alle drei Keniaten probten nun das »Äthiopier-Spiel«, mit dem der unvergessene Miruts Yifter mit seinen Vasallen 1980 in Rom die Konkurrenz zerschlissen hatte: Abwechselnde Spurts und Bremsmanöver. Und dann trat Brahim Boutayeb, ein Mann aus dem Gefolge Said Aouitas, an. Boutayeb, im flüssigen Stil der Marokkaner, triumphierte über die unorthodoxe wackelnde Lauftechnik des Nandi. Am Ende büßte »Kip« seine Spurts sogar, als ihn Antibo noch überholte. Boutayeb jedoch demonstrierte, daß den Afrikanern der direkte Sieg wichtiger ist als Rekorde: Er sah nur noch zurück zu den Geschlagenen und bummelte die Zielgerade fröhlich winkend hinunter.

Jubel bei den Italienern über einen grandiosen Sieg, Entrüstung

bei dem meisten der 124 Starter über eine teilweise chaotische Organisation: Der 19 Jahre alte Italiener Gelindo Bordin aus Verona war der letzte von 237 Olympia-Siegern der XXIV. Olympischen Spiele in Seoul. Der Europameister gewann in 2:10:32 Stunden den Marathon. »Es ist zweifellos der schönste Sieg meiner Karriere«, meinte Bordin. Bordin,

10 000 m	*26. 09. 1988*
1. Brahim Boutayeb (Marokko)	**27:21,46**
2. Salavatore Antibo (Italien)	**27:23,55**
3. Kimeli Kipkemboy (Kenia)	**27:25,16**
4. Jean-Louis Prianon (Frankreich)	27:36,43
5. Arturo Barrios (Mexiko)	27:39,32
6. Hansjörg Kunze (DDR)	27:39,35
Marathon	*02. 10. 1988*
1. Gelindo Bordin (Italien)	**2:10:32**
2. Douglas Wakihuru (Kenia)	**2:10:47**
3. Hous. Ahme. Saleh (Dschibut)	**2:10:59**
4. Takeyuki Nakayama (Japan)	2:11:05
5. Stephen Moneghetti (Australien)	2:11:49
6. Charlie Spedding (Großbritannien)	2:12:19
23. Ralf Salzmann (BR Deutschland)	2:16:54

1987 in Rom Dritter der Weltmeisterschaft, siegte vor Weltmeister Doulas Wakihuru, einem in Japan lebenden Kenianer, und Vize-Weltmeister Houssein Ahmed Saleh. Der Soldat holte die erste olympische Medaille für das afrikanische Land Dschibuti. Mehr als 30 000 Sicherheitskräfte säumten die Straßen. Sie waren dort postiert, um die radikalen Studentengruppen, die Übergriffe auf den Marathon angekündigt hatten, abzuschrecken. Die Entscheidung im längsten olmpischen Rennen war mehr als dramatisch. Nach 30 Kilometern bröckelte die Spitzengruppe von zunächst noch 12 Läufern ständig ab. Dann der Kilometer 38: Ahmed Saleh griff an und lief davon, Bordin fiel zurück. Zwei Kilometer später jedoch »starb« Saleh, kam kaum noch voran. Und nun war der bärtige Italiener aus Verona, der »Mann mit dem bösen Blick«, nicht mehr zu halten, überholte erst Wakihuru, dann Saleh und lief als Erster ins Olympiastadion.

Brahim Boutayeb drehte seine Runden – der Ordner dinnierte.

Lauerstellung

Als der Startschuß fiel, packte der eine von den Ordnern im Olympiastadion sein stanniol-verpacktes Essen aus. Er tat es sehr sorgfältig, damit auch ja nichts auf den Boden fiel. Als er endlich damit begann, mit seinen Stäbchen Nudeln und Gemüse und Fleisch in sich hineinzustopfen, hatten die Läufer bereits zwei Runden zurückgelegt. Unter ihnen lief Brahim Boutayeb aus Marokko – er lief ganz leicht, aber seine dünnen Beine hatten auch nicht viel zu tragen.

Boutayeb lief auch noch so leicht, als er fünfzehn oder zwanzig Runden zurückgelegt hatte und viele von den Konkurrenten dieses Laufes bereits Schwierigkeiten verrieten, dieses Tempo über die gesamten 10 000 mitzugehen. Es gibt viele verschiedene Taktiken, einen Zehntausendmeterlauf zu gewinnen, aber Brahim Boutayeb aus Marokko hielt nichts davon, sich bis kurz vor dem Ziel in eine Lauerstellung zu legen, um dann zu spurten – er wählte die einfachste aller Möglichkeiten.

Er lief den anderen ganz einfach weg – sein Vorsprung betrug im Ziel sechs Sekunden. Als er nach dem Ziel seine Ehrenrunde lief, hatte der Ordner nebenan sein Mahl beendet. Man konnte daraus schließen, daß so ein Essen eine knappe halbe Stunde dauert. Oder daß er sich nicht für den Zehntausendmeterlauf interessierte.

Ulrich Kaiser

Herren
110 m Hürden
400 m Hürden
3 000 m Hindernis

König Kingdom setzt sich die Krone auf – Kaiser Moses gibt seine ab

Roger Kingdom aus den USA zeigt, wie's geht. Exzellente Technik über den Hürden, da konnte die Konkurrenz nicht mithalten (oben). Harald Schmid aus Gelnhausen schafft es bei dieser Olympiade nur auf Rang sieben. Als fairer Sportsmann bekannt, gehörte er zu den ersten, die die Medaillenträger beglückwünschten (Mitte). Andre Phillips (unten, Mitte) trat in Seoul die Nachfolge von Edwin Moses an.

Nach Carl Lewis gelang auch dessen Landsmann Roger Kingdom die olympische Wiederholung: Zweiter Olympiasieg über 110 m Hürden. In Los Angeles war Kingdom erstmals aus dem Schatten der beiden Superstars im Hürdengeschäft getreten, hatte sensationell Greg Foster im Finale geschlagen. Ein glücklicher Sieg, hieß es in allen Kommentaren, Foster habe einen schwachen Moment gehabt, und der Topmann Renaldo Nehemiah war kurz zuvor zum (besser bezahlten) Football abgewandert. In Seoul fehlten wieder beide: Nehemiah war zuvor reumütig auf die Tartanbahn zurückgekehrt, aber nicht mehr schnell genug; Greg Foster, der bibelgläubige »hurdler«, war tragisch mit gebrochenem Arm in der US-Qualifikation gescheitert. So hatte Roger Kingdom leichtes Spiel, Europameister Colin Jackson verlor als Zweiter drei Zehntel. Kingdom aber wollte mehr als den Sieg. Mit seiner Zeit von 12,98 Sekunden war er nach Nehemiah der zweite Mensch, der die 110 m Hürden in weniger als 13 Sekunden zurücklegte. Niemand wird ihn mehr als Zufallssieger abqualifizieren können.
Vor Roger Kingdom hatte übrigens sein Landsmann Lee Calhoun in den 50igern dasselbe

Kunststück zuwege gebracht und zweimal Gold im Hürdensprint gewonnen. Ehe dann Martin Lauer auf den Platz trat und – auf holprigen Aschenbahnen – einen Weltrekord von 13,2 Sekunden vorlegte, der Jahrzehnte Bestand hatte. Man mag es drehen wie man will – beim Leichtathletik-Festival von Seoul fallen einem fast nur die deutschen Athleten vergangener Zeiten ein.

»Seit neun Jahren bin ich hinter ihm her. Er allein war meine Motivation für all die Qualen im Training. Und jetzt habe ich ihn erwischt.« Andre Phillips war sichtlich bewegt bei seinem Sieger-Interview. Und das mit gutem Grund, denn er hatte soeben ein Denkmal gestürzt, hatte Edwin Moses Superstar geschlagen. Moses war nicht schwach gewesen, sondern Phillips überraschend stark, fast hätte er Moses auch noch den Weltrekord gestohlen. Seit der Weltmeisterschaft in Rom war klar, daß Moses älter geworden war, verwundbar. Harald Schmid aus Gelnhausen, der ihn noch länger als Phillips verfolgt hatte und in Rom nur denkbar knapp gescheitert war, freute sich mit Philipps. Ihm selbst reichte es in Seoul nur für Platz sieben, Krankheiten hatten den Modellathleten zermürbt. Schmid mochte Moses schon lange nicht mehr leiden, das Denkmal hatte sich zu sehr über alle anderen Sportler erhoben und sprach nach der Niederlage schon wieder von einem Start in Barcelona 1992.

Freilich hatte Phillips auch Glück, denn fast hätte ihn El Hadji Amadou Dia Ba kurz vor dem Ziel noch abgefangen. Dia Ba hatte sich wohl zu lange auf Moses konzentriert, stürmte erst an der letzten Hürde wie befreit an Edwin vorbei und nach vorn, doch da war es zu spät.

Beinahe wäre einer der ältesten Weltrekorde der Leichtathletik gefallen: Die 3000 m Hindernis wurden in Seoul wie die 10 000 m zu einer wilden Hatz der Natur-Läufer aus Kenia. Francesco Panetta, der italienische Weltmeister, hatte den Tempolauf eröffnet und mußte dies teuer bezahlen – am Ende blieb ihm nur Platz neun. Nach 2000 m machten Peter Koech und Julius Kariuki ernst. In keniatischer Manier, mit eher miserablem Laufstil, ganz zu schweigen von der Hindernistechnik. Aber diese Läufer, das »Schwarze Gold« aus Kenias Hochebene, überspielen solche technischen Schwächen spielend mit ihrer urwüchsigen Kraft. Am Ende gewann Kariuki dieses schnellste Hindernisrennen der Leichtathletik-Geschichte in 8:05,51 Minuten vor Landsmann Koech (8:06,79). Kariuki verpaßte dabei die Uralt-Marke von Henry Rono nur um 11 Hunderstel. Die hätte er leicht drin gehabt, aber wie Boutayeb bei den 10 000 m, war ihm der Rekord herzlich egal, lieber ließ er sich auf der Zielgerade feiern.

Überraschend stark der Brite Rowland, der in 8:07,96 den Keniaten am Ende noch bedrohlich naherückte.

Nasse Angelegenheit – der Wassergraben in den Rennen über die 3000 m ist tückisch. Nicht nur, daß gerade dort immer wieder Stürze geschehen, auch werden die Füße dank der nassen Schuhe mit jeder Runde auf's Neue schwer (oben links). Stolz auf seine Leistung und sein Land: der Keniate Julius Kariuki, die Ordner sahen's nicht gern, ließen die Leichtathleten aber doch bei solchen Ehrenrunden ziehen.

110 m Hürden	*26. 09. 1988*
1. Roger Kingdom (USA)	**12,98**
2. Colin Jackson (Großbritannien)	**13,28**
3. Anthony Campbell (USA)	**13.38**
4. Wladimir Schischkine(UdSSR)	13,51
5. Jonathan Ridgeon (Großbritannien)	13,52
6. Tony Jarrett (Großbritannien)	13,54
400 m Hürden	*25. 09. 1988*
1. Andre Phillips (USA)	**47,19**
2. Amadou Dia Ba (Senegal)	**47,23**
3. Edwin Moses (USA)	**47,56**
4. Kevin Young (USA)	47,94
5. Winthrop Graham (Jamaica)	48,04
6. Kriss Akabusi (Großbritannien)	48,69
7. Harald Schmid (BR Deutschland)	48,76
3 000 m Hindernis	*30. 09. 1988*
1. Julius Kariuki (Kenia)	**8:05,51**
2. Peter Koech (Kenia)	**8:06,79**
3. Mark Rowland (Großbritannien)	**8:07,96**
4. Alessandro Lambruschini (Italien)	8:12,17
5. William van Dijck (Belgien)	8:13,99
6. Henry Marsh (USA)	8:14,39

Herren, Staffeln
4 x 100 m
4 x 400 m

Eine Überraschung zu Abschluß: Deutsche Staffel lief ganz nach vorn

Edgar Itt reicht das Staffelholz weiter – wer hätte zuvor geglaubt, daß die bundesdeutsche Staffel auf Medaillenkurs läuft? Doch er, Norbert Dobeleit, Jörg Vaihinger und Ralf Lübke machten es möglich, Bronze zum Abschluß der Spiele versöhnte mit dem trüben Beginn der Leichtathletik Konkurrenzen (oben und ganz unten). Die US-Boys (Mitte) waren nie gefährdet, Danny Everett, Steven Lewis, Kevin Robinzine und Butch Reynolds stellten den Weltrekord ein.

Das Staffelholz ist handlich und leicht und gut zu greifen. Und doch ist es schwer genug für manchen tragischen Stoff der Sportgeschichte. So auch in Seoul, als es der US-Staffel zwar nicht aus der Hand glitt, aber erst nach dem Wechselraum dem Schlußmann übergeben wurde. Ohne Carl Lewis, der in den Vorläufen noch geschont werden sollte, stellte sich der klare Favorit so selbst ein Bein, mußte nach den Regeln disqualifiziert werden. Carl Lewis kostete der Fehler seiner Kollegen eine weitere Medaille in seiner olympischen Sammlung, er ließ Kritik am Staffeltrainer anklingen. Der lag schon länger mit Carl im Clinch, wollte gar ohne ihn laufen, da er zu wenig Wechsel trainiert habe. Jetzt erhielt der Coach eine makabre Quittung.
So war der Weg frei für die Sprinter der UdSSR, die in 38,19 Sekunden die Staffeln von Großbritannien (38,28) und Frankreich (38,40) auf die Plätze verwiesen. Platz sechs für das Quartett des DLV mit Fritz Heer, Christian Haas, Peter Klein und Dirk Schweisfurth. Mit den perfekten Wechseln dieses Quartetts hätte die USA vermutlich einen astronomischen neuen Weltrekord aufgestellt.
Vier andere Bundesdeutsche sorgten für eine schöne Überraschung zum Abschluß der Wettbewerbe im großen Olympiastadion. Die 4 x 400 m Staffel mit dem Wattenscheider Norbert Dobeleit, dem Gelnhausener Edgar Itt (Achter im Finale über die 400 m Hürden), dem Sindelfinger Jörg Vaihinger und Schlußläufer Ralf Lübke aus Leverkusen erkämpfte sich Bronze vor dem Team der DDR.
Die USA und Jamaika waren schon lange vor dem Zieleinlauf davongezogen, die Jamaikaner nicht zuletzt dank des starken Bert Cameron. Aber dahinter, das Quartett des DLV, wehrte sich tapfer gegen die Angriffe der Läufer aus der DDR, alle vier liefen stark, erreichten je Runde Zeiten nahe ihrer persönlichen Bestleistungen. Für Bundestrainer Winfried Bronstein ist Bronze ein starkes Argument gegen seine Versetzung.

4 x 100 m	*01. 10. 1988*
1. UdSSR (Victor Bryzgene/Wladimir Krylow/ Waldimir Murawijew/Witali Sowino)	**38,19**
2. Großbritannien (Elliot Bunney/ John Regis/Michael McFarlane/Linford Chriestie)	**38,28**
3. Frankreich (Bruno Marie-Rose/Daniel Sangouma/ Gilles Queneherve/Max Moriniere)	**38,40**
4. Jamaika	38,37
5. Italien	38,54
6. BR Deutschland (Fritz Heer/Christian Haas/ Peter Klein/Dirk Schweisfurth)	38,55
4 x 400 m	*01. 10. 1988*
1. USA (Danny Everett/Steven Lewis/Kevin Robinzine/Harry Butch Reynolds)	**2:56,16**
2. Jamaika (Howard Davis/Devon Morris/ Winthrop Graham/Bertland Cameron)	**3:00,30**
3. BR Deutschland (Norbert Dobeleit/Edgar Itt/ Jörg Vaihinger/Ralf Lübke)	**3:00,56**
4. DDR	3:01,13
5. Großbritannien	3:02,00
6. Australien	3:02,49

4 x 100 Meter, die UdSSR hatte freie Bahn, denn: schlampiges Training der Amerikaner und ein daraus resultierender verpatzter Wechsel bedeuteten die Disqualifikation.

Herren
20 km Gehen
50 km Gehen

Geher sind kaum zu bremsen – Ronald Weigel bleibt ewiger Zweiter

Sie werden milde belächelt, die Geher – und das wegen ihres gar merkwürdigen Stils, auch als »watscheln« bezeichnet. Tatsächlich aber existiert ein festes Reglement – und – der Gang der Geher ist nicht nur ökonomisch, sondern auch ganz schön zügig. Jozef Pribilinek (rechts) war der Schnellste über 20 Kilometer.

Die Geher werden immer schneller – und immer schwerer zu kontrollieren. In Seoul raste Olympiasieger Jozef Pribilinec mit einem derartigen Speed ins Stadion, daß das mit dem alten Geher-Stil nicht mehr viel gemein hatte. Wen wunderts, wenn er die Zeit des Siegers mal umrechnet: 1:19,57 Stunden brauchte Pribilinec für die 20 Kilometer, die erste Disziplin der Geher, die »Kurzstrecke«. Praktisch exakt 80 Minuten, das ist ein Schnitt von vier Minuten pro Kilometer. Das ist ein Tempo, das gut trainierte Hobbyläufer nicht allzulange durchstehen, von einem Gelegenheits-Jogger ganz abgesehen. Kann das noch Gehen sein? Nach den Regeln muß ein Geher stets mit einem Fuß Bodenkontakt halten, das wird bei den Spitzengehern in Zukunft wohl nur noch mit der Kamera zu prüfen sein.

Jozef Pribilinec, ein 28 Jahre alter Soldat aus der CSSR, war bereits zweimal Vize-Weltmeister und ist amtierender Europameister über diese Distanz. Er gewann knapp vor Ronald Weigel aus der DDR und dem italienischen Weltmeister Maurizio Damilano.

Dahinter ein Spanier, mit Roman Mrazek noch ein Tscheche, dann erst der beste Russe und als Siebter mit Carlos Mercenario der

erste Mexikaner. Die bekannten Geher-Nationen sind unter sich geblieben. Ein bundesdeutscher Geher war nicht nominiert worden; der deutsche Spitzenmann, Alfons Schwarz aus Fürth, war den Verantwortlichen offenbar zu alt, obwohl er in Seoul durchaus Chancen gehabt hätte, unter die ersten Zehn zu kommen. Die Nominierungskriterien waren mal wieder nicht so ganz durchsichtig. Auf der Langstrecke der Geher, über die 50 Kilometer, kam es zu einem erbitterten Duell, das erst nach mehr als drei Stunden entschieden war. Der unglückliche Verlierer hieß wieder Ronald Weigel: Der DDR-Athlet mußte nach den 20 Kilometern noch einmal mit Silber zufrieden sein. Auch da war er denkbar knapp unterlegen. Gold holte sich »Altmeister« Wjatscheslaw Iwanenko aus der UdSSR.

Iwanenko hatte am Ziel im Olympiastadion nach 3:38:29 Stunden gerade 27 Sekunden oder 100 Meter Vorsprung vor Weigel. Die hatte er erst auf den letzten Kilometern mit einer Tempoverschärfung herausgeholt.

50 Sekunden nach Weigel marschierte mit Hartwig Gauder noch ein ostdeutscher Geher zu Bronze. Dann wurden die Abstände größer, Raffaello Duceschi, der Italiener hatte als Achter bereits sieben Minuten Rückstand auf Sieger Iwanenko. Das Rennen war von der Dichte her ausgewogen, die Vier-Stunden-Marke wurde erst weit nach den Medaillenrängen in Anspruch genommen.

Die Mexikaner erlebten in beiden Geher-Wettbewerben den Rückfall in die Zweitklassigkeit. Vor 4 Jahren noch, in Abwesenheit der Ostblock-Athleten, waren sie auf beiden Strecken oben auf dem Treppchen gestanden. Ernesto Cauto (Gold) und Raul Gonzalez (Silber) auf den 20 km, Gonzalez noch einmal Gold bei den 50 km, hatten ihr Heimatland in einen Freudentaumel versetzt. Durch Seoul folgte nun die Ernüchterung auf dem Fuß.

Wjatscheslaw Iwanenko aus der UdSSR hatte schon auf der Zielgeraden beim 50 km Gehen Zeit, dem Publikum zuzuwinken, Ronald Weigel und Hartwig Gauder (links) waren schon zu weit hinter ihm, um ihn noch gefährden zu können.

20 km Gehen	*23. 09. 1988*
1. Jozef Pribilinec (CSSR)	**1:19:57**
2. Ronald Weigel (DDR)	**1:19:60**
3. Maurizio Damilano (Italien)	**1:20:14**
4. Jose Marin (Spanien)	1:20:34
5. Roman Mrazek (CSSR)	1:20:43
6. Michail Schtschennikow (UdSSR)	1:20:47

50 km Gehen	*23. 09. 1988*
1. Wjatsches. Iwanenko (UdSSR)	**3:38:29**
2. Ronald Weigel (DDR)	**3:38:56**
3. Hartwig Gauder (DDR)	**3:39:45**
4. Alexander Potachew (UdSSR)	3:41:00
5. Jose Merin (Spanien)	3:43:03
6. Simon Baker (Australien)	3:44:07

Herren
Hochsprung
Weitsprung

Der Riesensatz des Carl Lewis – Gennadis entscheidende zwei Zentimeter

Der Mann mit dem »Bürstenschnitt«, Carl Lewis, Liebling der amerikanischen Leichtathletik-Fans, war im Weitsprung überlegen. Ein spannendes Duell mit dem Italiener Evangelisti blieb ebenso aus, wie jenes mit seinen Teamkollegen Myricks und Powell. Die Schnelligkeit des Anlaufes von Lewis katapultierte ihn auf 8,72 m. Bob Beamons Fabelweltrekord von 8,90 m hat auch diese Olympiade überstanden, auch wenn Carl Lewis, offensichtlich derzeit als einziger zu solchen Weiten in der Lage, sich immer wieder in großen Wettkämpfen der magischen Marke bis auf wenige Zentimeter nähert.

Zwei Tage nach seiner Niederlage gegen Ben Johnson über 100 m war Carl Lewis wieder obenauf – von der Disqualifikation Johnsons wußte er noch nichts: Als erster Weitspringer der olympischen Geschichte gewann der 26jährige Amerikaner eine zweite Goldmedaille in dieser Disziplin. In der Nacht zuvor hatte Carl der Große geträumt, sein toter Vater habe ihm die Niederlage gegen Johnson verziehen und ihm prophezeit, daß er reich dafür entschädigt werde. Die Journalisten hatten gelacht bei dieser Anekdote, einen Tag später lachte keiner mehr – Lewis hatte plötzlich auch Gold über 100 m. Das sportliche Tagwerk des Carl Lewis begann an diesem Montag um 11.45 Uhr Ortszeit Seoul. Zwischenlauf über 200 m, dann der Weitsprung-Endkampf. »Die Kampfrichter

waren nett und haben mich als letzten springen lassen.« Ein neuer Kampfrichter ordnete an, Lewis möge nun, wie ursprünglich geplant, als Erster springen. Lewis bestand auf die ihm zustehende Pause. Der koreanische Kampfrichter argumentierte darüber mit seinen Kollegen, bis plötzlich die Uhr ausfiel und Lewis so zu seinen 10 Minuten kam: »Das zeigte mir mal wieder, daß es einen gerechten Gott gibt.« Carl Lewis wiederholte seine Siege von Los Angeles und Rom in souveräner Manier, gleich mehrere seiner Sprünge hätten zum Sieg gereicht. Bei seinem weitesten Satz von 8,72 m stimmte ein-

Genadi Awdejenko aus der UDSSR war der Überraschungssieger im Hochsprung-Wettbewerb (links oben), er erreichte als einziger die 2,38 m-Marke. Die Favorisierten Patrick Sjöberg und Igor Paklin blieben ebenso hinter den Erwartungen zurück, wie die beiden bundesdeutschen Teilnehmer Mögenburg und Thränhardt (links unten).

mal sogar der Anlauf. Würde der selbstgefällige Carl nicht immer in der Luft schon zur Seite blikken, wo ihn der Flug hinträgt, könnte Bob Beamons Höhenweltrekord von 8,90 m (1968 in Mexiko erzielt) längst gefallen sein.
Auch die anderen Medaillen blieben dem US-Team: Silber für Mike Powell mit 8,49, Bronze mit 8,27 an Larry Myricks. Myricks hatte nicht mehr seine Hochform dieser Saison, als er Lewis mehrfach hart bedrängt hatte.
Vierter übrigens der Italiener Giovanni Evangelisti mit 8,08 m. Nach Rom war er in die Schlagzeilen geraten und später disqualifiziert worden, weil ihm die Kampfrichter beim Messen 30 Zentimenter und damit fast eine Medaille geschenkt hatten.
Im Weitsprung waren erst gar keine bundesdeutschen Athleten nach Seoul gereist; lange vorbei sind die Tage, als der Münchner Sepp Schwarz über 8,30 hinausflog. Ein Mann im Team allerdings könnte auch so weit springen, doch er wollte lieber wieder hoch hinaus: Dietmar Mögenburg, der Olympiasieger von 1984, war rechtzeitig in Form gekommen, schien gut genug für eine Höhe von 2,38 m. Die hätte gereicht zum Sieg, aber sie sprang ein anderer: Gennadi Awdejenko aus der UdSSR. Hinter ihm drei Springer, die 2,36 m bewältigten – ein hochklassiger Wettbewerb. Mögenburg mußte nach zwei Fehlversuchen pokern und ließ 2,36 m aus – an 2,38 scheiterte er denkbar knapp. So blieb nur Platz sechs vor Freund und Trainingsgenosse Carlo Thränhardt, den in Seoul die »Rache Montezumas«, der Durchfall überfallen hatte. Frustriert zogen die beiden von dannen, um »erst mal einen zu heben« (Originalton Mögenburg). Das Duo, bekannt für Extravaganzen, wollte wenigstens weiter locker bleiben, wenn es schon mit dem Werbegag »Goldmedaille«nichts geworden war.

Weitsprung	*26. 09. 1988*
1. Carl Lewis (USA)	**8,72**
2. Mike Powell (USA)	**8,49**
3. Larry Myricks (USA)	**8,27**
4. Giovanni Evangelisti (Italien)	8,08
5. Antonio Corgos (Spanien)	8,03
6. Laszlo Szalma (Ungarn)	8,00

Hochsprung	*25. 09. 1988*
1. Gennadi Awdejenko (UdSSR)	**2,38**
2. Hollis Conway (USA)	**2,36**
3. Patrick Sjöberg (Schweden)	**2,36**
3. Rudolf Powarnizin (UdSSR)	**2,36**
5. Clarence Saunders (Bermudas)	2,34
6. Dietmar Mögenburg (BR Deutschland)	2,34
7. Carlo Thränhardt (BR Deutschland)	2,31
7. Igor Paklink (UdSSR)	2,31
7. Dalton Grandt (Großbritannien)	2,31

Herren
Stabhochsprung
Dreisprung

Pfiffe für Flieger Bubka – Keine Chance für Entertainer Banks

Schneller, höher, weiter: In den extremen Disziplinen blieben in Seoul Rekorde aus, dafür aber waren sie spannungsgeladen. Ein Bulgare setzte sich vor das russische Dreisprung-Trio, Christo Markow (oben). Im Stabhochsprung dominierte Sergej Bubka. Aber für ihn, der schon so viele »Häuser« übersprungen hat, war's nicht nur im Wettkampfpoker eng, sondern: Die Konkurrenz aus dem eigenen Land ist dicht aufgerückt (rechte Seite).

Am größten Tag seines Lebens erntete Sergej Bubka Pfiffe. Das sonst so temperamentlose Publikum im Olympiastadion von Seoul nahm dem »Überflieger« übel, daß er nicht mehr fliegen wollte. Der 25jährige Ukrainer hatte die Latte auf die Weltrekordhöhe von 6,10 m legen lassen, fühlte sich jedoch vom Beifall für die Zehnkämpfer und den böigen Winden im Stadion gestört und packte urplötzlich seine Sachen wieder ein.

Doch ein Weltrekord war nicht das, wonach Bubka zu dieser Stunde noch zumute war. Es ging allein ums Gold, und es war ihm schon fast entglitten. »So nervös war ich noch nie«, sagte der Sportlehrer aus Donezk am Ende des Tages, den er seit vier Jahren zum »größten in meinem Leben« auserkoren hatte.

Bei 5,70 m war Bubka, der neunmal den Freiluft-Weltrekord bis auf 6,06 m verbessert und damit als einziger Athlet der Welt die sechs Meter bezwungen hat, in den Wettbewerb eingestiegen. Er benötigte für diese Höhe zwei Versuche. Zweimal riß er die nächste Höhe: 5,90 m. Im fünften Sprung ging es schon um Gold oder Nichts. Wäre die Latte erneut gefallen, hätte der seit seinem sensationellen WM-Erfolg 1983 in Helsinki bei großen Meisterschaften unbesiegte Bubka sich mit Platz vier begnügen müssen.

Nie zuvor hat man Bubka daher so jubeln sehen, als es beim drittenmal endlich klappte; nicht bei seinen WM-Siegen 1983 und 1987, nicht bei der Europameisterschaft 1986 in Stuttgart. Strahlend, mit erhobenen Armen lief er zurück zur Bank, vorbei an seinen sowjetischen Rivalen Rodion Gataullin (Silber) und Grigori Jegorow (Bronze), die ihn ignorierten, hin zum Polen Marian Kolosa und zum Franzosen Philippe Collet, die herzlich gratulierten. Gataullin vor allem, der ihn wenige Wochen zuvor erstmals geschlagen hatte, war auch in Seoul der große Herausforderer für Großmeister Bubka, der erst nach drei Stunden überhaupt in den Wettbewerb eingriff. Die meisten Konkurrenten waren da bereits ausgeschieden. Dieser Hoch-Mut, von Gegnern wie Gataullin als Arroganz ausgelegt, wäre in Seoul beinahe vor dem Fall gekommen.

Hinter dem russischen Trio folgten die Stab-Veteranen: Vierter der Amerikaner Earl Bell, der vor Jahren den Weltrekord mit 5,67 m hielt; dann Thierry Vigneron, der Franzose, der lange vor Bubka das Leichtathletik-Publikum verzückt hatte. Ihm nahm eine Fußverletzung die letzte Chance auf eine Medaille.

Nach den US-Trials galten die amerikanischen Dreispringer als heiße Favoriten auf die Medaillen im Dreisprung. In Seoul jedoch war nicht mehr viel los mit weiten Sätzen, da vergingen selbst Sonnyboy Willie Banks seine üblichen Sprüche. Mit 17,03 m übertraf er gerade noch die alte Schall-

Stabhochsprung	*28. 09. 1988*
1. Sergej Bubka (UdSSR)	**5,90 m**
2. Rodion Gataullin (UdSSR)	**5,85 m**
3. Grigori Jegorow (UdSSR)	**5,80 m**
4. Earl Bell (USA)	5,70 m
5. Thierry Vigneron (Frankreich)	5,70 m
5. Philippe Collet (Frankreich)	5,70 m
13. Hermann Fehringer (Österreich)	5,40 m

Dreisprung	*24. 09. 1988*
1. Christo Markow (Bulgarien)	**17,61**
2. Igor Lapschin (UdSSR)	**17,52**
3. Alexander Kowalenko (UdSSR)	**17,42**
4. Oleg Protsenko (UdSSR)	17,38
5. Charlie Simpkins (USA)	17,29
6. Willie Banks (USA)	17,03

mauer, blieb jedoch weit von den sagenhaften 18,06 Metern entfernt, mit denen er in Houston eine neue Mauer gesprengt hatte. Dem Entertainer Banks fehlte im spärlich besetzten Stadion von Seoul vielleicht das Publikum, das er sonst so gerne in den Bann schlägt. So gewann wieder Welt- und Europameister Christo Markow aus Bulgarien, der Banks schon immer an Ausstrahlung unter-, in puncto Zuverlässigkeit aber stets überlegen war, mit 17, 61 m souverän Gold vor den Russen Igor Lapschin (17,52) und Alexander Kowalenko (17,42). Platz fünf belegte Wolfgang Zinser mit 17,33 m – allerdings bei seiner »Gegenolympiade« zu Hause in der Bundesrepublik.

Komplizierte Übung

Die Organisation im Leichtathletik-Stadion und diejenigen, für die sie organisieren haben, sind nicht immer die allerbesten Freunde. Das begann damit, daß man Athleten aufhielt, die nach ihrem Sieg bei einer Ehrenrunde im Stadion ihren Triumph auskosten wollten. Darüber schimpfte Carl Lewis, der seinen Olympiasieg im Weitsprung in eine Stunde mit dem Vorlauf über 200 Meter packen mußte.

Und das führte schließlich zu einem Eklat mit den Stabhochspringern: Sie mußten ihre Qualifikation dieses Mal auf zwei Anlagen springen – eine Gruppe hier, die andere dort. Da man aber die Latten hier und dort nicht gleichzeitig erhöhte, war man hier schon fertig. Dort aber noch nicht.

Nun befahlen die Offiziellen den bereits Qualifizierten weiterzumachen, aber die dachten gar nicht daran – sie packten ihre Sachen und gingen. Der Amerikaner Earl Bell brachte die Geschichte über den Streit später auf einen einfachen Nenner: »Man kann einem Mann, der gerade keine Lust hat stabhochzuspringen, nicht beibringen, das trotzdem zu tun.« Man kann daraus lernen, daß sich die kompliziertesten Dinge ganz einfach ausdrücken lassen – selbst im Stabhochsprung, bei dem es sich um eine außerordentlich komplizierte Übung handelt.

Ulrich Kaiser

Herren, Diskus
Kugelstoßen

Entscheidung mit der letzten Kugel – Das Kraftpaket aus Wedel-Pinneberg

Kraft und Aussehen wie weiland Jung-Siegfried – und noch dazu ganz oben dabei: Werner Günthör aus der Schweiz (rechts) wurde im Kugelstoßen Dritter. DDR-Hüne Ulf Timmermann (links) gelang endlich einmal der große Stoß.

Alfred Hitchcock hätte nicht besser Regie führen können. Die Medaillen schienen bereits verteilt, doch dann wirbelte der letzte Durchgang die Reihenfolge nochmals durcheinander. Ulf Timmermann, der 25jährige Ostberliner, wäre in dem »Krimi mit Kugel« beinahe noch gestoppt worden. Bis zur fünften Runde lag er vorn. Werner Günthör, der 27jährige neue Schweizer Nationalheld, konnte mit 21,99 m überraschend nicht gegenhalten. Traurig war er darob nicht: »Ich war zweimal ganz oben, diesmal habe ich eben Bronze gewonnen.«
Dagegen rückte plötzlich der 22jährige Texaner Randy Barnes ins Rampenlicht: Der Außenseiter kam mit seiner unberechenbaren Drehstoßtechnik im letzten Versuch auf 22,39 m – zehn Zentimeter mehr als Timmermann. Doch Timmermann stapfte jetzt gereizt wie ein Bulle zum allerletzten Versuch der 60 Finalstöße. Der beste Techniker unter den Riesen im Ring stieß reichlich unsauber, aber mit gewaltiger Power: Weit flog die Kugel und landete bei 22,47 m. Der Konter war gelungen, Randy Barnes gratulierte nach der spontanen Enttäuschung recht schnell: »Wer solche Nerven hat, der hat den Sieg verdient.«
Rolf Danneberg trat in den olympischen Diskusring, er spannte seine mächtige Gestalt und explodierte: 67,38 m im vierten Versuch für den 34jährigen Olympiasieger von 1984. Ein weiter Wurf in der Karriere des Lehrers aus Wedel-Pinneberg und eine große persönliche Befriedigung für das grauhaarige Kraftpaket mit der gewaltigen Schnellkraft. Denn nach seinem Sieg in Los Angeles hatte er viele sportliche und persönliche Rückschläge wegstecken müssen. Mit dieser Weite lag er auf Platz zwei hinter dem Weltmeister und Weltrekordler Jürgen Schult aus der DDR. Im letzten Durchgang jedoch wurde die Freude von Rolf Danneberg getrübt, mit letzter Energie übertraf ihn Romas Ubartas mit 67,48 m noch um ganze zehn Zentimeter.

Die Verantwortung für Dannebergs Bronzemedaille beanspruchte übrigens der Mannschaftsbetreuer Eduard Friedrich, genannt »Edi, der Koch«. Er hatte Danneberg am Vorabend mit einer Extraportion Wurst versorgt. »Dafür habe ich von ihm 67 Meter verlangt.«

Kugelstoßen	*29.09.1988*
1. Ulf Timmermann (DDR)	**22,47 m**
2. Randy Barnes (USA)	**22,39 m**
3. Werner Günthör (Schweiz)	**21,99 m**
4. Udo Beyer (DDR)	21,40 m
5. Remigius Machura (CCSR)	20,57 m
6. Gert Weil (Chile)	20,38 m
Diskus	*01. 10. 1988*
1. Jürgen Schult (DDR)	**68,82 m**
2. Romas Ubartas (UdSSR)	**67,48 m**
3. Rolf Danneberg (BR Deutschl.)	**67,38 m**
4. Juri Dumtschew (UdSSR)	66,42 m
5. Mac Wilkins (USA)	65,90 m
6. Gejza Valent (CSSR)	65,80 m
8. Alois Hanecker (BR Deutschland)	63,28 m

Oben: Jürgen Schult (DDR) bei seinem Siegeswurf. Für den Olympiasieger von 1984 blieb der dritte Platz. Rolf Danneberg von der LG Wedel-Pinneberg zeigte damit die Berechtigung seiner Nominierung.

Herren
Speerwurf
Hammerwurf

Speer: Die Finnen aus den Wäldern – Hammerwurf: Die Russen unter sich

Enttäuschung und Jubel liegen im Sport dicht beieinander. Der Leverkusener Klaus Tafelmeier (rechts) erlebte die ganze Bitterkeit der Niederlage im Speerwerfen. Auch das kritische Auswählen des Wurfgerätes half nicht, am Ende war er vierter, im letzten Durchgang noch vom Bronzeplatz verdrängt. Sieger nämlich war Tapio Korjus aus Finnland, der mal eben mit 84,28 m einen Schlußpunkt in der Konkurrenz setzte (rechts unten). Im höchsten Moment der Anspannung in der schwierigen Hammerwurfdisziplin, im Übergang zur Losgelöstheit, scheint Sergej Litwinow das Gerät durch's Stadion zu schreien (rechte Seite oben). Knappe 85 m reichten in Seoul zum Sieg. Nur Zuschauer im Medaillenduell der drei russischen Starter war Heinz Weis, der als fünfter 79,16 m aufzuweisen hatte (unten).

»Da kommen die Finnen aus ihren Wäldern gekrochen, werfen mal eben die Speere und freuen sich dann den ganzen langen Winter diebisch, daß sie es allen anderen mal wieder gezeigt haben.« Es klang, als würde der Fernsehreporter aus alten Sagas zitieren, als der bislang fast unbekannte Finne Tapio Karjus in seinem letzten Versuch den Speer wahrlich schleuderte – hinaus auf 84,28 m. Der Konkurrenz klingelten tat-

Speerwurf	*25. 09. 1988*
1. Tapio Korjus (Finnland)	**84,28**
2. Jan Zelezny (CSSR)	**84,12**
3. Seppo Räty (Finnland)	**83,26**
4. Klaus Tafelmeier (BR Deutschland)	82,72
5. Viktor Ewciukow (UdSSR)	82,32
6. Gerald Weiß (DDR)	81,30
Hammerwurf	*26. 09. 1988*
1. Sergej Litwinow (UdSSR)	**84,80 m**
2. Juri Sedych (UdSSR)	**83,76 m**
3. Juri Tamm (UdSSR)	**81,16 m**
4. Ralf Haber (DDR)	80,44 m
5. Heinz Weis (BR Deutschland)	79,16 m
6. Tibor Gecsek (Ungarn)	78,36 m
10. Johann Lindner (Österreich)	75,36 m

sächlich die Ohren, denn die Medaillen schienen bereits vergeben. Jan Zelezny aus der CSSR hatte 84,12 m vorgelegt, Weltmeister Seppo Räty, der zweite Finne im Wettbewerb, hatte sich wohl schon mit Silber abgefunden.
Kurz vor dem Siegeswurf von Korjus hatte sich Klaus Tafelmeier die Haare gerauft, auch er steigerte sich erst im letzten Versuch auf 82,72 m und wurde knapp geschlagen Vierter. Tafelmeier war einer der wenigen bundesdeutschen Athleten, denen in Seoul ein überraschender Exploit zugetraut worden war. Doch er scheiterte am gleichen Tag wie die Hochspringer Mögenburg und Thränhardt. Gemeinsam zog das Trio los – ab in die Innenstadt von Seoul.
Tafelmeier gelang es nicht, an die Tradition von Klaus Wolfermann, dem Olympiasieger von 1972, anzuknüpfen. Tapio Korjus dagegen, der 1,96 m große Blondschopf, reihte sich würdig ein in die finnische Speer-Spitze. Im Laufen sind die Ahnen von Paavo Nurmi und Lasse Viren schwach geworden, den Speer jedoch schleudern die »Finnen aus den Wäldern« immer noch gewaltig weit.
Manchmal hat so ein Olympiastadion bei aller völkerverbindenden Funktion doch noch seine nationalen Ecken: So am zweiten Montag von Seoul, dem 26. September. Gerade gewannen die Amerikaner alle Medaillen in der Weitsprung-Grube, da revanchierten sich die Russen im Hammerwurf-Ring: Spannend ging es dabei trotzdem zu, denn der zweimalige Weltmeister Sergej Litwinow verhinderte den dritten Olympiasieg seines Landsmannes und Erzrivalen Juri Sedych.
Litwinow, gerade 30 Jahre alt geworden, gewann Gold mit 84,80 m vor dem drei Jahre älteren Sedych (83,76 m) und dem dritten Russen im Bunde – Juri Tamm. Der brachte es auf 81,16 m und lag damit genau zwei Meter vor dem deutschen Meister Heinz Weis. Der Leverkusener bestätigte seine nicht unumstrittene Nominierung mit dieser Weite, die ihm immerhin den fünften Platz in Seoul einbrachte.

Zehnkampf

Die Aussteiger: Deutsche Zehnkämpfer – Die Aufsteiger: DDR-Athleten

Enttäuschung auf der ganzen Linie für die bundesdeutschen Zehnkämpfer: Siggi Wentz trat erst gar nicht an, Jürgen Hingsen versaute sich alle Chancen durch die Fehlstarts mit logischer Disqualifikation gleich im ersten Wettbewerb. So war der Weg frei für Christian Schenk aus der DDR, im Hochsprung mit 2,27 m überragender Teilnehmer (oben). Der Altmeister des Zehnkampfes, Daley Thompson (rechts), hatte Riesenglück. Beim Stabhochsprung brach der Stab, Daley rettete sich noch auf die Matte. Nach dem abschließenden 1500 m Lauf, gut 12 Stunden nach Beginn des zweiten Wettkampftages, konnte Schenk endlich seines Goldes sicher sein (unten). Er schlug dabei überraschend auch seinen Teamkollegen Thorsten Voss (rechte Seite).

Der traditionelle Höhepunkt der olympischen Leichtathletik wurde in Seoul zum Tiefpunkt und markierte zugleich das Ende einer großen Ära. Nur 300 Fans harrten im Olympiastation aus, als der 23jährige Christian Schenk die Nachfolge des Briten Daley Thompson als »König der Athleten« antrat.

Im Gegensatz zu dem farbigen Briten, griffen dessen Dauerrivalen aus der Bundesrepublik erst gar nicht in den Wettkampf ein: Siggi Wentz hatte sich einige Wochen zuvor den Fuß beim Fußball verletzt, Jürgen Hingsen brachte das Kunststück fertig, beim 100-m-Auftakt vier Fehlstarts hinzulegen – und wurde disqualifiziert.

Während Hingsen eh in schwacher Form war, hätte Siggi Wentz den Zehnkampf eigentlich mit links gewinnen müssen – er war in dieser Saison in Topform.

Ohne dieses Trio, das seit Beginn der 80er Jahre zum Synonym für Weltklasse und Dramatik geworden war und ohne den bei der WM in Rom dazugestoßenen Voss in Bestform, fehlte dem Zehnkampf von Seoul das Flair der Vergangenheit. Zudem sind die zwei Tage der Vielseitigkeits-Spezialisten nie stiefmütterlicher als von den koreanischen Gastgebern behandelt worden.

Die 8488 Punkte des Rostockers Schenk bedeuteten so die schwächste Siegerleistung eines Zehnkämpfers bei Olympia seit dem Erfolg von Nikolai Awilow aus der UdSSR 1972 in München, der mit 8454 Punkten gewann. Auch Silber für Weltmeister Torsten Voss (DDR/8399) und Bronze für Dave Steen (Kanada/8328) gingen für Ergebnisse weg, mit denen in diesem Jahrzehnt bei allen großen Wettkämpfen bestenfalls ein Blumentopf zu holen gewesen wäre.

Zehnkampf	*29. 09. 1988*
1. Christian Schenk (DDR)	**8 488**
2. Torsten Voss (DDR)	**8 399**
3. Dave Steen (Kanada)	**8 328**
4. Daley Thompson (Großbritannien)	8 306
5. Christian Plaziat (Frankreich)	8 272
6. Alain Blondel (Frankreich)	8 268
21. Georg Wether (Österreich)	7 453

Der 30jährige Thompson beendete seinen Anlauf zum historischen Gold-Hattrick nach 1980 in Moskau und 1984 in Los Angeles als tapferer, aber gescheiterter Vierter mit 8306 Punkten. Thompson gab erst nach seinem vierten Olympia-Zehnkampf zu, was er nicht mehr hatte verbergen können – er war schwer verletzt. »Vor sechs Tagen habe ich mir beim Training eine Leistensache eingefangen, die tierisch wehtat. Vom Stabhochsprung an war es kaum noch auszuhalten.« Es war unglaublich, wie Daley bis zuletzt, zumal ihm beim Stabhochsprung auch noch der Stab brach, um eine Medaille fightete. Nur fehlte Thompson im abschließenden 1500-m-Lauf die Kraft, sonst hätte er sogar noch Silber gewinnen können.

Christian Schenk, ein 2,01 m großer und 94 kg schwerer Riese, hatte den Wettkampf mit seinen phantastischen 2,27 im Hochsprung, der dritten Disziplin, bereits gewonnen. Von da an lag er in Führung und kam nicht mehr in Gefahr.

Die 2,27 m, im Straddle-Stil, waren eine von fünf persönlichen Zehnkampf-Bestmarken, die der ehrgeizige und doch lockere Schenk erreichte. »Er hat das Ding super nach Hause gebracht«, lobte Torsten Voss, der sich mit starken Fußschmerzen zum Silber quälte.

Hingsens Konjunktiv

Geht das? Kann einer vier Fehlstarts verursachen? Laut Reglement geht das natürlich nicht, denn schon nach drei Fehlstarts, wird einer disqualifiziert. Jürgen Hingsen schaffte vier – und das, weil sich erst später herausstellte, daß der Kampfrichter fälschlich dem sowjetischen Konkurrenten einen davon angekreidet hatte. Aber: Wie verhält es sich, wenn man gleich drei Fehlstarts verursacht, kann man das? Muß man dann nicht wenigstens beim dritten Versuch lieber ein bißchen länger in den Blöcken sitzenbleiben, als vorschnell davonzupreschen? Alles Fragen, die niemand beantworten kann – selbst nicht einmal einer, der erfahren ist aus weiß der Himmel wieviel Zehnkämpfen – einer, dem man Routine zutraut, Abgebrühtheit, auch Selbstsicherheit – und so einer beendet einen Wettkampf, bevor er richtig begonnen hat. Jürgen Hingsen beim Hundertmeterstart disqualifiziert.

Einer seiner Vorgänger im Zehnkampf vor vielen Jahren, Werner von Moltke, stand fassungslos da – er schüttelte den Kopf: »Soll man ihm vielleicht einen Psychiater zur Bewältigung der Starts schicken?« Hingsen sagte, er hätte sich so gut gefühlt, er habe sich so viel vorgenommen, er wollte so viel zeigen. Hatte-würde-sollte-könnte – alles Konjunktive. Mit Konjunktiven gewinnt keiner einen Zehnkampf.

Ulrich Kaiser

Damen, 100 m
200 m/400 m

Das schnellste Mannequin der Welt: Die Supershow von Flo-Jo

Start zum mit Spannung erwarteten 100 m Finale der Damen, zu diesem Zeitpunkt sind die Abstände zwischen den Läuferinnen noch minimal (rechts), doch im Ziel hat »Flo-Jo« einen guten Vorsprung herausgelaufen.

Sie war wenige Monate vor der Olympiade einen Fabel-Weltrekord gelaufen, 10,49 Sekunden über 100 m – die Fachwelt stand kopf. Zweifel wurden laut, natürlich auch Doping-Gerüchte. So schnell kann und darf eine Frau nicht sein. Und wenn, dann höchstens ein Mannweib. Jetzt aber das: Diese Frau namens Griffith-Joyner war aufregend in jeder Beziehung, schnell und schön, bereits zum Topmodel avanciert.
Jetzt stand die Nagelprobe an. Und Florence schockte die Konkurrenz bereits im Zwischenlauf: 10,62 Sekunden. Da konnte keine andere mithalten. Zwei Ex-Favoritinnen gelang nicht mal der Einzug in den Endlauf: Silke Möller, die Weltmeisterin von Rom und Ex-Weltrekordlerin Marlies Göhr.
Dann der Endlauf: Florence hat Probleme mit dem Antritt, die Bulgarin Nouneva hält mit. Nach

40 Metern jedoch entspannt sich der Modellkörper plötzlich, Florence fängt an zu fliegen, ein Lächeln überzieht ihr Gesicht, in wenigen Sekunden wird sie die berühmteste Läuferin der Welt sein. Mit 10,54 Sekunden bestätigt sie ihren Weltrekord. »Here, I am.«
Als »ewige Zweite«, um die sich niemand kümmerte, hatte sich Florence Griffith-Joyner ins brutale Programm von Coach Bob Kersee gestürzt – verbrachte vor allem Stunden im Kraftraum. Aber auch Stunden vor dem Videogrät, wo sie Zeitlupen der männlichen Sprinter studierte: »Ich wollte von Ben Johnson den Start und von Carl Lewis die Lauftechnik.«
Es scheint gelungen, jetzt rennt sie fließend rund, federleicht. Evelyn Ashford holt immerhin noch Silber, wenn auch drei Zehntel zurück. Sie kann sich damit trösten, die schnellste Mutter der Spiele zu sein. Das muß ihr Florence noch nachmachen. Die Ehre der DDR rettete Weitspringerin Heike Drechsler mit Bronze. Ulrike Sarvari aus Sindelfingen verpaßte das Finale nur knapp. Mit 11,16 Sekunden, ließ sie jedoch hoffen, daß sie vielleicht in die Fußstapfen einer Annegret Richter treten kann.
»Ich laufe immer auf Weltrekord«, sagte Florence Griffith-Joyner nach dem Halbfinale der 200 m. Mit 21,56 Sekunden hatte »Turbo-Flo« die gemeinsam von den DDR-Läuferinnen Marita Koch und Heike Drechsler gehaltene Bestzeit von 21,71 Sekunden deutlich verbessert. Im Finale war die Amerikanerin noch einmal 0,22 Sekunden schneller und stieß damit, wie mit ihrem 100-m-Weltrekord von 10,49 Sekunden, in Männerbereiche vor. Marita Koch war nicht mehr dabei: Daran war nicht zu rütteln – Wehmut hin, junge Läuferinnen her. So lange hatte die DDR-Athletin die 400 m bei den Frauen beherrscht, daß niemand so recht wußte, wer denn nun in Seoul gewinnen sollte.
Petra Müller stürmt sofort energisch los, auch Brisco-Hooks scheint es noch einmal wissen zu wollen. Auf der Zielgeraden jedoch wird Petra Müller von Olga Brysgina glatt überlaufen. Auch auf Platz drei mit Olga Nasarowa eine Vertreterin der UdSSR, Platz vier nur für Valerie Brisco-Hooks. Auch dieses Rennen war ein deutlicher Beleg, daß die UdSSR sich anschickt, ihre an die DDR verlorene Dominanz in der Leichtathletik zurückzuerobern. Helga Arendt kann ihre gute Leistung aus dem Halbfinale nicht wiederholen und wird in 51,17 nur Siebte, ein achtbarer Finalplatz.

100 m	25.09.1988
1. Florence Griffith-Joyner (USA)	**10,54**
2. Evelyn Ashford (USA)	**10,83**
3. Heike Drechsler (DDR)	**10,85**
4. Grace Jackson (Jamaika)	10,97
5. Gwen Torrence (USA)	10,97
6. Natalia Pomochtschnikowa (Bulgarien)	11,49
200 m	29.09.1988
1. Flor. Griffith-Joyner (USA)	**WR 21,34**
2. Grace Jackson (Jamaika)	**21,72**
3. Heike Drechsler (DDR)	**21,95**
4. Merlene Ottey (Jamaika)	21,99
5. Silke Möller (DDR)	22,09
6. Gwen Torrence (USA)	22,17
400 m	26.09.1988
1. Olga Brysgina (UdSSR)	**48,65**
2. Petra Müller (DDR)	**49,45**
3. Olga Nasarowa (UdSSR)	**49,90**
4. Valerie Brisco (USA)	50,16
5. Diane Dixon (USA)	50,72
6. Denean Howard (USA)	51,12
7. Helga Arendt (BR Deutschland)	51,17

Ein Schrei der Freude – auch eine sieggewohnte Läuferin kann sich so freuen (links oben). »Flo-Jo«, Grace Jackson und Heike Drechsler, die flinken Mädchen der 200er-Strecke (links unten). Start für Ute Thim (oben).

Damen, 800 m
1500 m/3000 m

Vielfalt auf den Mittelstrecken – Ein unzertrennliches Paar

So schnell die Füße tragen – Sigrun Wodars auf dem Weg zum Gold (oben, Startnr. 120). Kraftvoll und durchtrainiert zeigte sich die Rumänin Paula Ivan, Gold für sie über 1500 (rechts) und Silber über 3000 m.

Hatte Marita Koch über 400 m ein Vakuum hinterlassen, so eroberte sich das Duo Wodars-Wachtel mit den 800 m ein neues Terrain für die DDR. Das unzertrennliche Paar, in Sieg und Niederlage, vor allem aber im konsequenten Training miteinander vereint, hatte bereits bei der WM in Rom einen großen internationalen Doppelsieg gelandet, den sie bei vielen Rennen dann wiederholten – da war allerdings meist Christine Wachtel vor Sigrun Wodars. Und die sportlichen Zwillinge, die stets taktisch geschickt füreinander laufen und auch deshalb kaum zu schlagen sind, zermürbten die hoch eingeschätzte Konkurrenz, aus der UdSSR etwa, bereits in den Vorläufen.
Im Finale wurden sie lediglich von der Geheimfavoritin Kim Gallagher (USA) ernsthaft gefordert – die mit 1:56,91 dann immerhin Bronze eroberte. Vorne jedoch das gewohnte Bild – Sigrun Wodars vor Christine Wachtel. Bei den großen Rennen hat Sigrun Wodars immer noch einen Extra-Kick in den Beinen. Sieben

Läuferinnen blieben in Seoul unter der Zwei-Minuten-Marke, auch das ein bisher kaum erreichtes Niveau.
Die dominierende Mittelstrecklerin des Jahres 1988 hieß Paula Ivan. Die Rumänin, die in ihrem Team Maricica Puica ablöste, demonstrierte in einem imponierenden Sololauf ihre Überlegenheit nachdrücklich. Vom Start weg zog sie auf und davon und gewann in der bisher zweitschnellsten je gelaufenen Zeit von 3:53,96 Minuten. Auf der Zielgeraden konnte sie locker durchlaufen, nur eine Verletzung hätte sie da noch vom Gewinn des Goldes abhalten können. Fast sieben Sekunden später erreichten die beiden Russinnen Leilute Baiskauskaite und Tatjana Samolenko das Ziel.
Immer wieder reißen Olympische Spiele tiefe Wunden. Eine davon sollte in Seoul endlich geheilt werden: Mary Decker-Slaney war in Los Angeles bei dem prestigebeladenen Duell mit der Barfußläuferin Zola Budd nach einer Rempelei gestürzt und ausgeschieden. Die hohe Favoritin war um Gold gebracht worden und das wollte sie sich jetzt in Seoul zurückfordern. Freilich war aus dem einstigen Wunderkind des Langstreckenlaufs inzwischen eine reife Frau geworden, Mutter eines Kindes, in dieser Saison wieder zu alter Stärke zurückgekehrt. Konnte ihr amerikanischer Traum noch Wirklichkeit werden? Immerhin: Die ehemalige Intimgegnerin Zola Budd hatte gar nicht erst nach Korea kommen dürfen. Die Läuferin aus Südafrika war ein Opfer der Sportpolitik ihrer Heimat geworden – gesperrt. Damit schien der Amerikanerin (Motto: »Laufen macht schön«) der Weg frei. Und so übernahm Mary Dekker-Slaney im Rennen von Seoul sofort die Spitze, bestimmte das Tempo, passierte 1000 m in 2:46 Minuten – schnell genug. Alle Gegnerinnen hielten sich sorgsam im Schatten des großen Namens, keine löste Mary ab, der im zweiten Drittel sichtlich die Kraft ausging. Mary Decker-Slaney fiel zurück in den Pulk – die Wunde blieb offen, der Traum war wieder ausgeträumt.
Stattdessen verschärfte die Britin Yvonne Murray nun das Tempo, nur die Weltcupsiegerin Paula Ivan (Rumänien) und ein russisches Damen-Trio im roten Trikot vermochten ihr zu folgen. Paula Ivan zieht in der letzten Runde zuerst den Spurt an, sie ist selbstbewußt genug, hat sie doch in dieser Saison praktisch jedes wichtige Rennen gewonnen. Aber sie hat auch die Rechnung ohne Tatjana Samolenko gemacht: Die UdSSR-Athletin, bei den Leichtathletik-Sportfesten im Vorfeld der Olympiade selten zu Gast, zieht ihr auf der Zielgeraden unwiderstehlich davon. Mit 8:26,53 Minuten stellt sie eine Weltjahresbestleistung auf, für Paula Ivan bleibt Silber vor Yvonne Murray. Damit stand das zweite Siegertrio über 3000 m bei olympischen Spielen fest. In Los Angeles war diese Disziplin erstmalig für die Frauen angesetzt worden. Während sich die Siegerinnen um den Hals fallen, erreicht mit viel Verspätung auch Mary Decker-Slaney das Ziel. Ratlos, denn sie hat verlieren nie gelernt.
Die Siegerehrung enthüllte dann das Chaos der Organisation in der Leichtathletik: Denn Silber erhielt zunächst Samolenko – die Gewinnerinnen tauschten die Medaillen erst hinterher im kleinen Kreis. Für die Schweizerin Cornelia Bürki war das Feld zu schnell, sie lief in 8:48,32 als elfte ins Ziel ein.

Gegen den mächtigen Spurt von Tatjana Samolenko hatte Paula Ivan nichts mehr zuzusetzen (oben).

800 m	*26. 09. 1988*
1. Sigrun Wodars (DDR)	**1:56,10**
2. Christine Wachtel (DDR)	**1:56,64**
3. Kim Gallagher (USA)	**1:56,91**
4. Slobodanka Colovic (Jugoslawien)	1:57,50
5. Delisa Floyd (USA)	1:57,80
6. Inna Ewsewa (UdSSR)	1:59,37
1500 m	*01. 10. 1988*
1. Paula Ivan (Rumänien)	**3:53,96**
2. Leilute Baiskauskaite (UdSSR)	**4:00,24**
3. Tatjana Samolenko (UdSSR)	**4:00,30**
4. Christina Cahill (Großbritannien)	4:00,64
5. Lynn Williams (Kanada)	4:00,86
6. Andrea Hahmann (DDR)	4:00,96
3000 m	*25. 09. 1988*
1. Tatjana Samolenko (UdSSR)	**8:26,53**
2. Paula Ivan (Rumänien)	**8:27,15**
3. Yvonne Murray (GB)	**8:29,02**
4. Elena Romanowa (UdSSR)	8:30,45
5. Natalia Artemowa (UdSSR)	8:31,67
6. Vicki Huber (USA)	8:37,25
11. Cornelia Bürki (Schweiz)	8:48,32

Damen
10 000 m
Marathon

Die Große Tragik der Ingrid Kristiansen und der Triumph der kleinen Rosa Mota

Rosa Mota ließ sich von Beginn an nicht auf Rempeleien ein, war vorne mit dabei (rechts) und siegte im Frauen-Marathon (unten). Olga Bondarenko gewann die 10 000-m-Strecke, nachdem die große Favoritin Ingrid Kristiansen verletzt aufgeben mußte (rechte Seite).

Es hätte der große Auftritt von Ingrid Kristiansen werden sollen. Auf den Marathon hatte sie verzichtet, wollte unbedingt die 10000 m im Olympiastation gewinnen. 200 norwegische Schlachtenbummler waren extra für diesen Lauf nach Seoul geflogen. Denn eigentlich hatte die ehemalige Skilangläuferin, die das Erbe ihrer Landsfrau Grete Waitz angetreten hatte, hier keine Konkurrenz zu fürchten. Als erste

Frau hatte sie die Schallmauern von 2:20 Stunden im Marathonlauf und von 30 Minuten über 10000 m gestreift. Zunächst schien alles nach Programm zu laufen, Ingrid Kristiansen verschärfte nach fünf Runden bereits derart, daß ihr nur Kathrin Ullrich aus der DDR folgen konnte. Zwei Runden später jedoch verließ Kristiansen mit schmerzverzerrtem Gesicht die Bahn – eine Verletzung in der Fußsohle war wieder aufgebrochen.

Stattdessen kam es zu einem tollen Duell zwischen der Britin Liz McColgan, die auch im Marathon dabei war, und Olga Bondarenko aus der UdSSR. Die Engländerin machte das Tempo – die Spurterin Bondarenko jedoch gewann. Die Zeiten dieses Duos, mit 31:05 und 31:08 Minuten, sind für diese relativ junge Frauen-Langstrecke durchaus beachtlich, aber liegen doch eine Minute über den Bestmarken von Ingrid Kristiansen.

Lächelnd lief Rosa Mota die letzten 300 Meter im Olympiastadion. Die 30jährige Portugiesin hatte nach 42,295 km den Gipfel ihrer Karriere erreicht. Die Weltmeisterin von Rom ist die erfolgreichste Marathonläuferin der Leichtathletik-Geschichte.

Vier Kilometer vor dem Ziel setzte sich die hoch favorisierte Rosa Mota von ihren letzten beiden Begleiterinnen, Lisa Martin (Australien) und Katrin Dörre (DDR), ab und feierte in 2:25:40 Stunden einen Start-Ziel-Sieg. »Sie zermürbt einen, aber eines Tages werde ich sie schlagen«, sagte Lisa Martin über den entscheidenden Angriff der Siegerin.

Auf der vor allem auf den ersten zehn Kilometern höchst anspruchsvollen Marathonstrecke hielten sich die beiden bundesdeutschen Teilnehmerinnen wakker. Kerstin Preßler (Berlin) in 2:34:26 und Gaby Wolf (Dortmund) in 2:35:11 Stunden beendeten ihren ersten Olympia-Marathon auf Platz 21 bzw. 27 unter 72 Teilnehmerinnen.

10 000 m Frauen	*30. 09. 1988*
1. Olga Bondarenko (UdSSR)	**31:05,21**
2. Liz McColgan (Großbritannien)	**31:08,44**
3. Jelena Jupijewa (UdSSR)	**31:19,82**
4. Kathrin Ullrich (DDR)	31:29,27
5. Francie Larrieu-Shmith (USA)	31:35,52
6. Lynn Jennings (USA)	31:39,93
Marathon	*23. 09. 1988*
1. Rosa Mota (Portugal)	**2:25:40**
2. Lisa Martin (Australien)	**2:25:53**
3. Katrin Dörre (DDR)	**2:26:21**
4. Tatiana Polowinskaja (UdSSR)	2:27:05
5. Youfeng Zhao (China)	2:27:06
6. Laura Fogli (Italien)	2:27:49
21. Kerstin Preßler (BR Deutschland)	2:34:26
47. Genoveva Eichenmann (Schweiz)	2:44,37

Fassungslosigkeit

Sie ist 156 Zentimeter hoch und 44 Kilo leicht und unter den sowieso nicht muskelbepackten Marathonläuferinnen wirkt sie wie ein Kind. Sie hat die Weltmeisterschaft gewonnen und auch den berühmten Boston-Lauf – sie ist 30 Jahre alt und Portugiesin. Rosa Mota kämpft. Nein – nicht nur mit den Gegnerinnen und nicht nur gegen sich selbst.

Im Norden des Landes, wo sie einst das Laufen erlente, hat man ihr gesagt, sie sollte lieber die Hausarbeit verrichten, wie es alle Frauen tun. Als sie Erfolge errang, hat man befohlen, wie und wo und wann sie das Land vertreten sollte. Als sie mitentscheiden wollte über ihren Körper, war man zunächst fassungslos, dann erzürnt. Als sie sich sträubte, hat man sie kurzerhand gesperrt. Man drohte ihr, nicht in Seoul starten zu dürfen – erst als Staatspräsident Mario Soares einschritt, gab man klein bei. Als sie ungefähr vier Kilometer vor dem Ziel an diesem Tag ihren Konkurrentinnen einfach davonlief, als sie ins Stadion lief und lange vor dem Ziel wußte, daß sie siegen würde – als sie winkend und lachend die letzten hundert Meter hinter sich brachte, hatte sie einen Marathon für die Frauen ihres Landes gewonnen. Und für viele anderswo.

Ulrich Kaiser

Damen
110 m Hürden
400 m Hürden

Claudia lief aus Trotz zu Bronze: Deutschlands Damen und die Hürden

Jordanka Donkowa war wieder die Nummer eins, die Bulgarin schlug über die 100 m Hürden ihre Konkurrenz deutlich (rechts). Claudia Zaczkiewicz auf dem Weg zu Bronze (unten).

Erst eine Trotzreaktion bescherte den deutschen Leichtathleten ihre erste Medaille in Seoul. Kurz vor ihrem Start über die 100 m Hürden hatte Claudia Zaczkiewicz erfahren, daß sie in der 4x100-m-Staffel ausgebootet worden war. Mit einer tollen Finalleistung und neuem deutschen Rekord von 12,75 Sekunden lief die Mannheimerin sensationell zu Bronze und erteilte den Verbandsfunktionären eine deutliche Antwort.

Ungefährdete Siegerin des Rennens war die bulgarische Weltrekordlerin Jordanka Donkowa in 12,38 Sekunden. Vize-Weltmeisterin Gloria Siebert aus der DDR war dagegen mit 12,61 Sekunden als Zweite nicht mehr weit vor der Deutschen Meisterin. »Ich habe die Medaille nur für mich gewonnen«, antwortete die 26jährige Arzthelferin (in der Praxis ihres Mannes) provozierend auf die verbale Vereinnahmung ihres Erfolges durch DLV-Verantwortliche. »In dieser Medaille stecken meine Arbeit, mein Geld, meine Zeit und meine Nerven«, brachte Claudia Zaczkiewicz die Probleme einer Individualsportlerin auf den Punkt.

Viel Zeit zum Feiern bleibt ihr auch nicht: »Mein Mann macht gleich die Praxis wieder auf, und da ich für ihn dort arbeite, ist keine Zeit für Urlaub. Aber mir gefällt es, zu Hause habe ich wieder mehr Ruhe und werde vom Sport abgelenkt.« Bisher hat Claudia Zaczkiewicz, die ihrem späteren Mann als Claudia Reidick 1981 im französischen Wallfahrtsort Lourdes erstmals begegnete, beim Sport nur zugesetzt und selten mehr als 500 Mark Stargeld pro Meeting kassiert. »Ein interessanter Nebenaspekt.« Und noch ein Lichtblick für die deutsche Leichtathletik: Nach beschämend schwachen Tagen demonstrierte Gudrun Abt, die 26jährige Kindergärtnerin von der Schwäbischen Alb, daß es nicht unmöglich ist, in die internationale Phalanx einzubrechen. Schon im Zwischenlauf war sie deutschen Rekord über die 400 m Hürden gelaufen, im Finale steigerte die 1,80 m große und 59 Kilo schwere Athletin die Bestmarke auf 54,03 Sekunden. Von den Medaillenrängen war sie damit als Sechste zwar noch ein gutes Stück entfernt, doch begeisternd war ihr Leistungswille: »Ich bin mit der Zeit zufrieden, aber enttäuscht über die Plazierung.« Doch Gudrun Abt wäre noch steigerungsfähig, denn in Seoul mußte sie auf der ungünstigen Außenbahn laufen. Dennoch: Die Schwäbin hat sich konsequent gesteigert, ihrem Aufwärtstrend standen dabei noch die wenigen Renn-Angebote über den Sommer hinweg entgegen. »Sie standen bei keinem Grand Prix Meeting auf dem Programm. Leider, denn dort hätte ich noch viel Erfahrung sammeln können.« Allerdings ahnte zuvor auch kein Experte, wie schnell der Endlauf über die 400 m Hürden werden würde. Denn nur 0,35 Sekunden trennten Gudrun Abt vor der Weltmeisterin Sabine Busch (DDR), die diesmal nur Vierte wurde. Den Sieg holte sich in einem Foto-Finish die Australierin Debra Flintoff-King mit der Jahresweltbestzeit von 53,17 Sekunden. Erst auf den letzten fünf Metern konnte sie Tatjana Ledowskaja noch abfangen. Debra widmete das Gold ihrer Schwester, die wenige Tage zuvor tragisch gestorben war.

100 m Hürden	*30. 09. 1988*
1. Jordanka Donkowa (Bulgarien)	**12,38**
2. Gloria Siebert (DDR)	**12,61**
3. Claudia Zaczkiewicz (BRD)	**12,75**
4. Natalia Grigoriewa (UdSSR)	12,79
5. Florence Colle (Frankreich)	12,98
6. Julie Rocheleau (Kanada)	12,99
400 m Hürden	*28. 09. 1988*
1. Debra Flintoff–King (Australien)	**53,17**
2. Tatjana Ledowskaja (UdSSR)	**53,18**
3. Ellen Fiedler (DDR)	**53,63**
4. Sabine Busch (DDR)	53,69
5. Sally Gunnell (Großbritannien)	54,03
6. Gudrun Abt (BR Deutschland)	54,04

Mit einem sechsten Platz endete für Gudrun Abt das 400 m Hürden Finale (oben rechts), in dem Debra Flintoff-King aus den USA (oben links) siegte. Klar, daß die Claudia auf ihre Medaille stolz war.

Damen, Staffeln
4 x 100 m
4 x 400 m

Das Ost-West Prestige-Duell – Zum Abschluß noch ein Weltrekord

Die Läuferinnen Ashford, Griffith, Göhr und Lange (oben, v. links) beim dritten Wechsel noch dicht auf, dank Flo-Jo siegten die Girls aus den USA. Sabine Richter, Ulrike Savari, Andrea Thomas und Ute Thimm wurden unerwartet vierte (rechts).

Und noch eine Schau von Florence Griffith-Joyner, eine Show mit schnellen Kurven: Auch die Frauen-Sprintstaffel der USA über die 4 x 100 m galt schon vor dem Start als sichere Siegerin. Interessant schien allenfalls die Reihenfolge der schönen schwarzen Sprinterinnen. Aber dann mußten die vier US-Girls fast um ihr Leben rennen, denn die DDR-Läuferinnen wollten wohl endlich Revanche. Jedes Teilstück wurde zum Prestigeduell: Alice Brown gegen Silke Möller, Sheila Echols contra Kerstin Behrendt. Jetzt war nicht zu unterscheiden, wer denn vorne lag. Dann Florence Griffith als dritte Läuferin im Kurvenkampf gegen Ingrid Lange. Das aber war wohl ein taktischer Fehler, denn Florence konnte gegen Ingrid Lange überraschend nicht viel Boden gutmachen. Die Entscheidung fiel erst auf der Zielgeraden zwischen Evelyn Ashford und Marlies Göhr, ein Zweikampf, der so oft das Publikum begeistert hatte. Ashford wechselte schwach, trommelte dann aber über die Bahn wie in ihren besten Zeiten und überholte: 11 Hundertstel Vorsprung.

Eine phantastische Leistung bot aber auch die bundesdeutsche Staffel mit nur 77 Hunderstel Rückstand auf die Siegerinnen, nach den weit schwächeren Einzelzeiten der deutschen Mädchen kaum zu erklären. Hauchdünn, nur um ein lächerliches Hundertstel verpaßten Sabine Richter, Ulrike Sarrari, Andrea Thomas und Ute Thimm Bronze gegen die UdSSR.

Mit einem Weltrekord über 4 x 400 m beendeten die Leichtathleten ihre Wettkämpfe im Olympiastadion. Und wieder war Florence Griffith-Joyner im Blickpunkt des Geschehens:

Vom Start weg lieferten sich die UdSSR-Damen ein erbittertes Duell mit den USA. Die DDR, in den letzten Jahren bei dieser Disziplin stets klar vorne, hatte keine Chance und verlor drei Sekunden.

Praktisch miteinander übernahmen als Schlußläuferinnen Olga Bryzguina und Griffith-Joyner den Stab. Alles hielt den Atem an. Würde die Läuferin »von einem anderen Stern« auch hier einfach abheben und davonpreschen? Nein, sie blieb auf dieser Erde, hielt sich brav hinter der Russin und schaffte es auch auf der Zielgeraden nicht, Bryzguina zu überholen.

Aufatmen bei den Experten und bei den Sportlerinnen. Sie alle hatten befürchtet, Flo-Jo würde auch hier noch zu neuerlichen Meisterehren kommen und das Bild in der Leichtathletik weiter verändern – woher dann noch neue Superlative nehmen? Der neue Mythos hatte auch Angriffspunkte. Allerdings war es der erste internationale Start der extravaganten Athletin auf dieser Distanz und dafür wiederum schnell genug. Bedrohlich schnell.

Mit neuem Weltrekord gewannen die Frauen der UdSSR. Olga Brzyguina (oben, rechts) nimmt das Holz für die letzte Runde entgegen. Sie bringt den Sieg sicher nach Hause – vor der eigentlichen Sprinterin Florence Griffith-Joyner (unten).

4 x 100 m	*01.10.1988*
1. USA	**41,98**
(Alice Brown/Sheila Echols/Florence Griffith-Joyner/Evelyn Asford)	
2. DDR	**42.09**
(Silke Möller/Kerstin Behrendt/ Ingrid Lange/Marlies Göhr)	
3. UdSSR	**42,75**
(Ludmilla Kondratiewa/Galina Maltschugina/ Marina Jirowa/ Natalja Pomochtschikowa)	
4. BR Deutschland	42,76
(Sabine Richter/Ulrike Sarvari/ Andrea Thomas/Ute Thimm)	
5. Bulgarien	43,02
6. Polen	43,93
4 x 400 m	*01. 10. 1988*
1. UdSSR	**WR 3:15,18**
(Tatjana Ledowskaja/Olga Nazarowa/ Maria Piniguina/Olga Bryzguina)	
2. USA	**3:15,51**
(Denean Howard/Diane Dixon/Valerie Brisco/Florence Griffith-Joyner)	
3. DDR	**3:18,29**
(Dagmar Neubauer/Kirsten Emmelmann/ Sabine Busch/Petra Müller)	
4. BR Deutschland	3:22,49
(Ute Thimm/Helga Arendt/ Andrea Thomas/Gudrun Abt)	
5. Jamaika	3:23,13
6. Großbritannien	3:26,89

Damen
Hochsprung
Weitsprung

Freude über Familien-Feier
Und: Sensation im Hochsprung

Für DDR-Star Heike Drechsler blieb nur die Bewunderung für ihre Konkurrentin Jackie Joyner-Kersee aus den USA: »Sie und ihre Schwägerin sind ganz, ganz starke Athleten«, sagte die 23jährige aus Jena, die sich nicht nur in den Sprintrennen, sondern vor allem auch im Weitsprung-Wettkampf einem Mitglied der dominierenden Joyner-Sippe beugen mußte. Dabei hatte es über eine weite Phase der Sprungkonkurrenz hinweg gar nicht nach dem späteren Finalergebnis ausgesehen. Spannend war's, führte doch zunächst Sowjet-Russin Galina Tschistjakowa mit ihren 7,11 m. Das leichte Persönchen schwebte förmlich über die Sprunggrube, eine saubere Technik ersetzte einmal mehr ihre gegenüber Heike Drechsler sicherlich geringere Kraftreserve. Zwar schob sich das Mädchen aus Jena, das wenigstens von einer goldenen Einzelmedaille geträumt hatte, noch mit 7,22 m dank der enorm hohen Anlaufgeschwindigkeit erzielt, auf Rang zwei vor, doch mit ihrem fünften Versuch hatte Jackie Joyner-Kersee nicht nur in diesem Wettbewerb die Nase vorn, sondern sie vervollständigte damit auch den totalen Triumph des Joyner-Clans. Ihr Kommentar: »Das ist alles fantastisch. Wir freuen uns über diese Familienangelegenheit riesig.« Enttäuscht vor allem: Galina Tschistjakowa, die dank ihres Weltrekordes sich im Vorfeld hatte Hoffnungen auf den Olympiasieg machen können. Während aber das Publikum noch mit dem Dreikampf der extrava-

Weitsprung	*29.09.1988*
1. Jackie Joyner-Kersee (USA)	**7,40 m**
2. Heike Drechsler (DDR)	**7,22 m**
3. Galina Tschistjakowa (UdSSR)	**7,11 m**
4. Jelena Belewskaja (UdSSR)	7,04 m
5. Nicole Boegman (Australien)	6,73 m
6. Fiona May (Großbritannien)	6,62 m

Hochsprung	*30.09.1988*
1. Louise Ritter (USA)	**2,01 m**
2. Stefka Kostadinowa (Bulgarien)	**2,01 m**
3. Tamara Bykowa (UdSSR)	**1,99 m**
4. Olga Turtschak (UdSSR)	1,96 m
5. Galine Astafei (Rumänien)	1,93 m
5. Ludmille Andonowa (Bulgarien)	1,93 m

ganten Jackie, der sportlichen Heike und der zarten Galina beschäftigt war, gab's im Hochsprung eine dicke Überraschung. Nicht Weltrekordlerin Stefka Kostadinowa aus Bulgarien, die Langaufgeschossene, die eigentlich fest auf Platz eins gesetzt war, siegte, sondern eine in der internationalen Hochsprungszene bei den Frauen bisher im Schatten stehende Amerikanerin hatte die besseren Nerven. Ein Stechen entschied den Wettbewerb, Louise Ritter schloß mit übersprungenen 2,03 m ab, für Stefka Kostadinowa blieb auch nach dem Ausscheidungsspringen nur die für sie enttäuschende Höhe von 2,01 m. Die frühere Weltrekordlerin und lange Zeit harte Konkurrentin von Doppel-Olympiasiegerin Ulrike Meyfarth, Tamara Bykowa, sprang mit 1,99 m noch auf den dritten Platz. Heike Redetzky

aus Leverkusen, als einzige Starterin des DLV angetreten, war mit einer Höhe von 1,92 m schon in der Qualifikation gescheitert. Auch hier war eine Verletzung der Grund für das enttäuschende Abschneiden, Schmerzen im Fersenbereich des Sprungbeines verhinderten eine bessere Leistung. Hinterher mag sie, die im gesunden Zustand an die Zweimeter-Marke heranspringen kann, sich geärgert haben. Denn schon die Viertplazierte, Olga Turtschak, brauchte nur 1,96 m, für Platz 5 reichten gar 1,93 m.

Konkurrenz im Wettkampf ist die eine Seite, Anerkennung des Besseren die andere. Heike Drechsler aus der DDR, die so gerne auf dem Siegertreppchen ganz oben gestanden hätte, freute sich mit Jackie Joyner-Kersee über deren Sieg, umgekehrt spendete JJK der Dresdenerin Trost, 19 Zentimeter hatten ihr zum Traumplatz gefehlt (links, kleines Bild). Weitsprung in Vollendung: die Siegerin (links). Stefka Kostadinowa war in Seoul angetreten, die Nachfolgerin Ulrike Meyfarths zu werden, doch dann kam Louise, das blonde Energiebündel aus den USA. 2,01 m erreichten beide im regulären Wettbewerb, 2,03 – Louise Ritter und die Bulgarin rissen je dreimal, ein Stechen wurde notwendig, das Girl aus den States hatte die besseren Nerven und 2,03 m zuerst überwunden.

Medaillen im Duett – Die Schnellkraft der Ostblock-Damen

Der perfekte Hüftschwung vor der ersten Drehung – Martina Hellmann aus der DDR warf die Scheibe mit ihrer perfekten Technik auf 72,30 m (rechts). Während es für Claudia Losch nur zu Rang sechs reichte, war Natalja Lisowskaja (unten) die überragende Athletin der Konkurrenz. Über einen Meter stieß sie die Kugel weiter als die Zweitplazierte.

Nach ihrer großen Tradition in den Schnellkraftdisziplinen ließen sich die DDR-Frauen auch beim Diskuswerfen in Seoul nicht lumpen. Viele große Namen wie Faina Melnik sind abgetreten von der engen Bühne des Diskusrings, das Niveau jedoch ist hoch geblieben: Für Gold und Silber wollten erst mal 70 Meter bezwungen sein. Martina Hellmann, gerade 27 Jahre alt geworden, gewann mit 72,30 m die Goldmedaille vor der Europameisterin Diana Gansky, die in ihrem besten Versuch 71,88 m erreichte. Bei den großen internationalen Wettkämpfen wechseln sich die beiden immer wieder ab. Bronze blieb der Ex-Weltrekordlerin Szwetanka Christowa aus Bulgarien. Sie scheiterte mit 69,74 m knapp an der begehrten 70-m-Marke. Bundesdeutsche Werferinnen waren nicht nach Seoul gereist.

Mit großen Hoffnungen war sie angetreten und sie wollte ihr Prestige teuer verkaufen: Claudia Losch hatte in Los Angeles Gold mit der Kugel relativ leicht gewonnen – in Seoul dagegen war auch die gesamte osteuropäische Konkurrenz dabei. Im Vorkampf löste die 28jährige ihre Aufgabe glänzend und erzielte mit 20,39 m die beste Weite der 25 Teilnehmerinnen. Ihre Klubkameradin Iris Plotzitzka scheiterte dagegen knapp mit 19,06 m. Im Finale jedoch machte Natalja Lisowskaja, die Weltmeisterin und Weltrekordlerin aus der UdSSR, dann ernst: Gegen die 22,14 Meter hatte keine Konkurrentin etwas gegenzuhalten, für Claudia Losch blieb mit 20,27 m Rang fünf. Lisowskaja: eine herausragende Persönlichkeit mit 1,86 m Körperlänge und 100 kg Gewicht.

Diskuswerfen	*29. 09. 1988*
1. Martina Hellmann (DDR)	**72,30 m**
2. Diana Gansky (DDR)	**71,88 m**
3. Szwetanka Christowa (BUL)	**69,74 m**
4. Swetla Mitkowa (Bulgarien)	69,14 m
5. Ellina Zwerewa (UdSSR)	68,94 m
6. Zdenka Silhava (CSSR)	67,84 m

Kugelstoßen	*01. 10. 1988*
1. Natalja Lisowskaja (UdSSR)	**22,24 m**
2. Kathrin Neimke (DDR)	**21,07 m**
3. Meisu Li (China)	**21,06 m**
4. Innes Müller (DDR)	20,37 m
5. Claudia Losch (BR Deutschland)	20,27 m
6. Heike Hartwig (DDR)	20,20 m

Einige Wochen vor Seoul hatte sie sich wieder einmal auf den Favoritenschild gehoben: Petra Felke warf den Speer bei einem großen Leichtathletik-Festival nicht nur ungeheuer weit, sondern auch noch haargenau auf die Schallmauer – 80,00 Meter. Aber noch vor jedem großen internationalen Wettkampf lag sie leistungsmäßig klar in Front und verlor dann doch – meist gegen die farbige Britin Fatima Whitbread. Doch in Seoul drehte Petra endgültig den Spieß um und gewann zum Abschluß ihrer langen Laufbahn mit 74,68 m die Goldmedaille. Bei dieser Weite wäre sie allerdings wieder zu schlagen gewesen, wieder konnte sie ihre Nervosität nicht ganz ablegen, ihre große Leistungsstärke nicht voll umsetzen. Aber Fatima Whitbread, ihre Rivalin und Freundin, konnte die Schwäche von Petra Felke diesmal nicht ausnützen, so wie bei der letzten Europameisterschaft in Stuttgart 1986 oder bei der Weltmeisterschaft in Rom 1987. Die Engländerin legte zwar alle Kraft in ihren letzten Versuch – 70,32 m waren zu wenig. Nicht mehr dabei war die dritte große Speerwerferin der letzten Jahre, Tiina Lillak aus Finnland.

Die Bronzemedaille holte sich Beate Koch aus der DDR mit 67,30 m. Sie lag damit vor der Sowjetrussin Irina Kostiutschenkowa, vor ihrer Mannschaftskollegin Silke Renk und der UdSSR-Werferin Natalja Ermolowitsch, die mit 64,84 m Sechste wurde.

Enttäuschend war das Abschneiden der bundesdeutschen Vertreterin Ingrid Thyssen, die mit ihrem weitesten Versuch von 60,76 m gerade noch ins Finale gerutscht war.

Speerwerfen	*26. 09. 1988*
1. Petra Felke (DDR)	**74,68**
2. Fatima Whitbread (GB)	**70,32**
3. Beate Koch (DDR)	**67,30**
4. Irina Kostiutschenkowa (UdSSR)	67,00
5. Silke Renk (DDR)	66,38
6. Natalja Ermolowitsch (UdSSR)	64,84
8. Ingrid Thyssen (BR Deutschland)	60,76
9. Denise Thiémard (Schweiz)	58,84

Endlich der große Wurf für Petra Felke. Immer wieder war sie trotz ihrer Weltrekordweiten in den großen internationalen Wettkämpfen hinter Britanniens Speerwerferin Fatima Whitbread, Olympiasiegerin 1984, zurückgeblieben – in Seoul gehörte der Sieg der 26jährigen aus der DDR.

Damen
Siebenkampf

Ein Traum wurde wahr: Jackie Joyner-Kersee mit Weltrekord

»Unser erstes Ziel ist der Olympiasieg«, hatte Ehemann und Trainer Bob Kersee die Marschrichtung vorgegeben. Ehefrau Jackie Joyner folgte gehorsam. 12,69 Sekunden über die Hürden, da ließ sie Anke Behmer aus der DDR klar hinter sich. Beim Hochsprungwettbewerb waren 1,86 m für den »Fahrplan« zum Weltrekord noch runde 7 Zentimeter zu wenig.

»Wenn es eine weibliche Antwort auf Rambo gibt, so ist das Jakkie«, meinte Trainer und Ehemann Bob Kersee überschwenglich. Das Lob galt einer Sportlerin, die im Olympiastadion von Seoul Leichtathletik-Geschichte geschrieben hat: Jackie Joyner-Kersee. Die 26 Jahre alte Amerikanerin stellte mit 7291 Punkten einen Siebenkampf-Weltrekord auf, der nach Expertenmeinung über die Jahrtausend-Wende hinaus Bestand haben wird.
Heute lebt Jackie im sonnigen Kalifornien, ist Weltmeisterin im Weitsprung und Siebenkampf und gehört, einem Asthma-Leiden zum Trotz, zur Elite der wenigen Weltstars. In Seoul ließ sie sich auch durch eine schon beim Hochsprung, der zweiten Disziplin, erlittene Knieverletzung nicht von der Rekordjagd abhalten: »Ich hätte nur aufgegeben, wenn irgendwas gerissen oder ge-

brochen wäre.« Vor ihrem immensen Können verblaßten auch die starken DDR-Athletinnen Sabine John (6 897) und Anke Behmer (6 858), die Silber und Bronze gewannen, von der mit 6 109 Punkten auf Platz 14 enttäuschenden Sabine Braun (Wattenscheid) ganz zu schweigen.

Triebfedern ihres fünften Weltrekords im Mehrkampf waren eine harte Kindheit und ein immer wieder neu entfachter Ehrgeiz. Vater Alfred und Mutter Mary heirateten im Alter von 15 und 17 Jahren, als sich die Geburt des zwei Jahre älteren Bruders ankündigte. In Armut, aber mit viel Fürsorge wuchsen die vier Joyner-Kinder auf. Jackie nahm sich Sprint-Olympiasiegerin Wilma Rudolph zum Vorbild. Bruder Al Joyner wure 1984 Olympiasieger im Dreisprung, ausgerechnet als »JJK« ihre bisher bitterste Erfahrung machte. Klar auf Siegkurs, verlor sie am zweiten Wettkampftag im Coliseum von Los Angeles wegen einer Verletzung das sicher geglaubte Gold nur um fünf Punkte an die Australierin Glynis Nunn. In Seoul löste sie das Versprechen ein, ihren Traum dennoch zu erfüllen, als der ungeliebte, abschließende 800-m-Lauf zum Triumphzug wurde. Viermal zuvor hatte Jackie seit 1986 den Weltrekord im Siebenkampf verbessert und war dabei jedesmal über der 7 000 Punkte-Marke geblieben, die noch keine andere Athletin übertroffen hat. Die jüngste Bestmarke bastelte sie so zusammen: 12,69 Sekunden über 100 m Hürden, 1,86 m im Hochsprung, 15,80 m mit der Kugel, 22,56 Sekunden über 200 m am ersten Tag, großartige 7,27 m im Weitsprung, 45,66 m mit dem Speer und 2:08,51 Minuten über 800 m.

»Das war hoffentlich ihr letzter Siebenkampf. Ich halte es nicht mehr aus, diese Frau noch einmal vier Jahre zu trainieren«, meinte Bob Kersee, »Jackie macht mich fix und fertig. Sie steht um sechs auf und geht nicht ins Bett, ehe alles für den Sport getan ist, meist nach Mitternacht.«

Siebenkampf	*24. 09. 1988*
1. Jackie Joyner-Kersee (USA) WR	**7 291**
2. Sabine John (DDR)	**6 897**
3. Anke Behmer (DDR)	**6 858**
4. Natalia Schubenkowa (UdSSR)	6 540
5. Remiguja Sablowskaite (UdSSR)	6 456
6. Ines Schulz (DDR)	6 411
13. Corinne Schneider (Schweiz)	6 157
14. Sabine Braun (BR Deutschland)	6 109

»Es lief nicht ganz optimal«, bilanzierte »JJK« zur Halbzeit nach vier Disziplinen. 45,66 m im Speerwerfen, der vorletzten Disziplin, brachten Zufriedenheit. Im abschließenden 800-m-Lauf reichte ihr ein vierter Platz, das Endergebnis: Ein sogenannter Fabelweltrekord.

Schwimmen

Gut gemischt

Zwei Namen und zwei Nationen prägten die Schwimm-Wettbewerbe in Seoul: Matt Biondi, Kristin Otto und der Zweikampf zwischen der DDR und den USA. Nach den Boykott-Olympiaden von Moskau und Los Angeles konnten die großen Schwimmer-Nationen endlich wieder ihre Kräfte im diskreten Vergleich messen. Und die großen Stars wurden den Erwartungen weitgehend gerecht. Kristin Otto gewann sechs, Matt Biondi vier Goldmedaillen. Dennoch wurde es nie langweilig im Schwimm-Stadion von Seoul, immer wieder durchbrachen Außenseiter die internationale Hierarchie: Solche Sensationen sind das Salz in der olympischen Suppe, sie demonstrieren, daß auch die großen Namen stets angreifbar bleiben. Noch nie waren die Karten weltweit so gut gemischt – die Medaillen der 31 Entscheidungen verteilten sich unter 22 Nationen. Sensationen in Auszügen: Ein Japaner gewinnt die 100 m Rücken, eine Disziplin, die von »Tauchern« unterwandert worden ist; über 100 m Delphin fliegt ein »Exote« aus Surinam an den Favoriten vorbei; im Lagenschwimmen ist ein Ungar nicht zu schlagen; über 100 m Brust haben gleich zwei Bulgarinnen die Nase vorn; ein origineller Australier gewinnt mit Weltrekord die 200 m Freistil und über 1500 m Kraul darf das Publikum die Wiederauferstehung des Wladimir Salnikow miterleben.

Vielseitigkeit

Elf Weltrekorde und zwölf Europarekorde unterstrichen die einmalige Qualität des olympischen Vergleichs. Trotz aller Außenseiter dominierten die DDR bei den Frauen und die USA – dank Matt Biondi – bei den Männern letztlich doch deutlich. Matt Biondi, der sympathische Hüne aus Kalifornien, war verwundbar, während Kristin Otto aus Leipzig, siebenfache Weltmeisterin schon vor Seoul, nicht nur sechsmal Gold gewann, sondern auch mit unglaublicher Vielseitigkeit glänzte: Fast ebenso stark in Freistil, Delphin und sogar als Rückenschwimmerin. Welch Unterschied zu den bundesdeutschen Schwimmerinnen, von denen allein Svenja Schlicht und die talentierte Stephanie Ortwig überhaupt ein Einzelfinale erreichten.
Enttäuschung aber auch bei den männlichen Kollegen des DSV: Erst über 200 m Delphin wuchsen dem Albatros Michael Groß wieder Flügel und er flog allen davon. Ansonsten mußte er doch seinem Alter Tribut zollen.

Gekleckert wurde nicht in Südkorea. Die moderne Schwimmhalle war nicht nur ein optischer Blickfang, sondern sie wurde auch ihrem Ruf, mit die schnellsten Bahnen zu haben, gerecht.

Der sprintende Hüne: Matt Biondi holte zweimal Gold

Angetreten war er, ein neuer Mark Spitz zu werden, sensationshungrige Journalisten wollten ihm die Chance auf sieben Goldmedaillen andichten: Matt Biondi, der Superschwimmer aus den USA, ein Hüne von Statur, nahms gelassen und gewann wahrlich Medaillen genug. Bekannt als Sprinter, war ihm der Sieg in der klassischen Disziplin, über die 100 m Freistil, nicht zu nehmen. In 48,63 Sekunden lag er hier deutlich vor seinem Landsmann Christopher Jacobs und dem Franzosen Stephan Caron. Auf den Kurzstrecken waren die Zeitabstände manchmal größer als über die langen Distanzen. Der Schweizer Stefan Volery distanzierte hier den schwachen Thomas Fahrner. Spitz, der vergessene amerikanische Schwimm-Star, hatte bei den Olympischen Spielen 1972 in München gleich sechs Goldmedaillen geholt. Matt Biondi, sein junger Kollege, viel, viel schneller in der offenbar immer noch nicht ausgereizten Sportart Schwimmen, gewann immerhin vier und verlor in weiteren Disziplinen nur knapp. Matt Biondi profitierte von der Ausweitung des Olympia-Schwimm-Programms und ist auf den Kurzstrecken kaum zu schlagen.

50 m Freistil	*24. 09. 1988*
1. Matt Biondi (USA)	**WR 22,14**
2. Thomas Jager (USA)	**22,36**
3. Gennadi Prigoda (UdSSR)	**22,71**
4. Dano Halsall (Schweiz)	22,83
5. Stefan Volery (Schweiz)	22,84
6. Wladimir Tkaschenko (UdSSR)	22,88
7. Frank Henter (BR Deutschland)	23,03

100 m Freistil	*22. 09. 1988*
1. Matt Biondi (USA)	**48,63**
2. Christopher Jacobs (USA)	**49,08**
3. Stephan Caron (Frankreich)	**49,62**
4. Gennadi Prigoda (UdSSR)	49,75
5. Juri Bachkatow (UdSSR)	50,08
6. Andrew Baildon (Australien)	50,23
11. Stefan Volery (Schweiz)	50,74
14. Thomas Fahrner (BR Deutschland)	51,12

Matt Biondi, der Superstar der US-Boys im Schwimm-Team, konnte sich ausgelassen freuen, auch wenn die Medaillenflut für ihn erwartet kam. Die Siegerehrung für die 100 m Freistil sah direkt hinter ihm seinen Teamgefährten Christopher Jacobs. Dritter: Der Franzose Stephan Caron (unten, von links).

Herren, Freistil
200 m/400 m
1 500m

Nerven-Poker um die Vorläufe – Stefan Pfeiffers Silber-Spurt

Duncan Armstrong aus Australien zog über die 200 m allen davon, auch Amerikas Nr. 1, Matt Biondi, und Albatros Michael Groß (unten). Dennoch, Groß war ein fairer Verlierer, gehörte zu den ersten Gratulanten bei Armstrong und Biondi (Mitte). Uwe Daßler (oben) aus der DDR schwamm über die 400er Strecke sensationell zum Sieg.

Trotz der Vielzahl olympischer Entscheidungen werden manche Rennen ihren Mythos nie verlieren. Was die 100 m für die Leichtathletik sind, stellen die 200 m Freistil der Schwimmer dar, hier wird der eigentliche Schwimmerkönig gekrönt. Das große Duell zwischen Michael Groß und Matt Biondi war angesagt. Und dann kam alles ganz anders: Biondi sprintete zwar anfangs davon, wurde aber überholt und der Albatros Michael Groß hatte Luft in seinen mächtigen Schwingen. Ein zuvor fast unbekannter Australier namens Duncan Armstrong schwamm den Stars nicht nur auf und davon, sondern markierte mit 1:47,25 Minuten auch noch einen neuen Weltrekord.
Während die geschlagenen Favoriten fair gratulierten, erlitt am Beckenrand ein anderer Australier fast einen Herzinfarkt: Larrie Lawrence, der Trainer des Goldjungen, gebärdete sich vor Freude wie verrückt. Der Paradiesvogel im Schwimmstadion hatte Michael Groß erneut einen Streich gespielt, denn er hatte auch jenen Jon Sieben trainiert, der Groß in Los Angeles ebenfalls als krasser Außenseiter Gold über 200 m Delphin weggeschnappt hatte.

Stefan Pfeiffer war die große Überraschung auf der langen Strecke, denn: Nicht Rainer Henkel kam in die Medaillenränge, sondern der vermeintlich Schwächere Pfeiffer: Er wurde Zweiter über 1500 m und Sechster bei den kürzeren 400 m. Überraschungssieger Wladimir Salnikow freute sich ebenso wie Pfeiffer und Bronzegewinner Uwe Daßler (Bild links unten, von rechts).

Und noch ein sensationelles Rennen: Über 400 m Kraul unterboten gleich alle drei Medaillengewinner den alten Weltrekord des Polen Artur Wojdat von 3:47,38 Minuten. Überraschend gewann Uwe Daßler aus dem DDR-Team Gold mit dem Fabelweltrekord von 3:46,95 Minuten. Für den »verrückten Australier« Duncan Armstrong reichte es diesmal nicht ganz mit seinem Endspurt. Er holte sich Silber vor dem Favoriten Wojdat. Der Hamburger Stefan Pfeiffer mußte in diesem Klassefeld mit seinem sechsten Platz hoch zufrieden sein. Der selbsternannte Mitfavorit Rainer Henkel dagegen blieb im Vorlauf hängen.

Die letzte Chance für Henkel war so die Langstrecke über 1500 m. Hatte sich der Weltmeister dieser Disziplin zuvor nur geschont für ein so kompromißloses Rennen wie bei seinem letzten Titelgewinn? Schon nach 100 Metern war die Antwort klar: Rainer Henkel hatte Rückstand und spielte im weiteren Verlauf des Rennens keine Rolle mehr – er hatte doch keinen Trumpf in der Badehose.

Ein Star geht unter, ein anderer taucht wieder auf: Wladimir Salnikow feierte ein unglaubliches Comeback. Der legendäre russische Schwimmer und Weltrekordinhaber auf dieser Strecke (14:54,76 Minuten) hatte ja bereits aufgehört. Ein erstes Comeback 1986 nach schwerer Krankheit ging daneben, doch jetzt kehrte er zurück wie Phönix aus der Asche. Ein Neustart mit 28 Jahren, für Schwimmer ein Rentenalter. Schon in Montreal 1976 war Salnikow Fünfter über 1500 m gewesen, danach blieb er 9 Jahre lang unbesiegt. Im Vorfeld der Spiele mußte der Oldtimer allerdings auch die Bedenken im eigenen Land erst ausräumen. Salnikow ließ ganz ruhig erstmal den Amerikaner Cetlinski führen, erst bei 700 m ging er nach vorn und zog davon – in seinem Sog jedoch Stefan Pfeiffer, der zweite Bundesdeutsche im Finale, weit bescheidener als Henkel, dafür aber mit Silber in Seoul belohnt. Silber für den größten Stilisten im Feld der 1500 m.

»Standing ovations« aber für Salnikow, der in 15:00,40 Minuten siegte, zwei Sekunden vor Stefan Pfeiffer. Der Opa hatte es seinen Enkeln noch einmal gezeigt. Ein Rainer Henkel aber wird sein Trainingsmotto ändern müssen: »Erstmal den Opa schlagen.«

200 m Freistil	*19. 09 1988*
1. Duncan Armstrong (AUS) WR	**1:47,25**
2. Anders Holmertz (Schweden)	**1:47,89**
3. Matt Biondi (USA)	**1:47,99**
4. Artur Wojdat (Polen)	1:48,40
5. Michael Groß (BR Deutschland)	1:48,59
6. Steffen Zesner (DDR)	1:48,77
8. Thomas Fahrner (BR Deutschland)	1:49,19
41. Alexander Placheta (Österreich)	1:56,11

400 m Freistil	*23. 09. 1988*
1. Uwe Daßler (DDR) WR	**3:46,95**
2. Duncan Armstrong (AUS)	**3:47,15**
3. Artur Wojdat (Polen)	**3:47,34**
4. Matthew Cetlinski (USA)	3:48,09
5. Mariusz Podkoscielny (Polen)	3:48,59
6. Stefan Pfeiffer (BR Deutschland)	3:49,96
14. Alberto Bottini (Schweiz)	3:57,82

1 500 m Freistil	*25. 09. 1988*
1. Wladimir Salnikow (UdSSR)	**15:00,40**
2. Stefan Pfeiffer (BR Deutschl.)	**15:02,69**
3. Uwe Dassler (DDR)	**15:06,15**
4. Matthew Cetlinski (USA)	15:06,47
5. Mariusz Podkoscielny (Polen)	15:14,76
6. Rainer Henkel (BR Deutschland)	15:18,19

Herren, Rücken
100 m/200 m
Herren, Brust
100 m/200 m

Die verschwundenen Schwimmer: Gut getaucht ist halb gewonnen

David Berkoff verblüffte durch seine Technik (rechte Seite, unten), doch den Sieg schnappte ihm der Japaner Suzuki praktisch vor der Nase weg. Adrian Moorhouse (rechts) siegte mit einem Wimpernschlag Vorsprung im 100 m Brust-Finale; Igor Polianski (darunter) beherrschte die 200 m Rücken, Ungarns Szabo (unten) jubelte über Gold.

Die Kameraleute der Fernsehteams kratzten sich am Kopf – in Zukunft werden sie in den Schwimmstadien auch noch Kameras unter Wasser postieren müssen. Denn über 100 m Rücken bot sich ein höchst kurioses Bild: Gerade noch drei Schwimmer starteten wie gewohnt über Wasser, die anderen fünf waren erstmal verschwunden – weggetaucht. Der Amerikaner David Berkoff hat die neue Technik kreiert und damit die Konkurrenz geschockt. Er demonstrierte, daß unter Wasser der Widerstand des nassen Elements anscheinend geringer ist. Bald hatten ihm einige Gegner den Trick abgeschaut und so kam es in Seoul erstmals zum Wettstreit im Wettauchen: Berkoff, der im Vorlauf mit 55,41 Sekunden bereits einen neuen Weltrekord erzielt hatte, kam als letzter hoch, nach gut und gerne 35 Metern – und lag vorn. Auf der zweiten Bahn jedoch, als alle schwimmen mußten, wurde das Rennen dramatisch – vier Leute lagen plötzlich gleichauf. Mit dem letzten Zug gelang dem Japaner Daichi Suzuki in 55,05 Sekunden die Sensation – Sieg vor Berkoff, der seinen Exploit vom Vorlauf büßen mußte.

Igor, der Taucher, gewann souverän auch über 200 m Rücken – das erste Schwimmergold für die UdSSR in Seoul. Aber auch über Wasser war Igor schnell genug und hielt die Konkurrenz auf Distanz. Jens-Peter Berndt zeigte

sich als Sechster zufrieden, während der einst so starke Frank Hoffmeister das Finale nicht erreichte, dann jedoch als Sieger des B-Finales mit 2:01,65 Minuten schneller schwamm als Dirk Richter aus der DDR als offizieller Fünfter. Brust voraus, hatten die deutschen Schwimmer fast über Jahrzehnte gute Karten. Erinnert sei nur an Walter Kusch, der noch für Weltrekorde gut war. Abgelöst wurde er von einem zunächst bärenstark auftrumpfenden Mann namens Gerald Mörken, der jedoch in Los Angeles über einen siebten Rang nicht hinauskam. In Seoul aber erreichten die Deutschen Mark Warnecke und Alexander Mayer nicht einmal mehr das Finale.
Als besserer Nachfolger erwies sich der Brite Adrian Moorhouse: In Los Angeles bereits Vierter, gewann er diesmal nach einem phantastischen Zweikampf gegen den Ungarn Karoly Guttner – mit einer Hundertstelsekunde »Vorsprung«. Dritter wurde der Russe Wolkow, der nach 50 m mit Europarekordzeit noch als Erster gewendet hatte, am Ende aber eine Brustbreite zu spät ankam.
Über 200 m Brust hatte dann doch ein Ungar die Nase bzw. den ganzen Kopf vorn: Mit der Europarekordzeit von 2:13,52 Minuten gewann Jozsef Szabo Gold vor dem Briten Nick Gillingham (2:14,12). Bronze ging an den Spanier Sergio Lopez.

100 m Rücken	*24. 09. 1988*
1. Daichi Suzuki (Japan)	**WR 55,05**
2. David Berkoff (USA)	**55,18**
3. Igor Polianski (UdSSR)	**55,20**
4. Sergei Zabolotnow (UdSSR)	55,37
5. Mark Tewksbury (Kanada)	55,09
6. Frank Baltrusch (DDR)	56,10
7. Frank Hofmeister (BR Deutschland)	56,19
200 m Rücken	*22. 09. 1988*
1. Igor Polianski (UdSSR)	**1:59,37**
2. Frank Baltrusch (DDR)	**1:59,60**
3. Paul Kingsman (Neuseeland)	**2:00,48**
4. Sergej Zabolotnow (UdSSR)	2:00,52
5. Dirk Richter (DDR)	2:01,67
6. Jens-Peter Berndt (BR Deutschland)	2:01,84
9. Frank Hoffmeister (BR Deutschland)	2:01,65
29. Patrick Ferland (Schweiz)	2:07,77
100 m Brust	*19. 09. 1988*
1. Adrian Moorhouse (GB)	**1:02,04**
2. Karoly Guttner (Ungarn)	**1:02,05**
3. Dimitri Wolkow (UdSSR)	**1:02,20**
4. Victor Davis (Kanada)	1:02,38
5. Tamas Debnar (Ungarn)	1:02,50
6. Richard Schroeder (USA)	1:02,55
11. Mark Warnecke (BR Deutschland)	1:03,40
29. Thomas Böhm (Österreich)	1:04,96
200 m Brust	*23. 09. 1988*
1. Jozsef Szabo (Ungarn)	**ER 2:13,52**
2. Nick Gillingham (GB)	**2:14,12**
3. Sergio Lopez (Spanien)	**2:15,21**
4. Mike Barrowman (USA)	2:15,45
5. Waleri Lozik (UdSSR)	2:16,16
6. Wadim Alexejew (UdSSR)	2:16,70
13. Etienne Dagon (Schweiz)	2:18,17
31. Mark Warnecke (BR Deutschland)	2:22,55
31. Hartmut Wedekind (BR Deutschland)	2:22,55

Rückenschwimmer Jens-Peter Berndt

Hebelwirkung

Irgenwo erzählte jemand, der sich im Schwimmen und seinen Sonderarten auskennt, daß sich der Stil im Rückenschwimmen in den letzten Jahren völlig verändert habe. Er meinte, daß die Schwimmer nach dem Start unendlich lange unter Wasser bleiben – zwanzig, dreißig Meter – und daß man auf diese Weise sicherlich außerordentliche Vorteile erzielen würde.
Abschließend sagte jener Mann, daß man aufgrund dieser Erkenntnis einen anderen Typ benötige – einen Athleten, dessen Knochenbau und Hebelverhältnisse sich von jenen der bisherigen stark unterscheide.
Nun ist ja nicht jedermann auch ein Experte in der diffizilen Sportart des Rückenschwimmens, so daß man diesen Aussagen zunächst einmal glauben zu schenken gezwungen ist. Aber Gedanken wird man sich auch als interessierter Laie machen dürfen: Ob es denn beim hochentwickelten Stand unserer Gen–Technik nicht möglich ist, junge Menschen in der für das Rückenschwimmen notwendigen Form zu züchten?
Mit Körpern einer besonders strömungsgünstigen Tropfenform, möglicherweise mit torpedoförmigem glattpoliertem Schädeldach – vielleicht sogar mit Schwimmhäuten und Kiemen? Es bleibt dabei nur eine Frage zu lösen: Sind diejenigen, die bisher als gute Rückenschwimmer galten, dann noch irgendwie anderweitig verwendbar? Man sollte jenen Experten bei nächster Gelegenheit einmal danach fragen.
Ulrich Kaiser

Herren, Delphin
100 m/200 m
Herren, Lagen
200 m/400 m

Ein Nobody aus Surinam – und der Albatros fliegt wieder

Der Albatros, wie man ihn kennt, und wenigstens doch noch einmal ganz oben. »Ich bin in allen Rennen gut gewesen«, sagte er, doch seine Freude über das Gold war auch gepaart mit Erleichterung. (Bilder unten und ganz rechts). Sensation über die 100-m-Strecke im Schmetterling: Anthony Nesty, der krasse Außenseiter aus Surinam.

Es war der Tag der Sensationen in Seoul. Überraschungen hatte es bereits genug gegeben, doch der hauchdünne Sieg des krassen Außenseiters Anthony Nesty gegen den haushohen Favoriten Matt Biondi stellte dann doch alles in den Schatten. Anthony Nesty? Alle Journalisten und auch die Insider waren sprachlos. Praktisch mit dem letzten Schlag hatte der kraushaarige, farbige Nobody aus Surinam (»Das ist dort, wo der Cayenne-Pfeffer wächst«, meinte ein konsternierter Fernsehreporter) den führenden Biondi noch um eine Hundertstelsekunde abgefangen. Allerdings trainiert Nesty im US-Bundesstaat Florida, denn zu Hause »gibt es bisher nur ein 50-Meter-Schwimmbecken«. Nach dem Fußball-Weltstar Ruud Gullit ist Anthony Nesty der erste Sportler Surinams, der Schlagzeilen macht. Eine Negativ-Sensation lieferte Michael Groß: wieder nur Fünfter. Außer ihm selbst war damit natürlich niemand zufrieden.

In seinem letzten Einzel-Rennen von Seoul ging es für Michael Groß über 200 Delphin um alles oder nichts. Die angeschlagene Reputation wollte er wieder herstellen, allen Kritikern »eins draufgeben«. Brutaler denn je stürzte er sich in die mörderische Distanz über 200 m Schmetterling. »Es gab keine Taktik, ich schwamm einfach was das Zeug hielt.« Die Trotzreaktion hatte Erfolg. Der Albatros mit zwei Metern Körperlänge und 2,27 Metern Arm-Spannweite flog noch einmal wie befreit übers Wasser. Bei allen Zwischenzeiten lag er auf Weltrekordkurs, ließ lediglich auf der letzten Bahn etwas nach, brachte aber eine Körperlänge Vorsprung ins Ziel – die Konkurrenz war deklassiert.

Eine besonders spannende Angelegenheit wurden die 200 m Lagen. Zunächst setzte sich der Delphinspezialist Wadim Jarostschuk (UdSSR) an die Spitze, im Brustschwimmen jedoch rückten ihm Patrick Kühl aus der DDR und der Ungar Tamas Darnyi bereits dicht auf den Pelz. Nach dem Wechsel auf die Rückenstrecke erst griff Darnyi so richtig an, im Kraulen schließlich zog er unwiderstehlich davon – Weltrekord. Über 400 m Lagen war der Ungar Tamas Darnyi mit Gold nicht zufrieden, sondern steigerte seinen eigenen Weltrekord auf 4:14,75 Minuten. Damit hatte er fast drei Sekunden Vorsprung auf den Amerikaner David Wharton – Welten im Schwimmsport.

Zweimal Tamas Darnyi aus Ungarn. Über die 200 und 400 m Lagenstrecke dominierte er deutlich. Kraftvoll: Sein Stil, dem weder David Wharton noch Patrick Kühl etwas entgegensetzen konnten.

100 m Delphin	*21. 09. 1988*
1. Anthony Nesty (Surinam)	**53,00**
2. Matt Biondi (USA)	**53,01**
3. Andy Jameson (Großbritannien)	**53,30**
4. Jonathan Sieben (Australien)	53,33
5. Michael Groß (BR Deutschland)	53,44
6. Jay Mortenson (USA)	54,07
17. Martin Hermann (BR Deutschland)	55,20
29. Reinhold Leitner (Österreich)	56,72

200 m Delphin	*24. 09. 1988*
1. Michael Groß (BR Deutschl.)	**1:56,94**
2. Bennie Nielsen (Dänemark)	**1:58,24**
3. Anthony Mosse (Neuseeland)	**1.58,28**
4. Thomas Ponting (Kanada)	1:58,91
5. Melvin Stewart (USA)	1:59,19
6. David Wilson (Australien)	1:59,20
21. Martin Hermann (BR Deutschland)	2:02,61

200 m Lagen	*25. 09. 1988*
1. Tamas Darnyi (Ungarn)	**WR 2:00,17**
2. Patrick Kühl (DDR)	**2:01,61**
3. Wadim Jarostschuk (UdSSR)	**2:02,40**
4. Michail Zubkow (UdSSR)	2:02,92
5. Peter Bermel (BR Deutschland)	2:03,81
6. Robert Bruce (Australien)	2:04,34
15. Jens-Peter Berndt (BR Deutschland)	2:06,76

400 m Lagen	*21. 09. 1988*
1. Tamas Darnyi (Ungarn)	**WR 4:14,75**
2. David Wharton (USA)	**4:17,36**
3. Stefano Battistelli (Italien)	**4:18,01**
4. Jozsef Szabo (Ungarn)	4:18,15
5. Patrick Kühl (DDR)	4:18,44
6. Jens-Peter Berndt (BR Deutschland)	4:21,71
8. Peter Bermel (BR Deutschland)	4:24,02

Herren, Freistil
4 x 100 m
4 x 200 m
4 x 100 m Lagen

Die Lederhosensaga – USA-Schwimmer beherrschen die Staffel

Start für die 4x200 Freistil. Thomas Fahrner wechselte auf Rainer Henkel. Am Ende blieb der dritte Platz hinter den USA und der DDR (unten). Matt Biondi (rechts, mit Brille und Faust) füllte über die 4x100 Lagen seine Goldsammlung weiter auf.

Staffelrennen der Männer sind meist eine sichere Beute für die USA, sei es auf der Tartanbahn oder im Schwimmbecken. So sah es auch über 4 x 100 Freistil aus: Und natürlich mit einem fast schon zur Pflicht gewordenen Weltrekord von 3 : 16,53 Minuten, den Matt Biondi als Schlußmann locker nach Hause brachte. Michael Groß versuchte es beim bundesdeutschen Quartett überraschend als Startschwimmer, sah jedoch in dieser Rolle, als Krauler, wieder nicht gut aus und schlug als einer der letzten an. Die UdSSR griff zeitweise die US-Boys sogar an, als Biondi loslegte,

Siegerehrung für drei erfolgreiche Teams: Auf Platz 1 die USA, Platz 2 die DDR und an dritter Stelle: Die Vier aus der Bundesrepublik von links: Henkel, Hochstein, Fahrner, Groß.

4 x 100 m Freistil	*23. 09. 1988*
1. USA	**WR 3:16,53**
(Christopher Jacobs/Troy Dalbey/Thomas Jager/Matt Biondi)	
2. UdSSR	**3:18,33**
(Gennadi Prigoda/Juri Bachkatow/Nikolai Ewseew/Wladimir Tkaschenko)	
3. DDR	**3:19,82**
(Dirk Richter/Thomas Flemming/Lars Hinneburg/Steffen Zesner)	
4. Frankreich	3:20,02
5. Schweden	3:21,07
6. BR Deutschland	3:21,65
(Michael Groß/Thomas Fahrner/Björn Zikarsky/Peter Sitt)	

4 x 200 m Freistil	*21. 09. 1988*
1. USA	**WR 7:12,51**
(Troy Dalbey/Matthew Cetlinski/Douglas Gjertsen/Matt Biondi)	
2. DDR	**7:13,68**
(Uwe Daßler/Sven Lodziewski/Thomas Flemming/Steffen Zesner)	
3. BR Deutschland	**7:14,35**
(Erik Hochstein/Thomas Fahrner/Rainer Henkel/Michael Groß)	
4. Australien	7:15,23
5. Italien	7:16,00
6. Schweden	7:19,10

4 x 100 m Lagen	*25. 09. 1988*
1. USA	**WR 3:36,93**
(David Berkoff/Richard Schroeder/Matt Biondi/Christopher Jacobs)	
2. Kanada	**3:39,28**
(Mark Tewksbury/Victor Davis/Thomas Ponting/Donald Goss)	
3. UdSSR	**3:39,96**
(Igor Polianski/Dimitri Wolkow/Wadim Jarostschuk/Gennadi Prigoda)	
4. BR Deutschland	3:42,98
(Frank Hoffmeister/Alexander Mayer/Michael Groß/Björn Zikarsky)	
5. Japan	3:44,36
6. Australien	3:45,85

war jedoch alles gelaufen. Mit Bronze hielt die DDR auch in dieser Disziplin mit.

4 x 200 m-Freistil: Hauchdünn und unglücklich hatten sie in Los Angeles verloren, so viele große Kämpfe hatten sie den USA geliefert, der Weltrekord war in ihrem Besitz und Michael Groß hatte geschworen, daß er alles für diesen Staffelsieg geben würde. Er gab alles als Schlußmann – aber es war nicht genug. Die USA waren nie in Gefahr, Schlußmann Matt Biondi schwamm gar mit 1:46,21 schneller als je zuvor ein Mensch – und Weltrekord mit der Staffel.

Die größten Medaillensammler waren sie nun wahrlich nicht, die bundesdeutschen Schwimmer. Aber den größten Lacherfolg im olympischen Schwimmstadion heimste das Team um Michael Groß ganz souverän ein. Denn zum letzten Wettkampf, der 4 x 100-m-Lagenstaffel trat das Quartett in Lederhosen an. So locker mischten die Cracks munter mit. Rückenschwimmer Frank Hoffmeister wehrte sich nach Kräften, auch wenn ihm die wichtigsten Gegner verborgen blieben: Die Taucher mit Igor Polianski und David Berkoff belauerten sich wieder unter Wasser. Und Berkoff zeigte es diesmal den anderen, tauchte erst mit sattem Vorsprung wieder auf und brachte so die USA weit in Front. Hoffmeister wechselte als Fünfter zu Alexander Mayer, dem Brustschwimmer, der tapfer mithielt. Bei den Engländern holte nun Olympiasieger Moorhouse gewaltig auf, während Dimitri Walkow die UdSSR-Staffel sogar in Führung brachte. Die Freude darüber währte jedoch nur kurz, denn jetzt schmetterte Matt Biondi als USA-Delphin über das Becken. Der Superstar der Spiele machte aus dem kleinen Rückstand einen klaren Vorsprung, den Christopher Jacobs als Krauler locker in einem neuen Weltrekord von 3:36,93 Minuten umsetzte. Nur einer sah gegen diesen entfesselten Biondi gut aus: Michael Groß.

In Lederhosen traten Frank Hoffmeister, Alex Mayer (verdeckt), Björn Zikarsky und Michael Groß an. Die 4x100 Lagen brachten ihnen Platz vier. (unten, v. links)

Damen, Freistil
50 m/100 m
200 m

Viel Bein und wenig Badeanzug – Kristin Otto zog stets auf und davon

Rechts: Kristin Otto, die alles überragende Schwimmkönigin dieser olympischen Spiele, hatte vier Jahre auf den Triumph warten müssen; der Olympia-Boykott 1984 verhinderte ihren Erfolg inLos Angeles. Dafür hielt sie sich in Seoul schadlos. Zügig im Wasser, mochte sie erst der nachdenkliche Blick an die Anzeigentafel überzeugen (unten). Siegerehrung auch für ein anderes DDR-Mädchen: Heike Friedrich gewann die 200 m Freistil vor Silvia Poll und Manuela Stellmach.

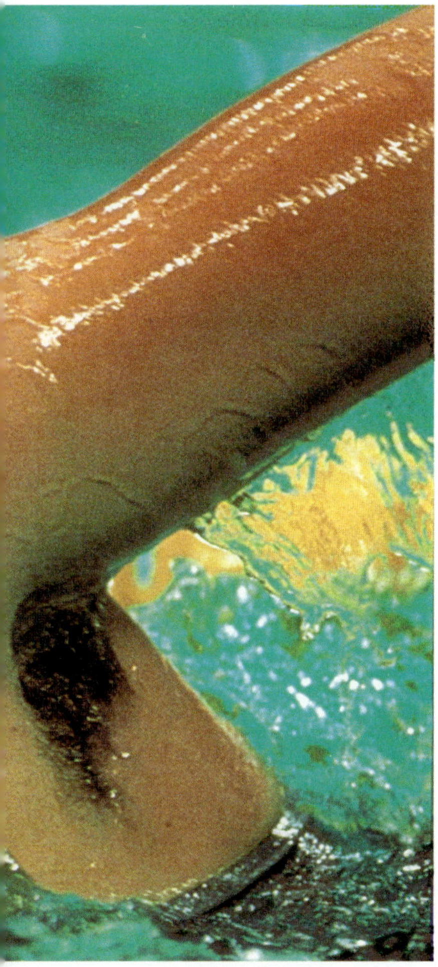

nig Badeanzug. Die DDR-Sportler betrieben in Seoul Glasnost in individueller Manier. Kristin Otto: Vier Jahre mußte sie warten, ehe sie zeigen durfte, daß sie die beste Schwimmerin der Welt ist. Das Mädchen aus Leipzig litt besonders unter dem Olympia-Boykott der DDR 1984, und so stürzte sie sich voller Vehemenz auf die

War ihr Erfolg eher Pflichtprogramm, so schmuggelte sich mit Sivia Poll aus Costa Rica nach Anthony Nesty aus Surinam noch ein exotisches Einsprengsel in die Medaillenränge: Silber vor der Ost-Berlinerin Manuela Stellmach. Immerhin Siebte die erst 15jährige Deutsche Meisterin Stephanie Ortwig aus Remscheid.

Zwei Fehlstarts ließen das kürzeste Rennen der Schwimmerinnen zu einer langatmigen Nervenprobe werden. Im dritten Versuch ging die Jagd aber los – ein Rennen ohne klare Favoriten und so lagen bis 25 Meter alle acht Frauen Kopf an Kopf. Minimal voran eine »Oma«, die Amerikanerin Jill Sterkel. Sie ist mit 27 Jahren längst auch als Trainerin aktiv, ließ in diesem Rennen ihren Schützling Leigh Fetter noch einmal knapp hinter sich und holte Bronze – zeitgleich mit dem kommenden DDR-Star Katrin Meißner. Davor Wenyi Yang, die chinesische Weltrekordlerin. Sie war nervlich dem internationalen Auftritt wohl noch nicht ganz gewachsen und hatte auf den letzten Metern keine Chance mehr gegen Kristin Otto. Die 22jährige Leipziger Journalistik-Studentin siegte in diesem heißen Sprint-Rennen dank ihrer Ruhe. Und erstaunlich locker: Als Einzige zeigte sie bei der Siegerehrung Bein – und we-

100 m Freistil, die den Reigen der Schwimm-Wettbewerbe der Damen in Seoul eröffneten. Mit Sekunden siegte sie deutlich vor der überraschend starken, erst 16jährigen Chinesin Yong Zhuang und der Französin Catherine Plewinski. Ihren eigenen Weltrekord verpaßte die 22jährige Sportstudentin nur um zwei Zehntelsekunden. Nach sieben Welt- und Europatiteln machte sie dies erste Gold jedoch »glücklicher als jeder Rekord.« Die bundesdeutschen Mädchen dagegen verpaßten sogar das B-Finale und läuteten damit auch insgesamt höchst betrübliche Leistungen im Schwimmen ein.
In der Flut der neuen Weltrekorde von Seoul, möglich gemacht auch durch eine der besten und schnellsten Schwimmhallen der Welt, war es fast schon ein Fauxpas, daß Heike Friedrich über 200 m Freistil die dritte Goldmedaille für die DDR nur mit einer Weltjahresbestzeit abholte.

50 m Freistil	*25. 09. 1988*
1. Kristin Otto (DDR)	**25,49**
2. Wenyi Yang (China)	**25,64**
3. Katrin Meißner (DDR)	**25,71**
3. Jill Sterkel (USA)	**25,71**
5. Leigh Fetter (USA)	25,78
6. Tamara Costache (Rumänien)	25,80
7. Catherine Plewinski (Frankreich)	25,90
10. Christiane Pielke (BR Deutschland)	26,22

100 m Freistil	*19. 09. 1988*
1. Kristin Otto (DDR)	**54,93**
2. Yong Zhuang (China)	**55,47**
3. Catherine Plewinski (Frankreich)	**55,49**
4. Manuela Stellmach (DDR)	55,52
5. Silvia Poll (Costa Rica)	55,90
6. Karin Brienesse (Niederlande)	56,15
19. Christiane Pielke (BR Deutschland)	57,47

200 m Freistil	*21. 09. 1988*
1. Heike Friedrich (DDR)	**1:57,65**
2. Silvia Poll (Costa Rica)	**1:58,67**
3. Manuela Stellmach (DDR)	**1:59,01**
4. Mary Wayte (USA)	1:59,04
5. Natalja Trefilowa (UdSSR)	1:59,24
6. Mitzi Kremer (USA)	2:00,23
7. Stephanie Ortwig (BR Deutschland)	2:00,73

Start für Kristin Otto über die 100 m Freistil. Am Ende lag sie fünf Zehntel vor der Zweitplazierten Yong Zhuang.

Damen, Freistil
400 m/800 m

Die ewigen Kontrahenten: Ein US-Girl gegen zwei DDR-Mädchen

Der absolute Star im Langstrecken-Duell der weltbesten Freistilschwimmerinnen hieß Janet Evans und kam aus den Vereinigten Staaten. Oben am Ziel der 400-m-Strecke, unten auf der Treppe, die den Sieg bedeutet, mit Heike Friedrich (links) und Anke Möhring, beide DDR.

Nach Los Angeles war Revanche angesagt. Dort hatten die US-Girls leichtes Spiel, da die DDR-Mädchen nicht mitmachen durften. Umso mehr knisterte es in den direkten Duellen der ewigen Kontrahenten. Auch über 400 m Freistil, der ersten Langstrecke im Bassin: Doch so sehr sie sich auch streckten, gegen Janet Evans hatten Heike Friedrich und Anke Möhring an diesem Tag keine Chance. Mit der phantastischen neuen Weltrekordzeit von 4:03,85 Minuten hatte die Amerikanerin gut zwei Sekunden Vorsprung. Viel schneller war auch ein Hans Fasnacht, einst jahrelang der deutsche Schwimmstar

und oft nur von Mark Spitz geschlagen, zu seinen Zeiten nicht. Mit 4:13,05 Minuten Siebte, deutete Stephanie Ortwig auch auf der langen Distanz bereits ihre großen Perspektiven an. Hoffentlich wird dieser Rohdiamant vorsichtig geschliffen.

Auf den langen Schwimmstrecken war gegen die 17jährige Amerikanerin Janet Evans kein Kraut gewachsen. Auch über 800 m Freistil beherrschte sie die Konkurrenz vom Start weg, konnte das Rennen kontrollieren und mußte sich mit 8:20,20 Minuten keineswegs restlos verausgaben. Ihr eigener Weltrekord steht bei 8:17,12. Und die amerikanischen Fans durften noch einmal jubeln, denn hier ging das prestigebeladene Duell gegen die DDR-Mädchen noch einmal zu ihren Gunsten aus. Janet Evans fiel durch ihren »Hauruckstil« auch optisch aus dem Rahmen. So kraftvoll schwimmen sonst nur die Vertreter des sogenannten starken Geschlechtes. Die Bronzemedaille fiel an die Australierin Julie McDonald. Der fünfte Kontinent zeigte, daß mit seinen Schwimmern wieder zu rechnen ist. Die Nachwuchshoffnung Stephanie Ortwig aus Remscheid, die stark begonnen hatte, blieb dann doch auf Platz 14 hängen – sie hat jedoch die Zukunft noch vor sich.

400 m Freistil	*22. 09. 1988*
1. Janet Evans (USA)	**WR 4:03,85**
2. Heike Friedrich (DDR)	**4:05,94**
3. Anke Möhring (DDR)	**4:06,62**
4. Tami Bruce (USA)	4:08,16
5. Janelle Elford (Australien)	4:10,64
6. Isabelle Arnould (Belgien)	4:11,73
7. Stephanie Ortwig (BR Deutschland)	4:13,05

800 m Freistil	*24. 09. 1988*
1. Janet Evans (USA)	**8:20,20**
2. Astrid Strauss (DDR)	**8:22,09**
3. Julie McDonald (Australien)	**8:22,93**
4. Anke Möhring (DDR)	8:23,09
5. Tami Bruce (USA)	8:30,86
6. Janelle Elford (Australien)	8:30,94
14. Stephanie Ortwig (BR Deutschland)	8:41,95

»Es ist unglaublich«, so ein Chronist des 400-m-Freistil-Weltrekords von Janet Evans, »das US-Mädchen schwimmt wie ein perfekt trainierter Mann.« Mühelos übertrumpfte die Amerikanerin ihre Kraul-Konkurrentinnen auch auf der 800-m-Langstrecke.

Damen, Rücken
100 m/200 m
Damen, Brust
100 m/200 m

Sensationen auf dem Schwimm-Festival: Schlappen für die DDR-Mädchen

Rechts: Start zum Finale über 100 m Rücken. Hier gehörte Kristin Otto zu den Favoritinnen. Kristin-Superstar wurde ihrer Rolle gerecht (unten). Über die 200 m Distanz aber hieß die Siegerin Krisztina Egerszegi (ganz unten).

Die zweite Goldmedaille von Seoul für Kristin Otto aus der DDR war eigentlich keine Überraschung, nur die Kombination ihrer Disziplinen war außergewöhnlich: Nach 100 m Freistil jetzt der Sieg über 100 m Rücken in 1:00,89 Minuten. Höchst selten nur sind Athleten in diesen beiden Disziplinen, die sich vom Bewegungsgefühl her arg widersprechen, derart stark. Eine Überraschung für die Insider war jedoch eher der zweite Platz für die gerade 14jährige Ungarin Krisztina Egerszegi.

Und wieder Silke Hörner: Mit dem dritten, aber keineswegs letzten Weltrekord über 200 m Brust eine weitere Goldmedaille für die sieggewohnten Frauen aus der DDR. Mit Silber deutete die Chinesin Xiaomin Huang an, daß im Reich der Mitte jetzt auch schnell geschwommen wird – der große Vorsitzende Mao hatte es einst ja im Gelben Fluß vorexerziert.

Zwischendurch lockerte immer wieder eine handfeste Sensation das Schwimm-Festival von Seoul auf und brachte die auf Gold programmierte DDR-Riege wenigstens kurzzeitig in Verlegenheit. Über die kurze Bruststrecke der Frauen war es so weit: Die Bulgarin Tania Dangalakowa siegte mit 1:07,95 Minuten nach 100 m nicht nur überraschend deutlich, sondern nach ihr folgte gar noch

Klare Führung für Tania Dangalakowa aus Bulgarien (links), sie beherrschte die 100-m-Brust-Strecke souverän. Jung, hübsch und pfeilschnell: Silke Hörner aus der DDR. Sie schwamm über die 200 m Distanz einen neuen Weltrekord (Mitte).

eine Mannschaftskameradin – Antoaneta Frenkewa. Für die hohe Favoritin Silke Hörner blieb nur Bronze. Siegerin Dangalakowa hatte ein Jahr pausiert, nachdem sie Mutter geworden war. Sportlich geschadet hat es ihr nicht, nach der Leichtathletik greifen jetzt auch beim Schwimmen die schnellen Mütter an.
Und noch einmal kam die Herausforderung für die dominierenden DDR-Schwimmerinnen aus Ungarn. Ein unscheinbares, leichtgewichtiges, gerade 14 Jahre alt gewordenes Mädchen wollte auch über 200 m Rücken den Favoritinnen eins auswischen: Krisztina Egerszegi. Aber da war auch noch die holländische Ex-Weltrekordlerin Jolanda de Rover im Feld oder Beth Barr aus den USA. Nach 50 Metern liegt Cornelia Sirch vorne, ist schneller unterwegs als Betsy Mitchell bei ihrem Weltrekord. Die US-Schwimmerin war zwar mit dabei in Seoul, hatte sich aber nicht qualifizieren können. Erst nach 100 Metern greift die kleine Krisztina groß aus und zieht locker an der Konkurrenz vorbei – die Schlappe für das DDR-Duo ist perfekt.
Mit im Rennen übrigens auch Svenja Schlicht aus Hamburg. Sie rutschte nur ganz knapp ins Finale und kann auch hier nur ihre miserable Form von Seoul bestätigen. Immerhin: Svenja hat mit Abstand den schönsten Badeanzug am schlanken Körper und angeblich wird sie dafür gut bezahlt.

100 m Rücken	*22.09.1988*
1. Kristin Otto (DDR)	**1:00,89**
2. Krisztina Egerszegi (Ungarn)	**1:01,56**
3. Cornelia Sirch (DDR)	**1:01,57**
4. Betsy Mitchell (USA)	1:02,71
5. Beth Barr (USA)	1:02,78
6. Silvia Poll (Costa Rica)	1:03,34
8. Marion Aizpors (BR Deutschland)	1:04,19
20. Eva Gysling (Schweiz)	1:05,07

200 m Rücken	*25.09.1988*
1. Krisztina Egerszegi (Ungarn)	**2:09,29**
2. Kathrin Zimmermann (DDR)	**2:10,61**
3. Cornelia Sirch (DDR)	**2:11,45**
4. Beth Barr (USA)	2:12,39
5. Nicole Livingstone (Australien)	2:13,43
6. Andrea Hayes (USA)	2:15,02
8 Svenja Schlicht (BR Deutschland)	2:15,94
25. Eva Gysling (Schweiz)	2:24,81

100 m Brust	*23.09.1988*
1. Tania Dangalakowa (BUL)	**1:07,95**
2. Antoaneta Frenkewa (BUL)	**1:08,74**
3. Silke Hörner (DDR)	**1:08,83**
4. Allison Higson (Kanada)	1:08,86
5. Elena Wolkowa (UdSSR)	1:09,24
6. Tracey McFarlane (USA)	1:09,60
22. Britta Dahm (BR Deutschland)	1:12,98

200 m Brust	*21.09.1988*
1. Silke Hörner (DDR)	**WR 2:26,71**
2. Xiaomin Huang (China)	**2:27,49**
3. Antoaneta Frenkewa (BUL)	**2:28,34**
4. Tania Dangalakowa (Bulgarien)	2:28,43
5. Julia Bogatschewa (UdSSR)	2:28,54
6. Ingrid Lempereur (Belgien)	2:29,42
17. Britta Dahm (BR Deutschland)	2:35,06

Damen, Delphin
100 m/200 m
Damen, Lagen
200 m/400 m

Die superschnellen DDR-Schwimmerinnen – allen voran Kristin Otto

Kristin Otto wurde zum olympischen Superstar: Nach der Chronologie der Schwimmwettkämpfe bedeutete der Sieg der Leipzigerin über 100 m Delphin bereits ihre vierte Goldmedaille. Die Vorzeigesportlerin demonstrierte dabei, was mit Kampfgeist zu machen ist: Nach 50 Metern schien es, als sei die Französin Catherine Plewinski nicht mehr einzuholen. Doch die siebenfache Weltmeisterin überholte auf den letzten Metern – Europarekord. Die Französin büßte für ihr ungeheures Anfangstempo, brachte am Ende die Arme kaum noch hoch und fiel unglücklich aus den Medaillenrängen. Ein Rennen mit etlichen »alten Damen« wurden die 200 m Delphin. Mit dabei etwa die 23jährige Holländerin Conny van Bentum, die ihre besten Tage längst hinter sich hat, aber auch Mary Meagher aus den USA, die

Doppelter Triumph für die Mädchen aus der DDR über 100 m Schmetterling. Kristin Otto (Bild oben, Mitte) siegte vor ihrer Teamgefährtin Birte Weigang. Zu den ersten Gratulantinnen gehörte die Französin Catherine Plewinski (rechts). Kathleen Nord, ebenfalls aus der DDR, gewann dank ihres kraftvollen Endspurts die längere 200-m-Distanz (rechts). Auch hier erhielt Birte Weigang die Silbermedaille, die bundesdeutsche Ina Beyermann kam auf Platz 10.

noch immer den Weltrekord auf dieser Distanz hält und extra 20 Pfund abgespeckt hatte, damit sie in Seoul noch einmal dabei sein konnte. Aber auch Birte Weigang aus der DDR ist ja nicht mehr die Jüngste. Dafür war sie anfangs klar die schnellste, führte nach 100 m mit einer vollen Körperlänge und lag klar unter den Weltrekord-Zwischenzeiten von Mary Meagher. »Weltrekord schwimmen oder einbrechen«, hieß da die Devise. Aber Weigang hatte sich übernommen und »starb« auf der letzten Bahn. Das nutzte Kathleen Nord, ihre jüngere Mannschaftskollegin, zur ersten Goldmedaille ihrer jungen Karriere. Mit 2:09,51 Minuten ließ sie jedoch den Weltrekord von Mary Meagher, die von ihrer Schlankheitskur profitierte und Bronze gewann, unangetastet.

Immer wieder DDR – einige Witzbolde wollten das ostdeutsche Kürzel in Seoul bereits in »Deutsche Delphin-Republik« umtaufen. Kaum zu glauben, daß die superschnellen Schwimmerinnen der DDR praktisch allesamt Landratten sind, nicht etwa am Meer aufgewachsen wie so manche sonnenverrückte US-Dame aus Florida oder Kalifornien. Zum Glück wechselten bei den DDR-Siegen von der Stange wenigstens manchmal die Namen: über 200 m Lagen durfte die 16jährige Daniela Hunger erstmals bei Olympia »zuschlagen«. In 2:12,59 Minuten lag sie deutlich vor der Russin Elena Dendeberowa. Bronze für Noemi Lung aus Rumänien, die bereits eine Medaille über 400 m Lagen gewonnen hatte. Pech für Birgit Lohberg-Schultz: Eine Hundertstelsekunde fehlte ihr zum Einzug ins Finale, damit waren ihre Seoul-Hoffnungen endgültig zerronnen.

Nach dem Auftaktsieg von Kristin Otto über 100 m Freistil hatten die US-Girls sofort gegen die erfolgsgewohnten DDR-Mädchen gekontert: Janet Evans, gerade erst 17 Jahre alt geworden, ließ mit neuer Weltjahresbestzeit von 4:37,76 Minuten der gesamten Konkurrenz vom Start weg nicht die Spur einer Chance. Erleichterung bescherte dies vor allem den amerikanischen Funktionären, denn dies war die erste Goldmedaille für die USA in Seoul. Janet Evans verpaßte den Weltrekord von Petra Schneider (DDR) zwar um mehr als eine Sekunde, schwamm aber die bisher zweitschnellste Zeit über diese Distanz. Daniela Hunger, die ostdeutsche Favoritin, mußte sich hinter der überraschend starken Ungarin Noemi Lung mit Bronze begnügen.

100 m Delphin	*23.09.1988*
1. Kristin Otto (DDR)	**ER 59,00**
2. Birte Weigang (DDR)	**59,45**
3. Hong Qian (China)	**59,52**
4. Catherine Plewinski (Frankreich)	59,58
5. Janel Jorgensen (USA)	1:00,48
6. Cornelia van Bentum (Niederlande)	1:00,62
15. Gabi Reha (BR Deutschland)	1:02,63

200 m Delphin	*25.09.1988*
1. Kathleen Nord (DDR)	**2:09,51**
2. Birte Weigang (DDR)	**2:09,91**
3. Mary Meagher (USA)	**2:10,80**
4. Stela Marian Pura (Rumänien)	2:11,28
5. Trina Radke (USA)	2:11,55
6. Kiyomi Takahashi (Japan)	2:11,62
10. Ina Beyermann (BR Deutschland)	2:13,74

200 m Lagen	*24.09.1988*
1. Daniela Hunger (DDR)	**2:12,59**
2. Elena Dendeberowa (UdSSR)	**2:13,31**
3. Noemi Ildiko Lung (Rumänien)	**2:14,85**
4. Jody Clatworthy (Australien)	2:16,31
5. Marianne Muis (Niederlande)	2:16,40
6. Aneta Patrascoiu (Rumänien)	2:16,70
10. Birgit Lohberg Schulz (BR Deutschl.)	2:17,85

400 m Lagen	*19.09.1988*
1. Janet Evans (USA)	**4:37,76**
2. Noemi Ildiko Lung (Rumänien)	**4:39,46**
3. Daniela Hunger (DDR)	**4:39,76**
4. Elena Dendeberowa (UdSSR)	4:40,44
5. Kathleen Nord (DDR)	4:41,64
6. Jodie Clatworthy (Australien)	4:45,86
10. Birgit Lohberg-Schulz (BR Deutschl.)	4:50,54

Daniela Hunger war schon nach dem Start in leichter Führung auf der 200-m-Lagen-Strecke. So jubelt eine Siegerin: Janet Evans (USA).

Damen
4 x 100 m Freistil
4 x 100 m Lagen

Der programmierte Doppelsieg – DDR deklassiert die USA

Die Dominanz der DDR-Mädchen zeigte sich besonders deutlich an dem Ergebnis der Lagenstaffel. Nicht zuletzt dank ihrer Startschwimmerin, der überragenden Kristin Otto, eroberten sich die vier, neben der sechsfachen Goldmedaillengewinnerin noch Silke Hörner, Birte Weigang und Katrin Meißner, das glänzende Metall mit einem Vorsprung von über drei Sekunden. Kristin Otto überzeugte einmal mehr durch ihre ausgefeilte Technik. Sie beherrscht tatsächlich alle Stilarten, auch das Rückenschwimmen (rechts). Konzentration auf den Startschuß war selbstverständlich, die Zahl der Fehlstarts hielt sich in Grenzen (unten).

Eine sichere Beute für die DDR wurde wie gewohnt das Rennen über 4 x 100 m Freistil der Damen: Mit Kristin Otto als Startschwimmerin hatte das DDR-Quartett bereits einen beruhigenden Vorsprung, den Katrin Meißner, Daniela Hunger und Manuela Stellmach dann auf fast drei Sekunden ausbauten. Überraschend jedoch, daß die »Meisjes« aus den Niederlanden in einem begeisternden Zweikampf der US-Staffel knapp Silber wegschnappten. Auf den weiteren Rängen China, etwas enttäuschend die UdSSR als Fünfte und Kanada. Auf Rang sieben das Damen-Quartett des Deutschen Schwimm-Verbandes: Mehr war nach den vorausgegangenen Pleiten in Seoul nicht mehr zu erwarten, die Hoffnungen, die vor den Spielen auf Stephanie Ortwig, Marion Aizpors, Christiane Pielke und Karin Seick gesetzt worden waren, erfüllten sich einmal mehr nicht. Die Mädchen weinten und die Trainer stöhnten – Ratlosigkeit machte sich breit. Wo war die gute Form geblieben? Die guten Saisonleistungen hatten vielleicht zuviel Kraft gekostet.
Entschieden war das Rennen schon vor dem Start, denn wer sollte die DDR über die 4 x 100 m Lagen schon schlagen? Gerade in diesem Kombinationswettbewerb zeigt sich das schier unerschöpfliche Potential der ostdeutschen Schwimm-Elite. Angeführt von Kristin Otto, die bei diesem Rennen ihre fünfte Goldmedaille einheimste, war das DDR-Quartett vom Start weg überlegen und baute den Vorsprung bis ins Ziel mit 4:03,74 auf mehr als vier Sekunden gegen die Staffel der USA (4:07,90) aus. Mit anderen Worten: Jede DDR-Schwimmerin war der Konkurrentin des Erzrivalen um eine Sekunde voraus. Erst ab dem dritten Platz, mit dem sich Kanada Bronze sicherte, rückte die Konkurrenz dichter zusammen. Die bundesdeutsche Staffel mit Svenja Schlicht (Hamburg), Britta Dahm (Duisburg), Gabi Reha (Karlsruhe) und Marion Aizpors (Münster) verlor auf das kanadische Team nur zwei Sekunden. Allerdings waren die Erwartungen vor Seoul auch hier höher

gewesen, nach den Nackenschlägen zuvor mußte man freilich zufrieden sein.
Hinterher flossen die Tränen: Heulend wie ein Schloßhund verließ Svenja Schlicht mehrfach das Schwimmbecken. Sie verstand die Welt nicht mehr. Die deutsche Meisterin aus Hamburg, international beste Schwimmerin des DSV, und bestens ausgerüstet mit Sponsorenverträgen, lieferte nur indiskutable Leistungen ab. Heimtrainer Jürgen Greve war ratlos. Und wütend. »Da gibt es nichts zu beschönigen, das ist ein Schuß in den Ofen.«
Wenige Meter weiter weinte sich Alexandra Russ aus Köln bei ihren Verwandten aus. Auch bei ihr kam keine Freude auf.
Kristin Otto ist ein ganz und gar untypischer DDR-Weltstar der Olympischen Spiele. Anders als die meisten der siegreichen Athleten aus der Messestadt Leipzig im zweiten deutschen Staat stand die sechsfache Goldmedaillen-Gewinnerin nie auf dem berühmten Treppchen bei den DDR-Spartakiaden. Dafür aber hielt sie sich in Seoul schadlos. Weder die Schwimmerinnen aus anderen Ländern noch aus dem eigenen Team kamen da mit.

4 x 100 m Freistil	*22. 09. 1988*
1. DDR (Kristin Otto/Katrin Meißner/ Daniela Hunger/Manuela Stellmach)	**3:40,63**
2. Niederlande (Marianne Muis/Mildred Muis/ Cornelia van Bentum/Karin Brienesse)	**3:43,39**
3. USA (Mary Wayte/Mitzi Kremer/ Laura Walker/Dara Torres)	**3:44,25**
4. China	3:44,69
5. UdSSR	3:44,99
6. Kanada	3:46,75

4 x 100 m Lagen	*24. 09. 1988*
1. DDR (Kristin Otto/Silke Hörner/ Birte Weigang/Katrin Meißner)	**4:03,74**
2. USA (Beth Barr/Tracey McFarlane/ Janel Jorgensen/Mary Wayte)	**4:07,90**
3. Kanada (Lori Melien/Allison Higson/ Jane Kerr/Andrea Nugent)	**4:10,49**
4. Australien	4:11,57
5. Niederlande	4:12,19
6. Bulgarien	4:12,36

Unterwasserkameras liefern deutliche Bilder, sie dokumentieren erbarmungslos jeden Fehler, zeigen umgekehrt aber auch, worin die Stärken der Schwimmerinnen liegen. Moderne Technik; denn: die Aufnahmen sind direkt aus dem Datenbestand eines Videobandes zur Reproduktion übernommen.
Eine gute Wende ist ein Teil der Miete, natürlich waren auch über die 4 x 100 m Freistil die DDR-Mädchen nicht nur auf den Bahnen, sondern auch an den Wänden des Beckens die Besten.

Damen
Turmspringen
Kunstspringen

Schönheit und Reife gegen Jugend oder amerikanische Frauen gegen chinesische Mädchen

Turmspringen	18. 09. 1988
1. Yanmei Xu (China)	**445,20**
2. Michele Mitchell (USA)	**436,95**
3. Wendy Lian Williams (USA)	**400,44**
4. Angela Stassiulewitsch (UdSSR)	386,22
5. Xiaodan Chen (China)	384,15
6. Elena Mirochina (UdSSR)	381,93
15. Monika Kühn (BR Deutschland)	335,88

Kunstspringen	25. 09. 1988
1. Min Gao (China)	**580,23**
2. Qing Li (China)	**534,33**
3. Kelly McCormick (USA)	**533,19**
4. Irina Lachko (UdSSR)	526,65
5. Marina Babkowa (UdSSR)	506,43
6. Wendy Lucero (USA)	498,81
16. Beatrice Bürki (Schweiz)	405,43
17. Anke Mühlbauer (BR Deutschland)	400,26

Körperbeherrschung bis in den letzten Winkel der Muskulatur, Wendy Williams zeigt's lehrbuchartig. Am Ende belegte sie Platz drei hinter der Chinesin Xu und US-Girl Michele Mitchel. Yanmei Xu aber war beim Turmspringen die unumstrittene Nummer eins (linke Seite, kleines Bild). Min Gao beim Auerbach-Sprung, auch beim Kunstspringen gewann somit eine Chinesin (links).

Wie in Los Angeles wurde das Turmspringen der Frauen zu einem Duell zwischen China und den USA. Die amerikanischen Girls überzeugten dabei nicht nur durch die Anmut in der Bewegung, sondern auch durch frauliche Eleganz, die ansonsten in vielen Sportarten mit dem Vorrücken der Jugend mehr und mehr schwindet. Michele Mitchell brachte sogar das Kunststück fertig, vier Jahre älter geworden, ihre zweite Silbermedaille zu holen. Geschlagen nur von der 17jährigen Chinesin Yanmei Xu, die vor lauter Heimweh fast krank geworden wäre. Die Entscheidung fiel erst im achten und letzten Sprung, als die junge Chinesin die besseren Nerven zeigte. Sportlich bot das Turmspringen fast unglaubliche Leistungen, mit einer erst 14jährigen Chinesin als dem eigentlichen Star: Xiaodan Chen glänzte mit Sprüngen, wie sie sonst nur Männer beherrschen. Im letzten Durchgang jedoch produzierte sie fast eine Bauchlandung, vergaß dann sogar ihre stereotype Verbeugung und verschwand traurig in den Katakomben.

Erst einmal wurde das Sprungbrett zum Laufsteg. Beim Kunstspringen traten nicht nur einige ausgewachsene Schönheiten auf den Plan, sondern auch ein echtes Topmodel: Daphne Jongehans aus den Niederlanden macht nicht nur als Kunstspringerin von Weltklasse eine gute Figur, sondern sie wirbt längst professionell für einen Bademodenhersteller. Daphne wurde am Ende Achte, die Punktrichter ließen sich nicht verwirren, zumal die schöne Holländerin etwa in Marina Babkowa aus der UdSSR eine gleichhübsche Gegnerin fand. Die beweglichste Springerin war jedoch die Chinesin Min Gao, die mit hohem Vorsprung siegte. Außer Kelly McCormick vielleicht, die fast die zweite Chinesin Qing Li, noch abgefangen hätte. 1984 in Los Angeles hatte Kelly, deren Mutter Pat McCormick übrigens 1952 und 1956 jeweils die Goldmedaillen von Brett und Turm gewonnen hatte, Silber errungen.

Herren
Turmspringen
Kunstspringen

Die lebende Legende Louganis: Filmlächeln und Goldmedaillen

Liangde Tan aus China hielt sich wacker, doch gegen Greg Louganis war kein Ankommen. Tan (oben links) wurde Zweiter im Kunstspringen. Nur knapp an der Bronzemedaille vorbei sprang Albin Killat aus München (rechts oben).

Lächelnd zur Legende geworden: Nach seinem Sieg beim Kunstspringen mit einer überragenden Final-Wertung reihte sich Greg Louganis, der stets lächelnde Superstar aus Florida, endgültig in den Sportler-Olymp ein. Ein großer Sieg nach einem großen Schock: Im Vorkampf hatte Louganis bei einem schwierigen Auerbach-Salto mit dem Hinterkopf am Brett aufgeschlagen. Dem Publikum stockte der Atem, die zahlreiche amerikanische Fan-Gemeinde sprang von den Sitzen. Aber Louganis tauchte sofort wieder auf – etwas benommen, aber lächelnd. Mit fünf Stichen mußte er genäht werden, mit einer Serie von Sprüngen ins Trainingsbekken überwand er wieder die Hemmschwelle, dann kam er lächelnd zurück und holte sich nach dem Doppeltriumph von Los Angeles in Seoul seine dritte Goldmedaille. Damit zog er mit dem ebenfalls legendären Italiener Klaus Dibiasi gleich. Und noch einmal konnte der amerikanische Sonnyboy die starken chinesischen Springer auf die Plätze verweisen – erneut blieb nur Silber für Liangde Tan, der zwar die technisch schwierigsten Sprünge zeigte, gegen die ästhetische Eleganz von Louganis jedoch nicht ankam.

Der Pechvogel war jedoch Europameister Albin Killat aus München, der nach dem Vorkampf sensationell an zweiter Stelle lag, dann jedoch haarscharf an Bronze vorbeisprang – im fernen Seoul hatte der Münchner keinen Bekanntheitsbonus bei den Punktrichtern.

Greg Louganis setzte sein breitestes Filmlächeln auf. Und dann sagte der angehende Schauspieler zu dem dramatischen Wettbewerb, in dem er sich mit dem allerletzten Sprung vom Turm wieder Gold erobert hatte: »Die anderen werden immer besser. Aus meiner Sicht werden sie jeden Tag, ja sogar jede Stunde immer besser. Und ich werde in der gleichen Zeit immer älter. Aber ich habe dieses Gesetz noch einmal außer Kraft gesetzt.«

Der 28jährige Wasserspringer aus Florida hatte eine Woche nach seinem Triumph vom 3-m-Brett zum zweiten Mal starke Nerven bewiesen. Beide Titel von Los Angeles verteidigt, nach Silber 1976 in Montreal viermal Gold gewonnen: Das hat vor ihm noch keiner geschafft.

Greg Louganis zeigte seinen ganzen Stolz, der einen Kratzer bekommen hatte, als der Superstar beim Kunstspringen mit dem Kopf gegen das Brett geprallt war. Der Turm ist die wahre Bühne des Greg Louganis. Wenn er springt, ist es still. Wenn er auftaucht, geht ein Aufschrei der Entzückung durch das Publikum. Es ist die Show des Greg Louganis. Dem Künstler aus Florida gilt die Gunst des Zuschauer. Die Konkurrenz wurde im Kampf um Gold auf Barcelona vertröstet. Albin Killat (München) und Wilfried Meyer (Aachen) hatten das Finale nur als Zuschauer verfolgen dürfen.

Erst in Barcelona kann wohl die Stunde des erst 14jährigen Chinesen Ni Xiong schlagen, der sich in Seoul mit 637,47 Punkten hinter Louganis (638,61) mit Silber begnügen mußte. Nur 1,14 Punkte fehlten dem Chinesen, der nach neun Sprüngen noch auf Gold-Kurs war. Ganze drei Punkte lag Xiong vor Louganis. Und es war doch zu wenig. Louganis sprang im letzten Durchgang an ihm vorbei zum Gold. Als der Amerikaner 1976 in Montreal mit Silber seine erste olympische Medaille gewann, lernte Ni Xiong gerade laufen. In vier Jahren kann die Bühne ihm gehören, von der Louganis diesmal noch nicht abtreten wollte.

Eine Bühnenshow, die Louganis für seine harte Kindheit entschädigte, als er als armer Stotterer immer nur gehänselt worden war. Der Aufstieg von der Gosse – eine weitere Version des »amerikanischen Traums«.

Louganis hatte aber auch unverschämtes Glück gehabt. Sammy Lee, der Olympiasieger von 1948 und 1952, hatte ihn entdeckt und unter seine Fittiche genommen. Lee lehrte Louganis den Spaß am Sport – und wie er damit sein Leben meistern konnte.

Kraft und Grazie besitzt Louganis auch außerhalb des Wassers: „Jeder Sprung ist für mich wie eine Theateraufführung.“ Der Tanz ist die heimliche Liebe von Louganis – der berühmte russische Tänzer Michail Baryschnikow sein Vorbild.

Der Mexikaner Jesus Mena überraschte durch den Gewinn der Bronzemedaille. Allerdings war sein Rückstand schon erheblich.

Turmspringen	*27. 09. 1988*
1. Greg Louganis (USA)	**638,61**
2. Ni Xiong (China)	**637,47**
3. Jesus Mena (Mexiko)	**594,39**
4. Georgi Tschogowadze (UdSSR)	585,96
5. Jan Hempel (DDR)	583,77
6. Kongzheng Li (China)	543,81
13. Albin Killat (BR Deutschland)	517,23
Kunstspringen	*20. 09. 1988*
1. Greg Louganis (USA)	**730,80**
2. Liangde Tan (China)	**704,88**
3. Deliang Li (China)	**665,28**
4. Albin Killat (BR Deutschland)	661,47
5. Mark Daniel Bradshaw (USA)	642,99
6. Jorge Mondragon (Mexiko)	616,02
9. Niki Stajkovic (Österreich)	570,60
21. Willi Meyer (BR Deutschland)	511,98

Zweimal Greg Louganis: Der Amerikaner war nicht nur überlegener Sieger im Wettkampf von Turm und Brett, er lieferte den Zuschauern in der Schwimmhalle auch Schock und Nervenkitzel. Beim Kunstspringen nämlich kam er nicht weit genug vom Brett ab, schlug mit dem Hinterkopf auf die Kante, sackte zusammengekrümmt ins Wasser und trat dennoch, nachdem eine Wunde genäht worden war, zum weiteren Wettbewerb wieder an.

Synchronschwimmen
Einzel/Duett

Immer nur lächeln – auch wenn das Wasser bis zum Hals steht

»Oh ehrenwerte Richter, seid milde«, scheint die Japanerin Mikako Kotani zu flehen – mit Erfolg, sie gewann Bronze. Tracie Ruz-Conforto (rechte Seite) wurde Zweite im Einzel. »Hoch die Arme, hoch die Beine«, die Kanadierinnen waren am gelenkigsten.

Sie lächeln, auch wenn ihnen das Wasser bis zum Hals steht, auch wenn die Nasenklammer gar schrecklich drückt und die Luft zum Atmen auch außerhalb jeder Höhenluft allzu dünn wird. Sie lächeln – und machen dabei die merkwürdigsten Verrenkungen, im tiefen Wasser, den künstlich blauen Fluten in der olympischen Schwimmhalle. Mal ragt ein Beinchen aus dem Wasser, mal sind es deren zwei, drei, vier und das Publikum kämpft mit dem Ratespiel: Welches Bein gehört zu welcher Dame. Die Rede ist von einer der jüngsten olympischen Disziplinen, dem Synchronschwimmen: In Los Angeles fanden die einzeln oder im Duo im Wasser turnenden Mädchen erste Beachtung. Kunstfiguren im Becken eines olympischen Schwimmstadions zeigten sie in Seoul zum zweiten Mal, danach, es gibt Überlegungen, vielleicht nicht wieder (es sei denn, die Spiele ziehen beizeiten noch einmal in die USA).
Allein oder zu zwei'n mühen sich die hübschen Mädchen im Wasser, auch damit ihre Beine möglichst gut oberhalb des Wasserspiegels zur Geltung kommen, derweil erfreut sich das Publikum an Klängen zwischen Bach und Beatles.
Carolyn Waldo war die überlegene Synchronschwimmerin, in beiden Konkurrenzen gewann sie Gold, im Duo war Michele Cameron an ihrer Seite. Die Kanadierinnen zeigten eine schwierige Kür, als zehnte konnten Heike Friedrich und Gerlind Scheller da nicht mithalten.

Synchronschwimmen, Einzel	*30. 09. 1988*
1. Carolyn Waldo (CAN)	**200,150**
2. Tracie Ruz-Conforto (USA)	**197,633**
3. Mikako Kotani (Japan)	**191,850**
4. Muriel Hermine (Frankreich)	190,100
5. Karin Singer (Schweiz)	185,600
6. Nicola Shearn (Großbritannien)	181,933
8. Gerlind Scheller (BR Deutschland)	175,983

Synchronschwimmen, Duett	*01. 10. 1988*
1. M. Cameron/C. Waldo (CAN)	**197,717**
2. S. und K. Josephson (USA)	**197,284**
3. M. Tanaka/M. Kotani (Japan)	**190,159**
4. K. Schuler/A. Capron (Frankreich)	184,792
5. E. Boss/K. Singer (Schweiz)	183,950
6. M. Tscherniajewa/T. Titowa (UdSSR)	182,667

Wassersport

Vorhersage

Jubel um die Ruderer – den Mantel des Schweigens über die Segler und Kanuten? Nur wer in der Bundesrepublik olympische Spiele allein nach Medaillen in den drei glänzenden Ausführungen von Gold, Silber und Bronze zählt, der wird das Thema Wassersport in weiten Bereichen (Ausnahmen bestätigen die Regel) aus den Tagen von Seoul so schnell wie möglich vergessen. Wer objektiv hinschaut, stellt fest: Hinter dem Debakel bei Kanuten und Seglern steckt wohl doch mehr als nur falsche Trainiungsvorbereitungen oder plötzliche Einbrüche von vorher hochfavorisierten Teilnehmern. Bei den Kanuten und Ruderern waren es trotz noch relativ ausgewogener Medaillenverteilungen doch auch die stark motivierten Teilnehmer aus dem Ostblock, die vor vier Jahren in Los Angeles nicht hatten starten dürfen und sich nun, verständlich, schadlos halten wollten. Vierte und fünfte Plätze der bundesdeutschen Kajak-Cracks sind positive Signale, auch wenn halt im Medaillenspiegel dieser Wettbewerbssparte das Team ganz ärmlich ohne jedes Metall dasteht. 13 der 14 Kanuten kamen in den verschiedenen Bootsbesetzungen in die Finals.
Die Segler, im Vorfeld finanziell stark gefördert, mit modernstem technischen Material ausgerüstet, hatten nicht nur – aber auch – Pech. Treibgut am Boot, Plastiktüten in Steuerwerken, böige Winde, das alles erschwerte den zuvor hoch gehandelten Medaillenfavoriten die Siege. Dazu ein schier peinliches Gerangel in Sachen Proteste. Den Seglern war wahrlich die Flaute beschienen, nicht alle aber können sich nur mit Pech herausreden. Fairneß war nur für jenen Kanadier ein Begriff, der trotz zweiter Position einen gekenterten, verletzten südkoreanischen Segler aus dem Wasser barg, zunächst zurückfiel, im Endklassement aber doch vom in weiten Phasen überforderten Schiedsgericht auf Rang zwei hochgestuft wurde. Bezeichnend: Die Rettungsmannschaften litten an Seekrankheit und konnten oder wollten nicht helfend eingreifen.

Aufbruch

Licht und Schatten bei den Ruderern. Angesichts des Triumphes der Renngemeinschaft Hansa Dortmund in der Königsdisziplin, dem Achter, gerieten manch schwache Leistungen gerade im Frauenteam in Vergessenheit.
War er nun der große Verlierer? Peter-Michael Kolbe mußte der Jugend seines Gegners Tribut zollen, wieder war einer im entscheidenden Rennen schneller. Doch während der Stille, der in Oslo lebt, ein langes Gesicht zog, und sich über das neuerliche Silber nicht freuen konnte. Die Ruderwelt befindet sich wirklich im Aufbruch, das haben die Tage an den Ufern und auf den schmutzigtrüben Wellen des Han-River gezeigt.

Die »Könige des Ruderns« sind acht Kraftpakete und ihr Steuermann von der Renngemeinschaft Dortmund. Spannend waren Vor- und Finalläufe, aber: der »Deutschland-Achter« wurde souveräner Sieger, ansonsten wechselten Licht und Schatten in den Ruderdisziplinen für die bundesdeutschen Starter.

Leichter Sieg für Lange – Kolbes wehmütiger Abschied

»Der Sieg ist mir leichtgefallen«, sagte Thomas Lange; der Unterlegene, Peter-Michael Kolbe, akzeptierte: »Ich bin wieder auf einen Stärkeren getroffen.« Es war ein wehmütiger Abschied für den Industriekaufmann, der sich auch in diesem Finale nicht den Traum von der Goldmedaille erfüllen konnte. Im Endlauf auf der Han-River-Regattabahn mußte er, wie schon bei der Weltmeisterschaft 1987 in Kopenhagen, der Jugend des 24jährigen DDR-Meisters Tribut zollen. »Ruder-Opa« Kolbe, mittlerweile 35 Jahre alt, lieferte sich nur auf der Hälfte der Strecke ein wirkliches Duell mit Lange. Schon an der 1200-Meter-Marke, war der Lauf entschieden. Eigentlich hätte es ein Trio sein sollen, das sich um die Medaillen streitet, als der Startschuß für den Endlauf fiel. Doch: Der Finne Pertti Karppinen scheiterte kläglich, das »Ruder-Denkmal« stürzte im Halbfinale, 12 Jahre Olympia-Geschichte fanden ihr Ende. Mitgefühl beim späteren Olympiazweiten: »Die Art und Weise, wie Pertti hier ausgeschieden ist, hat mich schon geschmerzt.« Das Unglück des Peter-Michael Kolbe, der auch im dritten Anlauf auf's Gold scheiterte, machte ihn dann selbst zur tragischen Figur. In vier Jahren wird er nicht mehr dabeisein, aber ob Kolbe wirklich aufhören kann? Der stets verschlossene Sportsmann, der neben den drei Silbermedaillen auch auf fünf Weltmeisterschaften zurückblikken kann: »Ob ich weitermache, hängt von vielen Dingen ab.«

Einer	24. 09. 1988
1. Thomas Lange (DDR)	**6:49,86**
2. Peter-Michael Kolbe (BR Deutschland)	**6:54,77**
3. Eric Verdonk (Neuseeland)	**6:58,66**
4. Hamish McGlashan (Australien)	7:01,43
5. Kajetan Broniewski (Polen)	7:03,67
6. Andrew Sudduth (USA)	7:11,45

Gold hatte es sein sollen für Ruder-Veteran Peter-Michael Kolbe, der bisher immer an Pertti Karppinen gescheitert war. Karppinen fiel aus, aber: Thomas Lange aus der DDR, ein knappes Dutzend Jahre jünger als Kolbe, war schließlich doch der Beste (Bild unten).

Skuller waren nur Ersatz – doch dann gab es den vierten Platz

Knapp vorbei ist auch daneben, Christian Händle und Ralf Thienel (oben). Jubeln im Doppel-Zweier durften die Holländer Ronald Florijn und Nicolas Rienks. Die temperamentvollen Italiener verstanden es, ihren Medaillengewinn im Zweier mit Steuermann zu feiern. Carmine Abbagnala, Bruder Guiseppe und Guiseppe di Capua besiegten überraschend das DDR-Team (rechte Seite).

Zwei Ersatz-Skuller des Deutschen-Ruder-Verbandes wiederholten in Südkorea das Ergebnis, das vier Jahre zuvor Andreas Schmelz und Georg Agrikola erreicht hatten, damals allerdings ohne Beteiligung der Boote aus der DDR und der UdSSR. Christian Händle und Ralf Thiemel fuhren als vierte in der Doppelzweier-Kategorie ins Ziel. Eine Überraschung, wie Mannschaftsleitung und Aktive selbst zugaben, war doch das Duo erst nachträglich als Ersatzteam für die olympische Regatta gemeldet worden. Allein schon das Erreichen des Endlaufs als zweite ihres Halbfinales hinter Alexandre Martschenko/Wassili Jakuscha aus der UdSSR ließ den Karlstädter Händle und seinen Leverkusener Teamgefährten Thiemel jubeln.
Im Finale aber reichte die Kraft der »Reservisten« nicht mehr. Sie mußten die Überraschungssieger

aus den Niederlanden, Ronald Florijn und Nicolaas Rienks ebenso vorbeiziehen lassen wie die Teams aus der Schweiz und, wie im Halbfinale, das russische Duo. Noch hinter den beiden Bundesdeutschen: Uwe Mund und Uwe Heppner aus der DDR.
Im Zweier ohne Steuermann blieb die große Freude im Deutschen Ruder-Verband aus. Die beiden Würzburger Frank Dietrich und Michael Twittmann verpaßten den Endlauf, hatten aber dann im Hoffnungslauf die Nase vorn vor den Rudergemeinschaften aus Frankreich, den USA, Brasilien und Finnland. Vor vier Jahren hatten Thomas Möllenkamp und Axel Wöstmann in dieser Disziplin noch den vierten Platz belegt.
Gänzlich ohne bundesdeutsche Beteiligung blieb der Wettbewerb im Zweier mit Steuermann, vor vier Jahren: Rang 6. Drei keineswegs »kleine« Italiener siegten hier deutlich vor den Booten aus der DDR und Großbritannien.
Das Trio, Carmine Abbagnale, Giuseppe Abbagnale, Giuseppe di Capua, wiederholte damit seinen Sieg von den '84er-Spielen. Rumänien und die USA, damals noch in den Medaillenrängen, gingen auf dem Han-River leer aus.

Doppelzweier	*24. 09. 1988*
1. Ronald Florijn/Nicolaas Rienks (Niederlande)	**6:21,13**
2. Beat Schwerzmann/Ueli Bodenmann (Schweiz)	**6:22,59**
3. Alexandre Martschenko/Wassili Jakuscha (UdSSR)	**6:22,87**
4. Christian Händle/Ralf Thienel (BR Deutschland)	6:24,97
5. Uwe Mund/Uwe Heppner (DDR)	6:26,20
6. Per Rasmussen/Bjarne Eltang (Dänemark)	6:26,89

Zweier ohne Steuermann	*24. 09. 1988*
1. Andrew Holmes/Steven Redgrave (Großbritannien)	**6:36,84**
2. Dragos Neagu/Danut Dobre (Rumänien)	**6:38,06**
3. Bojan Presern/Sadik Mujkic (Jugoslawien)	**6:41,01**
4. Alain Lewuillon/Wim van Belleghem (Belgien)	6:45,47
5. Carl Ertel/Uwe Gasch (DDR)	6:48,86
6. Igor Zuborenko/Waleri Wirwitsch (UdSSR)	6:51,11

Zweier mit Steuermann	*25. 09. 1988*
1. Italien (Carmine Abbagnale/Giuseppe Abbagnale/Giuseppe di Capua)	**6:58,79**
2. DDR (Mario Streit/Detlef Kirchhoff/Rene Rensch)	**7:00,63**
3. Großbritannien (Andrew Holmes/Steven Redgrave/Patrick Sweeny)	**7:01,95**
4. Rumänien	7:02,60
5. Bulgarien	7:03,04
6. UdSSR	7:06,07

Doppelvierer
Vierer ohne/mit
Steuermann

Versöhnlicher Abschluß einer wechselvollen Ruderkarriere

Italien im Jubel – der Doppelvierer setzte sich an die erste Stelle und gewann das Finale dank seiner kräftemäßigen Überlegenheit (rechts). Auch Ruderrecken können sich richtig freuen. Hier tun's die vier aus der DDR, Sieger im Vierer mit Steuermann (unten).

Zwei von Verletzungspech und Krankheit geprägte Jahre fanden für den »Ruhrvierer« aus Dortmund/Witten in Seoul einen versöhnlichen Abschluß. Für die Weltmeister von 1983 und 1985 mit Norbert Kesslau, Volker Grabow, Jörg Puttliz und Schlagmann Guido Grabow um ihren Trainer Günter Petersmann war die Bronzemedaille hinter der DDR und USA ein schönes Abschiedsgeschenk. Sie bestritten in Seoul ihr letztes Rennen in dieser Besetzung.

Mit dem Gewinn des Edelmetalls knüpfte das Team an frühere Glanzleistungen an und entschädigte sich für die knapp entgangene Medaille in Los Angeles 1984. Rekordmeister im Vierer-Boot ist Volker Grabow, der 13 nationale Titel auf seinem Konto hat. Neunfacher Deutscher Meister war bisher sein mittlerweile 29jähriger Bruder Guido Grabow, Jörg Puttlitz und Norbert Kesslau haben sieben nationale Titel. Seit 1983 bereits waren die vier in unveränderter Besetzung erfolgreich.

Mit dem letzten Finalplatz im Doppelvierer bewegte sich die Renngemeinschaft Berlin/Germersheim/Offenbach im Rahmen ihrer Möglichkeiten. Die erst in diesem Jahr zusammengebaute Mannschaft hatte schon nach halber Distanz nichts mehr mit dem Ausgang des Rennens zu tun. Christoph Galandi, Oliver Grüner, Georg Agrikola und Andreas Reinke lagen sechseinhalb Sekunden hinter den Siegern.

Gewinner im sogenannten »Kleinen Finale« wurde der Vierer mit Steuermann der Renngemeinschaft Dorsten/Hannover/Dortmund/Essen in der Besetzung Klapheck, Baar, Lütkefels, Korte, Steuermann Ruppel. Das Quintett legte mit 6:42,65 Minuten allerdings eine schwache Zeit vor. Die DDR-Mannschaft mit Frank Klawonn, Bernd Eichwurzel, Bernd Niesecke, Karsten Schmeling und Hendrik Reiher holte sich die Goldmedaille in einer Zeit, die um eine halbe Minute schneller war.

Im Halbfinalrennen war das bundesdeutsche Team noch mit 6:15,87 als Vierter nur um sechs Hundertstel langsamer als das Siegerboot der Engländer, im Endklassement auf Platz vier.

Doppelvierer	*25.09.1988*
1. Italien (Piero Poli/Gianluca Farina/ Davide Tizzano/Agostino Abbagnale)	**5:53,37**
2. Norwegen (Lars Bjonness/Vetle Vinje/ Rolf Bernt Thorsen/Alf John Hansen)	**5:55,08**
3. DDR (Steffen Bogs/Steffen Zühlke/ Heiko Habermann/Jens Köppen)	**5:56,13**
4. UdSSR	5:57,18
5. Australien	5:59,15
6. BR Deutschland	5:59,59
Vierer ohne Steuermann	*25.09.1988*
1. DDR (Roland Schröder/Thomas Greiner/ Ralf Brudel/Olaf Förster)	**6:03,11**
2. USA (Raoul Rodriguez/Thomas Bohrer/ David Krmpotich/Richard Kennelly)	**6:05,53**
3. BR Deutschland (Norbert Kesslau/Volker Grabow/ Jörg Puttlitz/Guido Grabow)	**6:06,22**
4. Großbritannien	6:06,74
5. Italien	6:09,55
6. UdSSR	6:03,77
Vierer mit Steuermann	*24.09.1988*
1. DDR (Frank Klawonn/Bernd Eichwurzel/Bernd Niesecke/Karsten Schmeling/Hendrik Reiher)	**6:10,74**
2. Rumänien (Dimitrie Popescu/Ioan Snep/Valentin Robu/Vasile Tomoiaga/Ladislau Lovrenski)	**6:13,58**
3. Neuseeland (George Keys/Ian Wright/Gregory Johnston/ Christopher White/Andrew Bird)	**6:15,78**
4. Großbritannien	6:18,08
5. USA	6:18,47
6. Jugoslawien	6:23,28

Am Ziel der Wünsche, der Ruhrvierer hat Bronze! Zum Ende der Laufbahn war das ein schöner Abschluß. Bis zur Siegerehrung blieb die Freude erhalten bei Volker und Guido Grabow, Norbert Kesslau und Jörg Puttlitz.

Herren
Achter

Acht Dortmunder Kraftpakete sind die Könige des Rudersports

»Im nächsten Rennen geht's um Gold«. Dr. Wolfgang Maennig und seine Teamgefährten Thomas Möllenkamp, Matthias Mellinghaus, Eckhard Schulz, Ansgar Wessling, Armin Eichholz, Thomas Domian, Schlagmann Bahne Rabe und Steuermann Manfred Klein strotzten vor Selbstbewußtsein vor jenem Ruderfinale, das schon im Vorfeld als »Königsdisziplin« so große Beachtung fand.

Und: Die Selbstsicherheit der acht und ihres Steuermannes litt auch nicht, als zehn Minuten vor dem Startschuß das Stemmbrett wackelte. Trainer Ralf Holtmeyer, der 32jährige Diplom-Sportlehrer aus Osnabrück, kam ins Schwitzen, nicht nur, weil er in aller Eile eine neue Mutter zur Fixierung der Schraube am Stemmbrett holen mußte – und holte – sondern auch, weil an der 1000-Meter-Marke im Rennen seine Recken nur an dritter Stelle lagen. Die erfolgsgewohnten Amerikaner und auch das Boot der Sowjetunion fuhren vor dem Achter aus Dortmund.

Aber dann: »Wir sind fast mühelos weggefahren«, schilderte es Ansgar Wessling. In 14 Siegen vor den olympischen Spielen erprobt, zog der Achter in der zweiten Hälfte des Rennens allen davon, die Konkurrenz schien stehenzubleiben, die Kraftpakete aus dem Ruhrgebietsverein durchpflügten das Wasser des schmuddelig-trüben Han-River. Ein Zwischenspurt der Acht im Boot der USA wurde mühelos abgewehrt.

Zwei Sekunden betrug der Vorsprung am Ende für die Kameraden, die die durchaus liebevoll-stolz gemeinte Bezeichnung »Deutschland-Achter« so gar nicht hören wollen. Nach 20 Jahren setzten sie die Tradition aus den Zeiten des »Ruder-Professors« Karl Adam fort.

Die »Riesen« aus dem Dortmunder Leistungszentrum und der »Kleine mit der Flüstertüte« (er wurde 1972 mit dem Achter schon einmal Fünfter) erreichten souverän das Ziel ihrer Erwartungen, gefolgt von der UdSSR und den USA. Silber und Bronze waren nur durch eine Viertelsekunde getrennt.

Verbissen verziehen sich die Gesichter, die Anstrengung ist jedem der acht anzusehen. Der berühmte Endspurt des Achters aus Dortmund fordert jedes Quentchen Kraft, die Ausnutzung jeder, auch der kleinsten Reserve, die der Körper noch hergibt. Die Anspannung ist enorm, das Ziel, der Olympiasieg, wird verbissen verfolgt. Wer sich so einsetzt, der hat Gold verdient – die Neun im Boot haben es geschafft. Am Ende der Anstrengung stand nicht nur der Beinahe-Zusammenbruch, sondern alles überragend die Goldmedaille. Das Boot aus Dortmund hat in der Königsdisziplin alle Konkurrenten hinter sich gelassen. Schlagmann Rabe und sein Team, Maennig, Domian, Eichholz, Schulz, Wessling, Mellinghaus und Möllenkamp haben alles gegeben – und alles gewonnen.

Herren
Achter

Freudentränen bei den Starken – Dusche im Fluß für den »Zwerg«

Ein imponierendes Bild – die Achterflotten vor dem olympischen Symbol. Der erwartete Sieg für das Boot der Renngemeinschaft Hansa Dortmund, das im Ziel nach anfänglicher Zurückhaltung doch noch klar vorne lag, hinderte das Team dennoch nicht daran, ausgelassen zu jubeln (rechte Seite). Steuermann Manfred Klein flog, so ist es nach Siegen Tradition, in hohem Bogen ins Wasser des Han.

Schnurgerade zogen sie ihre Bahn – und am Ende schämten sich die baumlangen Kerls nicht ihrer Freudentränen. Das »optimale Rennen« (Trainer Holtmeyer) brachte den Steuermann Manfred Klein zu einer »Siegesdusche« im braun-grünen Flußwasser – und ihm und den acht starken Ruderern des 17,70 Meter langen und 93 Kilo schweren Bootes das erwartete Edelmetall: Lohn für die schweißtreibende Mühe der Vorbereitung. Ohne Beispiel waren die Ausscheidungen im Vorfeld. Erst im Frühjahr stand die endgültige Bootsbesatzung fest, drei Neue mußten eingefügt werden, wochenlange Tests in Zweierbooten brachten jene an die Achterriemen, die am »hungrigsten« auf Ruhm und Edelmetall waren. Ein System, das auch nach dem großen Erfolg in Südkorea beibehalten werden soll, denn Trainer Holtmeyer verriet bereits: »Wer in Zukunft dabei sein will, der

muß sich zuvor in neuen Tests bewähren.« Erfolg verpflichtet – der Weg dorthin auch. Ein verbessertes Umfeld in Sachen Trainingsmöglichkeiten und Intensivierung, die Sicherung der sportmedizinischen Versorgung und berufliche Freistellungen taten ein übriges, den Weg zum Sieg von größeren Stolpersteinen freizuhalten. Dabei ist manchen der Neun im Achter Erfolg nicht fremd. Steuermann Manfred Klein, mit 1,70 m Körpergröße und 50 Kilo Gewicht der erfahrene »Zwerg« im Team, war 1972 Olympia-Fünfter und '87 WM-Sechster.

Achter	*25. 09. 1988*
1. BR Deutschland	**5:46,05**
2. UdSSR	**5:48,01**
3. USA	**5:48,26**
4. Großbritannien	5:51,59
5. Australien	5:53,73
6. Kanada	5:54,26

Damen, Einer
Doppelzweier
Zweier ohne
Steuerfrau

Keine Teilnahme in den Finals – Pleite für die Rudermädchen in Seoul

Die DDR-Mädchen dominierten im Ruderbereich deutlich, Jutta Behrendt war überlegene Siegerin im Einer. Fast hätte die DDR alle »Goldenen« geholt, wenn nicht noch Rodica Arba und Olga Homeghi gewesen wären (unten). Die Rumäninnen kämpften sich im Zweier ohne ganz nach vorn.

Hätte es nicht die Rumäninnen Rodica Arba und Olga Homeghi gegeben, alle Goldmedaillen in den Ruderwettbewerben der Frauen wären an die Starterinnen aus der DDR gegangen. Im Zweier ohne Steuerfrau reichte es für Kerstin Spittler und Katrin Schröder nur zu Platz vier. Ansonsten aber: Sieg auf der ganzen Linie für die ostdeutschen Starterinnen.

Die Teilnehmerinnen aus der Bundesrepublik dagegen blamierten sich auf der ganzen Linie. Hatte es 1984 noch eine Bronzemedaille, einen vierten und zwei sechste Plätze in den vor 12 Jahren olympisch gewordenen Ruderdisziplinen gegeben, so blieb das Team nun in Seoul ganz ohne Finalteilnahme. »Die Männer erfüllten ihr Soll. Die Frauen stellten uns vor Rätsel.« Diese Bilanz zog Mannschaftsleiter Klaus Walkenhorst nach den Hoffnungsläufen der Ruderregatta.

Erstmals seit Aufnahme der Ruderwettbewerbe 1976 ins olympische Programm blieben alle Starterinnen in den Vorrunden hän-

Der Doppelzweier sah von Beginn an die Führung von Birgit Peter und Martina Schröter aus der DDR. Ihr Sieg war nie in Frage gestellt.

gen. Medaillenchancen, 1984 hatten Ellen Becker und Iris Volkmer als dritte das Treppchen bestiegen, Medaillenchancen hatte man sich von vorneherein in Seoul nicht ausgerechnet, aber auch nicht diesen Einbruch.
So galt das ohnehin nicht allzugroße Interesse der Beobachter bei den Ruderwettbewerben der Frauen den Starterinnen aus dem Ostblock. Im Doppelzweier siegten Birgit Peter und Martina Schröter aus der DDR deutlich vor Elisabeta Lipa und Veronica Cogeanu aus Rumänien. Im Einerwettbewerb brach Anne Marden aus den USA in die Phalanx der Starterinnen aus der DDR, Bulgarien und Rumänien ein und konnte hinter Jutta Behrendt den zweiten Platz belegen; 12 Sekunden hinter den Besten: aus für Cordula und Bettina. Lange Gesichter bei den Frankfurterinnen Cordula Keller und Bettina Kämpf. Im Zweier ohne Steuerfrau hatten sie sich Hoffnungen auf die Finalteilnahme gemacht – vergebens, wie das Ergebnis ihres Vorlaufes zeigte. Sie blieben um 12 Sekunden hinter den Besten – und damit nicht nur hinter den eigenen Erwartungen weit zurück. Konsequenz aus ihrer schwachen Leistung: Es wird für sie keine internationale Berufung mehr geben. Die Mannschaftsführung ärgerte sich nicht nur über das schlechte Abschneiden (»Das ließ alle Wünsche offen«), sondern auch über das Verhalten außerhalb des Wettkampfes. Klaus Walkenhorst bezeichnete ihr Verhalten als »Olympia-Tourismus« und: »Beinahe wären sie schon vor dem ersten Start nach Hause geschickt worden.« So teilten sich die Starterinnen aus Rumänien, Bulgarien und überraschend aus Neuseeland das olympische Edelmetall.
Die Ruderwettkämpfe der Damen sind eine neuere Erfindung. Sie stehen erst seit 1976 auf dem Programm der olympischen Spiele. Von Beginn an lagen die schlagkräftigen Mädchen aus der DDR in den Medaillenrängen oben. In Seoul rückten sie das Bild von Los Angeles wieder zurecht. Damals hatte sich in ihrer Abwesenheit Rumänien mit 5 »Goldenen« an Nummer eins gesetzt. Das bedeutete wohl eine zusätzliche Motivation, denn so stark waren die DDR-Mädchen bei Olympia noch nie zuvor.

Einer	*25. 09. 1988*
1. Jutta Behrendt (DDR)	**7:47,19**
2. Anne Marden (USA)	**7:50,28**
3. Magdalena Georgiewa (Bulgarien)	**7:53,65**
4. Harriet van Ettekoven (Niederlande)	7:57,29
5. Marioara Popesou (Rumänien)	7:59,44
6. Inger Pors (Dänemark)	7:59,77
Doppelzweier	*24. 09. 1988*
1. Birgit Peter/Martina Schröter (DDR)	**7:00,48**
2. Elisabeta Lipa/Veronica Cogeanu (Rumänien)	**7:04,36**
3. Violeta Ninowa/Stefka Madina (Bulgarien)	**7:06,03**
4. Marina Jukowa/Maria Omelianowitsch (UdSSR)	7:12,67
5. Mei Guo/Mianying Cao (China)	7:18,69
6. Monica Havelka/Cathy Tippett (USA)	7:21,28
Zweier ohne Steuerfrau	*24. 09. 1988*
1. Rodica Arba/Olga Homeghi (Rumänien)	**7:28,13**
2. Radka Stoyanowa/Lalka Berberowa (Bulgarien)	**7:31,95**
3. Nicola Payne/Lynley Hannen (Neuseeland)	**7:35,68**
4. Kerstin Spittler/Katrin Schröder (DDR)	7:40,47
5. Sarmite Stone/Marina Smorodina (UdSSR)	7:53,19
6. Barbara Kirch/Mara Keggi (USA)	7:56,27

Damen, Achter
Doppelvierer
Vierer mit Steuerfrau

Chinesinnen überraschten alle – Silber im Vierer mit Steuerfrau

Neun Goldene für den Achter, die DDR-Mädchen konnten leicht zufrieden sein (rechts). Ihre Teamgefährtinnen im Doppelvierer machten's nach, Kerstin Förster, Kristina Mundt, Beate Schramm und Jana Sorgers (unten).

Die erste Goldmedaille bei den olympischen Ruderwettbewerben der Frauen ging an die DDR im Vierer mit Steuerfrau. Gerlinde Doberschütz, Carola Hornig, Sylvia Rose, Birte Siech und Martina Walther erhielten dabei Konkurrenz von unerwarteter Seite. Die Frauen Crew aus China hielt mit und erreichte schließlich gut zwei Sekunden hinter den Siegerinnen den zweiten Rang, dicht gefolgt vom rumänischen Team. Der Doppelvierer sah den erwarteten Zieleinlauf, die DDR-Mädchen Kerstin Förster, Kristina Mundt, Beate Schramm und Jana Sorgers lieferten sich ein packendes Rennen auf der Strecke am Seitenarm des Han-Flusses, der eigens für die olympischen Wettbewerbe abgesperrt und präpariert worden war, mit dem Quartett aus der UdSSR und Rumänien, zeigten aber am Ende doch das größere Stehvermögen. Die UdSSR und Rumänien trennten am Ende ganze 34 Hundertstel Sekunden.
»Alle Konzentration dem Achter«, so hatte der Sportwart des Deutschen Ruder Verbandes, Carlheinz Grosse, vor zwei Jahren die Richtschnur gezogen. Der trotz der Größe des Verbandes nur kleine Kreis von Ruderinnen

Die Frauen-Achter stehen ein wenig im Schatten der Herren, die Anstrengung für sie – und die Erleichterung nach dem Rennen – sind deswegen aber nicht geringer (oben). Blumen für die Steuerfrau, Ronghua Li und ihre Gefährtinnen konnten den Silbergewinn zuerst gar nicht fassen.

mit Leistungsambitionen sammelte sich unter Trainer Peter Jost in Castrop-Rauxel, einer Außenstelle des Leistungszentrums in Dortmund. Ein fünfter Platz bei der Weltmeisterschaft 1987 schien eine solide Basis für die olympische Saison. Doch: Erstens kommt es anders, zweitens als man denkt. Es reichte nur zum letzten Platz im ohnehin nur kleinen Feld der Teilnehmerinnen in der Königsdisziplin. Was nach Olympia werden soll, dazu konnten sich die Aktiven in Seoul nicht äußern. Bundestrainer Richard Wecke: »Mich hat geschockt, daß wir schon nach 500 Metern keine Chancen mehr hatten und dann doch noch schneller als je zuvor fuhren«, rätselte er, der vor 1977 mit DDR-Booten noch große Erfolge hatte feiern können. Und Mannschaftsleiter Walkenhorst: »Neben den Ostblockländern haben wir auch den Chinesinnen, die drei Boote ins Finale brachten, nichts entgegenzusetzen. Vielleicht sollten wir in den kleineren Bootsklassen neu beginnen.«
Aber, wie viele der maßlos enttäuschten und minutenlang apathischen Achter-Ruderinnen überhaupt weitermachen wollen, das wird sich erst nach ausführlichen Auswertungen ergeben.

Doppelvierer	*25. 09. 1988*
1. DDR (Kerstin Förster/Kristina Mundt/Beate Schramm/Jana Sorgers)	**6:21,06**
2. UdSSR (Irina Kalimbet/Swetlana Mazti/Inna Frolowa/Antonia Dumtschewa)	**6:23,47**
3. Rumänien (Anisoara Balan/Anisoara Minea/Veronica Cogeanu/Elisabeta Lipa)	**6:23,81**
4. Bulgarien	6:24,10
5. CSSR	6:41,86
6. Belgien	6:43,79

Vierer mit Steuerfrau	*24. 09. 1988*
1. DDR (Gerlinde Doberschütz/Carola Hornig/Sylvia Rose/Birte Siech/Martina Walther)	**6:56,00**
2. China (Xianghua Zhang/Yadong Hu/Xiao Yang/Shouying Zhou/Ronghua Li)	**6:58,78**
3. Rumänien (Doina Balan/Veronica Necula/Herta Anitas/Marioara Trasca/Ecaterina Oancia)	**7:01,13**
4. Bulgarien	7:02,27
5. USA	7:09,12
6. Großbritannien	7:10,80

Achter	*25. 09. 1988*
1. DDR	**6:15,17**
2. Rumänien	**6:17,44**
3. China	**6:21,83**
4. UdSSR	6:22,35
5. Bulgarien	6:25,02
6. USA	6:26,66

Finn-Dinghy
470er, Damen
470er, Herren

Medaillenträume kenterten im Schmuddelwasser vor Pusan

Gekentert – bei den Segelwettbewerben gab's solche Stürze gleich reihenweise. Für die Gebrüder Hunger war in Seoul nichts zu holen (rechts), sie wurden in der 470er Klasse fünfte, es fehlte das Glück, um mit frischem Wind ganz vorn zu ankern.

Katrin Adlkofer strahlt (unten), doch Grund zum Lachen hatte sie ebensowenig, wie die anderen bundesdeutschen Starter bei den Segelwettbewerben vor der schönen Kulisse von Pusan (oben).

Jahrhunderte hindurch waren Frauen in der Schiffahrt nicht geduldet. Sie brächten Streit und Unglück an Bord, hieß es. Aber die Tatsache, daß 1988 erstmals eine eigene olympische Bootsklasse für Frauen eingerichtet worden ist und den bundesdeutschen Susanne Meyer und Katrin Adlkofer aus Berlin das Segeln um Gold, Silber und Bronze ermöglichte, für die Olympia-Pleite des DSV verantwortlich zu machen, das wäre des Aberglaubens dann doch zuviel. Außerdem: Neben Wolfgang und Joachim Hunger waren die beiden jungen Frauen die einzigen Starter des deutschen Teams, die wenigstens noch einen Tagessieg herausfahren konnte.

Erstmals seit den Spielen von 1956 im australischen Melbourne gingen die vorher so hoch eingestuften und sehr selbstbewußten Bundesdeutschen leer aus. »Ruppiges Wasser«, drehende, böige und dann plötzlich wieder abflachende Winde, irreguläre Bedingungen, schimpften die bundesdeutschen Teams, deren Medaillenhoffnungen von Regatta zu Regatta, von Tag zu Tag abflachten. Aber: mit den widrigen Bedingungen hatten alle zu kämpfen. Das sprichwörtliche Glück des Tüchtigen blieb den DSV-Startern versagt, im Gegenteil, gerade sie hatten immer wieder mit Treibgut, das sich an den Schiffen verfingen, zu kämpfen. Schlechte äußere Bedingungen, dazu ein wahrer Hagel von Protesten, die Stimmung war phasenweise rundum vergiftet. Olympischen Schiffbruch erlebten dabei vor allem die Boote des Deutschen-Segler-Verbandes, und das trotz hoher technischer und finanzieller Aufwendungen im Vorfeld.

Die letzte Chance verspielten Wolfgang und Joachim Hunger bei ihrem letzten Versuch, die Amerikaner auf Rang drei noch einzuholen. Sie kenterten fünf Meter vor der Ziellinie. Konsequenz: Joachim Hunger steigt aus und konzentriert sich künftig auf seinen Beruf als Radiologe, Ralf Schmidt steigt ein, zu Wolfgang Hunger ins Boot der 470er Klasse. Susanne Meyer und Katrin Adlkofer belegten im Endklassement der 470er bei den Frauen ebenfalls den fünften Platz.

Gar nur den sechsten Platz erreichte Thomas Schmid in der Finn Dinghy Klasse. Der Steuermann hatte noch zwei Tage vor dem Start behauptet: »Wir sind stärker als 1984«. Er aber scheiterte in »einem der dreckigsten Reviere der Welt« (Chefbundestrainer Klaus-Peter Stohl über die Bucht vor Pusan) ebenso wie alle anderen. Im letzten Rennen hätte ihm ein Tagessieg noch eine Medaille gebracht, der Hamburger kenterte während der Wettfahrt und gab entnervt auf.

Finn–Dinghy	*27.09.1988*
1. Jose Luis Doreste (Spanien)	**38,1**
2. Peter Holmberg (Jungferninseln)	**40,4**
3. John Cutler (Neuseeland)	**45,0**
4. Stuart Childerley (Großbritannien)	50,7
5. Lasse Hjortnaes (Dänemark)	51,0
6. Thomas Schmid (BR Deutschland)	72,1
470er, Damen	*27.09.1988*
1. Allison Jolly/Lynne Jewell (USA)	**26,7**
2. Marit Söderström/Birgitta Bengtsson (Schweden)	**40,0**
3. Larissa Moskalenko/Irina Tschunikowskaja (UdSSR)	**45,4**
4. Bettina Lemström/Annika Lemström (Finnland)	47,0
5. Susanne Meyer/Katrin Adlkofer (BR Deutschland)	56,4
6. Nicola Green/Karyn Davis (Australien)	57,0
470er, Herren	*27.09.1988*
1. Thierry Peponnet/Luc Pillot (Frankreich)	**34,7**
2. Tynu Tyniste/Toomas Tyniste (UdSSR)	**46,0**
3. John Shadden/Charlie McKee (USA)	**51,0**
4. Fernando Leon/Francisco Sanchez (Spanien)	55,0
5. Wolfgang Hunger/Joachim Hunger (BR Deutschland)	58,7
6. Peter Evans/Simon Mander (Neuseeland)	62,7

Alexander Hagen flog raus – Sein Kommentar: Vier Jahre Arbeit umsonst

Start zum ersten Wettbewerb (rechts) in der Tornado-Klasse. Ganz vorn: Schafferius/Colman (Australien), die Briten White/Newman und die Brasilianer Grael/Freitas. Auch nach dem sechsten Lauf behielten Jean-Yves le Deroff und Nicolas Henard aus Frankreich die Führung (unten).

»Nur mit Olympia-Medaillen können wir etwas bewegen. Wenn es hier richtig gut klappen sollte, dann haue ich zu Hause auf den Tisch, daß es nur so spritzt«, so hatte DSV-Vizepräsident und Olympia-Teamchef Uli Libor die Richtung für seine Segler vorgegeben. Seit 1984 erhielt der Verband bereits Unterstützung durch den Bundesausschuß für Leistungssport (BAL), jährlich rund eine Million Mark für die 150 Sportler im Leistungskader. Computer-Technologie und Wissenschaft sollten dem DSV in Zukunft den Weg zu ganz neuen Erfolgen ebnen, neue Möglichkeiten, die ein erhebliches Mehr an finanzieller Förderung notwendig machen würden. Libor: »Wir könnten, um unsere Vorstellungen zu realisieren, gut drei Millionen Mark gebrauchen.« BAL-Direktor Helmut Meyer hatte zwar bei seiner Stippvisite in Pusan Verständnis für die Wünsche der Segler gezeigt, aber gleichzeitig signalisiert, daß solch eine Aufstockung aus dem Staatssäckl nicht zu finanzieren ist.

Erfolgsdruck für die Segler? Immerhin hatte das bundesdeutsche Team erste Erfahrungen mit dem Genuß neuer Techniken gemacht. Nicht nur, daß im Vorfeld Tests im Windkanal liefen, die TH Aachen sich mit modernstem Gerät um das Boot von Thomas Schmid verdient gemacht hatte, in Pusan hatte der DSV ein meteorologisches Lasergerät im Gepäck, das mittels eines Rechners genaue Angaben über Strömungs- und Windverhältnisse vermitteln sollte. Chefbundestrainer Klaus-Peter Stohl hatte frühzeitig erkannt: »Der Segler bleibt Herr in seinem Boot, die Technik kann ihn vor allem psychologisch unterstützen.«

Aber dann: Starboot-Exweltmeister Alexander Hagen, der in den ersten Läufen noch gute Ergebnisse vorzeigen konnte, scheiterte am Ende kläglich. Er und Fritz Girr verloren einen langen Protestkampf und handelten sich eine zweite Disqualifikation ein. »Vier Jahre Arbeit umsonst«, schimpfte Hagen, sein Vorschoter wollte »nur noch nach Hause.« Platz 10 im Endklassement für das Hamburg/Augsburger Duo. Gewinner waren die Briten Michael McIntyre und Philip Bryn Valie vor den Teams aus den USA, Brasilien und Schweden.

Tornado-Vorschoter Hans-Jürgen Pfohe hätte seinen 38. Geburtstag in Seoul lieber anders gefeiert. Steuermann Roland Gäbler hatte sich eine Kapselverletzung im rechten Daumen zugezogen und mußte die Wettfahrt wegen zu starker Schmerzen vorzeitig abbrechen. Für die da ohnehin schon chancenlose Crew blieb nur noch Platz 19 und die Anerkennung des überlegenen Sieges der Franzosen Jean-Yves le Deroff und Nicolas Henard.

Ältester Olympiateilnehmer war der Starboot-Segler Durward Knowles von den Bahamas, hier mit seinem Partner Steven Kelly. Für den Segel-Opa waren es die achten olympischen Spiele, 1964 gewann er in Tokio die Goldmedaille.

Tornado	27.09.1988
1. Jean-Yves le Deroff/Nicolas Henard (Frankreich)	**16,0**
2. Christopher Timms/Rex Sellers (Neuseeland)	**35,4**
3. Lars Grael/Clinio Freitas (Brasilien)	**40,1**
4. Norbert Petschel/Christian Claus (Österreich)	46,0
5. Giorgio Zuccoli/Luca Santella (Italien)	60,1
6. Per Arne Nilsen/Carl E. Johanessen (Norwegen)	67,7
19. Roland Gäbler/Hans-Jürgen Pfohe (BR Deutschland)	142,0

Starboot	27.09.1988
1. Michael McIntyre/Philip Bryn Valie (Großbritannien)	**45,7**
2. Mark Reynolds/Hal Haenel (USA)	**48,0**
3. Torben Grael/Nelson Falcao (Brasilien)	**50,0**
4. Mats Johansson/Mats Hansson (Schweden)	56,7
5. Girgio Gorla/Alfio Peraboni (Italien)	63,1
6. Davis Ross MacDonald/Donald Bruce McDonald (Kanada)	63,7
10. Alexander Hagen/Fritz Girr (BR Deutschland)	72,4

Flying Dutchman
Soling
Surf-Division II

Olympia-Teamchef schimpfte: »Sie hatten nur Gold im Kopf«

Die Flying Dutchman hatten so ihre Probleme, das italienische Boot mit Mario und Claudio Celon (links) und Albert Batzill und Peter Lang setzen ihre Spinnaker-Segel. An Batzill/Lang (unten) klebte das Pech. Hart am Wind: der Neuseeländer Bruce Kendall, bester Surfer der Spiele (rechte Seite).

»Sie hatten nur Gold im Kopf. Hätten sie kontinuierlich auf Bronze hingearbeitet, wäre mehr rausgekommen«. Olympia-Teamchef Uli Libor war sauer: »Wir hatten in fünf Klassen reelle Chancen auf Medaillen. Olympia-Starter dürfen nicht kentern«, bemängelte er die Leistungen seines glücklosen Teams, zu dem im Wettbewerb der Flying Dutchman die große Erwartung, Albert Batzill/Peter Lang zählten. Der Landwirt aus Schlier und sein Immenstadter Vorschotmann waren glücklos. So segelten sie am vierten Wettkampftag nahezu ins Nichts. An dritter Stelle liegend fand Batzill das Ziel nicht mehr und mußte dann mit ansehen, wie noch fünf Crews an ihm vorbeizogen. Der dreimalige Weltmeister war schon zum Auftakt der Regatta auf Platz drei segelnd gekentert und nur als 16. ins Ziel eingelaufen. Pech, denn: »Wir haben auf einer Jahrhundertwelle einen Salto gemacht«, so Batzill. Bei der zweiten Wettfahrt war's dann ein Stück Treibholz, daß sich am Boot so fest verkeilt hatte, daß Peter Lang über Bord springen mußte, um den Störenfried zu entfernen. Batzill verärgert: »Wir hatten eine Stinkwut, weil wir da schon 100 Meter vor dem Felde lagen.« Eine furiose Aufholjagd brachte sie noch auf den zweiten Platz.

Zusammen mit vier anderen Crews gewannen sie nach der nächsten Tour zunächst einen Protest, aber die Freude währte nicht lange, die Jury setzte sie am nächsten Tag zurück auf Platz 15. Der neuseeländische Skipper Murray Jones hatte Batzill sogar in einem Drohbrief zur Rücknahme des Protestes aufgefordert. Andernfalls wolle er ihn wegen unsportlichen Verhaltens disqualifizieren lassen. Nach viereinhalbstündiger Verhandlung entschied die Jury gegen die Crew, Jones wurde nur zu einer Entschuldigung aufgefordert. FD-Trainer Günther Uebel: »So etwas habe ich überhaupt noch nicht erlebt. Die Wettfahrt hätte am Sonntag ganz und gar annulliert werden müssen.«

Fazit der ganzen Aufregung: Batzill/Lang kamen im Gesamtklassement nicht über einen achten Platz hinaus. Noch ärger erging es Jens-Peter Wrede, Matthias Adamczewski und Stefan Knabe aus Wedel in der Soling-Regatta. Während Batzill noch die äußeren Gegebenheiten bei der »Warum-Frage« in Rechnung stellen konnte, war der »Untergang« des Solings eher ein seglerisches Problem. »Wir haben schlecht gesegelt, da können wir uns nicht herausreden«, übte Steuermann Wrede ehrliche Selbstkritik. Am Ende: Platz 15 unter 19 teilnehmenden Crews. Auch für Surfer Dirk Meyer reichte es bei seinem zweiten Olympia-Start nicht für eine Medaille. Zwischenbilanz nach drei Fahrten: »Er surft als derzeitig Achter genauso, wie wir uns das vorgestellt hatten«, sah Teamchef Libor seine Voraussagen bestätigt. Letzendlich aber blieb für Meyer nur die Unglückszahl 13, als 13. lag er abgeschlagen hinter dem Neuseeländer Bruce Kendall. Silber gewann Jan Boersma von den Niederländischen Antillen, der Amerikaner Michael Gebhardt sicherte sich Bronze.

Flying Dutchman	*27. 09. 1988*
1. Jörgen Bojsen/Christian Grönborg (Dänemark)	**31,4**
2. Ole Petter Pollen/Erik Björkum (Norwegen)	**37,4**
3. Frank McLaughlin/John Millen (Kanada)	**48,4**
4. Yoel Sela/Eldad Amir (Israel)	58,7
5. Murray Jones/Gregory Knowles (Neuseeland)	60,0
6. Roger Yeoman/Neal McDonald (Großbritannien)	72,7
8. Albert Batzill/Peter Lang (BR Deutschland)	79,0

Soling	*27. 09. 1988*
1. Jochen Schümann/Thomas Flach/Bernd Jäkel (DDR)	**11,7**
2. John Kostecki/William Baylis/Robert Billingham (USA)	**14,0**
3. Jesper Bank/Jan Mathiasen/Steen Secher (Dänemark)	**52,7**
4. Lawrie Smith/Edward Leask/Jeremy Richards (Großbritannien)	67,1
5. Jose Paulo Dias/Jose Augusto Dias/Christoph Bergman (Brasilien)	67,4
6. Michel Kermarec/Stanislas Dripaux/Xavier Phelipon (Frankreich)	68,4
15. Jens-Peter Wrede/Matthias Adamczewski/Stefan Knabe (BRD)	102,0

Surf-Division II	*27. 09. 1988*
1. Bruce Kendall (Neuseeland)	**35,4**
2. Jan Boersma (Niederländische Antillen)	**42,7**
3. Michael Gebhardt (USA)	**48,0**
4. Bart Verschoor (Niederlande)	53,4
5. Robert Nagy (Frankreich)	62,9
6. Francesco Wirz (Italien)	64,0
13. Dirk Meyer (BR Deutschland)	100,0

Herren, Kajak
Einer
500 m/1000 m

Kanuten blieben ohne Medaille – Das unbestechliche Zielfoto

Rechts: Ein schnelles Trio im traditionsreichen Kanufahren: Zsolt Gyulay aus Ungarn, Andreas Stähle (DDR) und Paul McDonald (Neuseeland). Für Dirk Joestel blieb bei aller Anstrengung im Weltklassefeld der achte Platz (oben).

Nervös wie die vollblütigen Galopper vor dem Start waren sie, der Rennsportwart des Deutschen Kanu-Verbandes (DKV), Günter Kuske, erkannte beim zwei- bis dreimaligen täglichen Training auf dem Han-River: »Die Anspannung wird mit jedem Tag größer, nachdem hier fast alle Sportarten schon in Bewegung geraten sind.« Während bereits an den verschiedensten Sportplätzen der koreanischen Hauptstadt bundesdeutsche Starter ihre Hoffnungen übertroffen – oder wie ein Luftballon platzen sahen, mußte sich das 16köpfige Aufgebot, des Deutschen Kanu Verbandes belastet mit der Hypothek dreier Medaillen der Spiele von Los Angeles, in Geduld üben. Und hatte Zeit genug, sich Erwartungen auszumalen. Zweimal Edelmetall, das sollte möglich sein, auch wenn das Team frühzeitig registrierte: »Unsere Chancen hängen am dünnen Faden.« Der Faden, mehr ein Fädchen, erwies sich denn auch als nicht sonderlich strapazierfähig, er riß – der DKV blieb gänzlich ohne Medaille. Der Berliner Dirk Joestel im Kajak-Einer erfüllte dabei sein Soll, indem er in Vertretung des nach einer Wirbelsäulenoperation ohne Schwung agierenden Vizeweltmeisters Oliver Seack das Finale erreichte und darin den Sowjetrussen Victor Pussew noch hinter sich lassen konnte. Mit dem Ausgang des Rennens hatte er allerdings wenig zu tun, überlegener Sieger war der Ungar Szsolt Gyulay, der von Beginn an spurtete und keinen Zweifel an seiner Kraft ließ, der Ungar war im vergangenen Jahr noch WM-Siebter gewesen.

Umstritten war lange Zeit die Entscheidung auf der längeren Distanz der Einer-Kajaks, vor vier Jahren gabs kein Metall in diesem Wettbewerb für den DKV. Der amerikanische Weltmeister Greg Barton, der einer schweren Kinderlähmung zum Trotz seit Jahren zu den Besten gehört, war nahezu gleichauf mit dem Australier Grant Davies ins Ziel gekommen. Übereilt setzte das Schiedsgericht den Australier Grant Davies auf Rang eins, mußte aber nach Ansicht des Zielfotos seinen Spruch zurücknehmen. Barton gewann mit einer Hundertstel Sekunde Vorsprung. Andre Wohllebe aus der DDR erreichte den Bronzerang. Der Essener Dirk Ulaszewski war bereits im Halbfinale ausgeschieden.

Drei Wochen kochte der Ärger auf kleiner Flamme, nach dem Ende der olympischen Kanu-Regatta mit der frustrierenden Medaillen-Nulldiät brach der Funktionärs-Krach offen aus. Ulrich Feldhoff, Präsident des Deutschen Kanu-Verbandes, drohte in Seoul finster mit personellen Konsequenzen im Trainerbereich. Sportwart Günter Kuske sprach vom Rücktritt.

Kanu-Referent Rolf Ebeling vom Bundesausschuß Leistungssport (BAL) wertete die Ausbeute der DKV-Flotte trotz einiger unerwartet guter Plazierungen als insgesamt enttäuschend. Zudem kritisierte er mangelnden Teamgeist. Zumindest eine Medaille war fest eingeplant, »dieses Ziel wurde nicht erreicht«, sagte Ebenling. »Einigen Kanuten fehlte der Biß, wie man ihn bei den Ruderern erlebte. Obwohl die DDR mit dreimal Gold, viermal Silber und zweimal Bronze neun der 36 Kanu-Medaillen gewann, wurde ihre bislang unbestrittene Dominanz in dieser Sportart erheblich angeschlagen. Insgeheim war mit sechs Goldmedaillen gerechnet worden. Die UdSSR holte ebenfalls dreimal Gold, Ungarn und die USA je zweimal. Aber auch Polen, Frankreich und die Niederlande konnten sich im Gegensatz zum bundesdeutschen Team in der Medaillenstatistik behaupten.

Einer-Kajak, 500 m	*30.09.1988*
1. Zsolt Gyulay (Ungarn)	**1:44,82**
2. Andreas Stähle (DDR)	**1.46,38**
3. Paul MacDonald (Neuseeland)	**1:46,46**
4. Michael Herbert (USA)	1:46,73
5.Karl Sundkvist (Schweden)	1:46,76
6. Attila Szabo (CSSR)	1:47,38
8. Dirk Joestel (BR Deutschland)	1:47,91

Einer-Kajak, 1000 m	*01.10.1988*
1. Greg Barton (USA)	**3:55,27**
2. Grant Davies (Australien)	**3:55,28**
3. Andre Wohllebe (DDR)	**3:55,55**
4. Dimitri Bankowski (UdSSR)	3:56,49
5. Gunnar Olsson (Scheden)	3:56,84
6. Alan Thompson (Neuseeland)	3:56,91

Kanäle

Unweit des Han-Flusses, der über Jahrhunderte hinweg das Abflußrohr dieser Stadt bildete, haben sie einen gebaut. Kanäle sind in der Regel nützlich, weil sie Gewässer verbinden und Strecken verkürzen. Aber dieser Kanal ist kanpp drei Kilometer lang und ein paar hundert Meter breit – er verbindet und verkürzt nichts. Er liegt da wie eine sinnlose Autobahnbrücke, zu der es weder Zunoch Abfahrt gibt. Der Kanal wurde vierzehn Tage lang benutzt – zuerst von den Ruderern, dann von den Kajak- und Kanuleuten. Beide äußerten sich sehr zufrieden über den Zustand des Wassers und bauten Stege für Boote und Athleten. Als sie an diesem Tage die Finals austrugen in den vielen Klassen des Kajak- und Kanu-Sports, standen drüben auf der anderen Seite des Kanals drei alte Männer in diesen wehenden und pludrigen Hosen. Sie hatten hinter sich ihre Karren mit irgendwelchen Gemüsen, die sie gerade geerntet hatten, abgestellt und schauten zu, wie die Fremden aus den Ländern der Langnasen um die Wette paddelten. Sie sprachen kein Wort miteinander, sondern guckten nur – eine, zwei Stunden lang.

Vielleicht dachten sie darüber nach, wie sie hier später zum Angeln gehen könnten, um den Mittagstisch zu erweitern. Auf die Idee, daß man später noch einmal um die Wette paddeln oder rudern könnte, kam sicherlich keiner von Ihnen.

Ulrich Kaiser

Herren, Zweier-Kajak
500 m/100 m
Vierer-Kajak,
1000 m

Das kleine Quentchen Glück oder das Glück des Tüchtigen

Imposantes Schauspiel auf dem Han, der Start der Vierer-Kajaks (oben). Ungarn wissen nicht nur mit den Degen umzugehen, sondern durchaus auch das Paddel handhaben. Zsolt Gyulay, Ferenc Csipes, Sandor Hodosi und Attila Abrahamwaren selbst den favorisierten Booten aus der UdSSR und der DDR überlegen (rechts).

Ihre Finalläufe erreichten das Zweier- und das Vierer-Kajak-Team des Deutschen Kanu-Verbandes. »Die hatten den lieben Gott in der Tasche«, kommentierte Kajak-Bundestrainer Helmut Klein die erfolgreiche Qualifikation des Zweiers mit den Essenern Niels Ellwanger und Carsten Lömker, die bereits im Vorlauf auf die favorisierten Teams trafen. Die Franzosen Boccara/Boucherit erschienen zu spät zum Start, wurden laut Reglement disqualifiziert, das deutsche Duo hatte das Glück des Tüchtigen, »rutschte« in den Endlauf. Die Chance auf's Siegertreppchen war dennoch gleich Null, bisherige internationale Rennen zeigten bereits den Trend auf. Aber: Das Essener Duo schlug sich prima, erreichte den guten, wenn auch undankbaren vierten Platz. Angesichts der Tatsache, daß dies ihr bestes Ergebnis auf solcher Wettkampfebene bedeutete, konnten sie sich freuen.

Sieger wurden die beiden Amerikaner Greg Barton und Norman Bellingham, Greg Barton damit auch Doppel-Olympiasieger. Die US-Boys ließen die Neuseeländer Ian Ferguson und Paul MacDonald hinter sich, diese wiederum nahmen dem australischen Doppel Peter Foster und Kelvin Graham auf der Kilometerdistanz fast genau eine Sekunde ab. Greg Barton war somit bester Kanute dieser Spiele. Ähnlich wie Eiskunstläufer Scott Hamilton hatte Barton eine schwere Krankheit zu überstehen. Seine Kinderlähmung ließ bleibende Schäden zurück, doch im Boot ist Barton gesünder als alle anderen.

Zu den größten unter den wenigen Medaillenhoffnungen gehörten Reiner Scholl aus Rheydt und Thomas Pfrang aus Mannheim. Es war das kleine Quentchen Glück, der sprichwörtliche Wimpernschlag, der sie auf der 500 m Distanz an den Ungarn Attila Abraham und Ferenc Csipes scheitern ließ. Ganze acht Hundertstel fehlten an der Bronzemedaille, die »schwarze Serie« des DKV fand ihre Fortsetzung. Olympiasieger: die Neuseeländer Ferguson/MacDonald, auf der Kilometerdistanz bereits Zweite. Auch dem Kajak-Vierer war in Seoul die Glücksgöttin nicht hold.

Gilbert Schneider, Reiner Scholl, Dirk Joestel und Thomas Reineck bildeten das Quartett für den Vierer. In den Vorrunden fuhren sie »wie erhofft« (Sportwart Günter Kuske). Im Finale aber verschliefen die Bundesdeutschen den ersten Zwischenspurt der Konkurrenz, die Renngemeinschaft aus Essen, Rheydt und Berlin verlor schon auf den ersten 250 Metern den Anschluß, fiel auf den vorletzten Platz im Neunerfeld zurück und konnte auch trotz Aufbietung aller Kräfte nur noch Platz sechs erreichen. Die Ungarn hatten im Ziel als Goldmedaillengewinner den Bug vorn, gefolgt von den Teams aus der UdSSR und der DDR.

Eine ausgewogene Medaillenverteilung ergab sich also in den Kajak-Wettbewerben, dreimal Gold und Sieger aus drei Ländern. Die Weltspitze ist zusammengerückt.

Greg Barton und Norman Bellingham bildeten ein gutes Gespann, Barton (links im Boot) errang damit zwei Goldmedaillen in den Kajak-Wettbewerben, er lag auch bei den Einern klar vorn.

Zweier-Kajak, 500 m	*30. 09. 1988*
1. Ian Ferguson/Paul MacDonald (Neuseeland)	**1:33,98**
2. Igor Nagaew/Victor Denissow (UdSSR)	**1:34,15**
3. Attila Abraham/Ferenc Csipes (Ungarn)	**1:34,32**
4. Reiner Scholl/Thomas Pfrang (BR Deutschland)	1:34,40
5. Daniel Stoian/Angelin Velea (Rumänien)	1:35,96
6. Maciej Freimut/Wojciech Kurpiewski (Polen)	1:36,22

Vierer-Kajak, 1000 m	*01. 10. 1988*
1. Ungarn	**3.00,20**
(Zsolt Gyulay/Ferenc Csipes/Sandor Hodosi/Attila Abraham)	
2. UdSSR)	**3:01,40**
(Alexandre Motuzenko/Sergei Kirsanow/Igor Nagajew/Victor Denissow)	
3. DDR	**3:02,37**
(Kay Bluhm/Andre Wohllebe/Andreas Stähle/Hans-Jörg Bliesener)	
4. Australien	3:03,70
5. Polen	3:04,73
6. BR Deutschland	3:05,43
(Gilbert Schneider/Reiner Scholl/Dirk Jöstel/Thomas Reineck)	

Zweier-Kajak, 1000 m	*01. 10. 1988*
1. Greg Barton/Norman Bellingham (USA)	**3:32,42**
2. Ivan Ferguson/Paul MacDonald (Neuseeland)	**3:32,71**
3. Peter Foster/Kelvin Graham (Australien)	**3:33,76**
4. Niels Ellwanger/Carsten Lömker (BR Deutschland)	3:34,63
5. Guido Behling/Torsten Krentz (DDR)	3:35,44
6. Daniel Stoian/Angelin Velea (Rumänien)	3:35,75

Herren, Canadier
Einer/Zweier
500 m/1000 m

Russische Bugwelle stoppte Bronzefahrt des doppelten Faust

Die Nachfolger der Trapper pflügen durch's Wasser, kraftvoll in ausgewogener Balance: Victor Reneiski und Nikolai Jurawski aus der UdSSR (oben). Olaf Heukrodt (DDR) ein Meister seines (Sport-) Fachs (rechts).

Enttäuschende Leistungsträger im Deutschen Kanu Verband waren in den Canadier–Disziplinen auf der 1000 m Distanz die Wuppertaler Brüder Hartmut und Wolfram Faust. Ihnen, auf deren Schultern die größten Hoffnungen von Teamgefährten und Betreuern ruhten, schien Bronze an der 900 m Marke sicher. Im sicheren Gefühl des Medaillengewinns aber erlebten sie nicht nur, wie das Boot von Victor Reneiski und Nikolai Jurawski aus der UdSSR unaufhaltsam davonzog, sondern auch, daß schnelle Boote Bugwellen hinter sich lassen könnten. Die Wuppertaler wurden sozusagen kalt erwischt und beendeten das Rennen nur als Fünfte, nachdem sie völlig aus dem Rhythmus geraten waren.
Ärgerlich, denn die beiden international erfahrenen Canadier–Aktiven hatten sich über der längeren Distanz für ihre Enttäuschung auf der 500 m Strecke schadlos halten wollen. Dort waren sie als vierte im Semifinale ausgeschieden. Gold für das sowjetrussische Team Victor Reneiski und Nikolai Jurawski, die deutlich vor den polnischen Kontrahenten siegten, diese wiederum lagen nur zwei Zehntel vor den drittplazierten Franzosen.
Auf den beiden Strecken in den Canadier–Wettbewerben dominierten Fahrer aus dem Ostblock. Iwan Klementijew gewann die 1000 m Strecke vor Jörg Schmidt und Nikolai Bukalow. Olaf Heukrodt aus der DDR beherrschte die 500er–Distanz, bei der kein DKV–Vertreter anwesend war. Michail Sliwinski sicherte für die russischen Kanuten Silber, nur eine Hundertstel dahinter kam Martin Marimow ins Ziel.
Zweimal DDR, zweimal UdSSR, so verteilte sich das Gold in diesen Canadier-Rennen, die weiteren Medaillenränge belegten zusätzlich noch Boote aus Bulgarien und Polen sowie als einziger Westeuropäer der französische Zweier-Canadier. Aus den Ursprungsländern des Kanufahrens sind keine Aktiven zu finden. Historische Vorbilder waren: das westindische »Canoe«, die ägyptischen Papyrusboote, das nordamerikanisch-kanadische »Canoe«, die »Ka-i-aks« der Eskimos oder auch die schnellen Fischfangboote der Polynesier. Die Verbreitung des »Paddelsports« nahm ihren Anfang in Europa erst Mitte des 19. Jahrhunderts.

Nach Uli Eicke und seiner Goldmedaille vor vier Jahren lief diesmal für die Kanuten der Bundesrepublik nicht viel zusammen. Hartmut und Wolfram Faust mußten nach dem Semifinale als vierte ihr Boot trockenlegen (links unten).

Einer-Canadier, 500 m	*30. 09. 1988*
1. Olaf Heukrodt (DDR)	**1:56,42**
2. Michail Sliwinski (UdSSR)	**1:57,26**
3. Martin Marimow (Bulgarien)	**1:57,27**
4. Attila Szabo (Ungarn)	1:59,87
5. Jan Pinczura (Polen)	1:59,90
6. Aurel Nacarencu (Rumänien)	2:00,98

Einer-Canadier, 1000 m	*01. 10. 1988*
1. Iwan Klementijew (UdSSR)	**4:12,78**
2. Jörg Schmidt (DDR)	**4:15,83**
3. Nikolai Bukalow (Bulgarien)	**4:18,94**
4. Larry Cain (Kanada)	4:20,70
5. Aurel Macarencu (Rumänien)	4:21,72
6. Imre Pulai (Ungarn)	4:21,86

Zweier-Canadier, 500 m	*30. 09. 1988*
1. Victor Reneiski/Nikolai Jurawski (UdSSR)	**1:41,77**
2. Mark Dopierala/Mark Lbik (Polen)	**1:43,61**
3. Philippe Renaud/Joel Bettin (Frankreich)	**1:43,81**
4. Deyan Bonew/Petar Bojilow (Bulgarien)	1:44,32
5. Alexander Schuck/Thomas Zereske (DDR)	1:44,36
6. Janos Sarusi Kis/Istvan Vaskuti (Ungarn)	1:44,85

Zweier-Canadier, 1000 m	*01. 10. 1988*
1. Victor Reneiski/Nikolai Jurawski (DDR)	**3:48,36**
2. Olaf Heukrodt/Ingo Spelly (DDR)	**3:51,44**
3. Marek Dopierala/Marek Lbik (Polen)	**3:54,33**
4. Christian Frederiksen/Arne Nielsson (Dänemark)	3:54,94
5. Hartmut Faust/Wolfram Faust (BR Deutschland)	3:55,62
6. Grigore Obreja/Gheorghe Andriev (Rumänien)	3:56,56

Damen, Kajak
Einer/Zweier
Vierer

Erfahrene Schlagfrau Josefa verhinderte Prügel für Kanu-Trainer

Josefa Idem aus Schierstein war ins Finale des Einer-Kajak vorgedrungen (oben). Da allerdings ging ihr die Puste aus, Rang neun. Sie unterlag damit deutlich Vania Guechewa (rechts), die Bulgarin hatte im Ziel über sechs Sekunden Vorsprung.

Einer-Kajak, 500 m	*30. 09. 1988*
1. Vania Guechewa (Bulgarien)	**1:55,19**
2. Birgit Schmidt (DDR)	**1:55,31**
3. Izabela Dylewska (Polen)	**1:57,38**
4. Rita Koban (Ungarn)	1:57,58
5. Yvonne Knudsen (Dänemark)	1:58,80
6. Traci Phillips (USA)	2:00,81
9. Josefa Idem (BR Deutschland)	2:01,80

Zweier-Kajak, 500 m	*30. 09. 1988*
1. DDR (Birgit Schmidt/Anke Nothnagel)	**1:43,46**
2. Bulgarien (Vania Guechewa/Diana Paliiska)	**1:44,06**
3. Niederlande (Annemiek Derchx/Annemarie Cox)	**1:46,00**
4. Ungarn	1:46,58
5. UdSSR	1:47,68
6. Schweden	1:48,39

Vierer-Kajak, 500 m	*01. 10. 1988*
1. DDR (Birgit Schmidt/Anke Nothnagel/ Ramona Portwich/Heike Singer)	**1:40,78**
2. Ungarn (Erika Geczi/Erika Meszaros/ Eva Rakusz/Rita Koban)	**1:41,88**
3. Bulgarien (Wania Guecheva/Diana Paliiska/ Ogniana Petkowa/Borislawa Iwandowa)	**1:42,63**
4. UdSSR	1:44,26
5. BR Deutschland (Josefa Idem/Claudia Österheld/ Andrea Martin/Ruth Domgörgen)	1:45,62
6. Schweden	1:45,67

Ein schweres Erbe trat Josefa Idem auf der Regattastrecke des Han-River an. Die Schiersteinerin hatte vor vier Jahren in Los Angeles mit ihrer Partnerin Silber im Zweier-Kajak erreicht – aber: In Südkorea reichte es nicht zum Sprung auf's Treppchen. Im Einer-Wettbewerb kam sie über Platz 9 nicht hinaus, Goldmedaillengewinnerin: Vania Guechewa aus Bulgarien. Dicht hinter ihr fuhr Birgit Schmidt aus der DDR auf Rang zwei, die Polin Izabela Dylewska hatte als Drittplazierte bereits drei Sekunden Rückstand.

Für positive Schlagzeilen sorgte der Vierer, in dem Josefa Idem, Claudia Österheld, Andrea Martin und Ruth Domgörgen einen bemerkenswerten fünften Platz herausfuhren. Vor ihnen auf den Plätzen eins bis vier: die DDR, Ungarn, Bulgarien und die UdSSR, diese Boote hielten sich damit schadlos für die Spiele von Los Angeles, bei denen ihnen die Teilnahme verwehrt war.

Im Vierer-Kajak spurtete Josefa gemeinsam mit Claudia Österheld, Andrea Martin und Ruth Domgörgen auf den fünften Platz vor. Birgit Schmidt und Anke Nothnagel aus der DDR: »goldige« Mädchen (links).

Frauen-Trainer Capousek hatte mit seinem mutigen Experiment das richtige Händchen gehabt. Nach dem schwachen Vorlauf ließ er Claudia Österheld und Josefa Idem die Plätze tauschen. Die Einer-Meisterin am Schlag, da lief das Boot harmonischer. Capousek: »Das Risiko, Josefa nach zwei Jahren wieder an den Schlag zu setzen, hat sich gelohnt. Wenn es schief gegangen wäre, hätte ich von allen Seiten Prügel bezogen.«

Claudia Österheld/Andrea Martin enttäuschten im Zweierwettbewerb. Dominierend in dieser Klasse: die Mädchen aus der DDR, Birgit Schmidt und Anke Nothnagel.

Kampf- und Kraftsport

Imageprobleme

Die Ringer aus der UdSSR, mit acht Goldmedaillen dekoriert, spielten auf den Matten der Sangmu-Halle in Seoul die Hauptrolle. Den Athleten aus der Bundesrepublik blieb mit einmal Silber nur ein bescheidener Nebenpart. Der 23jährige Schwergewichtler Gerhard Himmel aus Goldbach setzte sich in Seoul als einziger Vertreter des Deutschen-Ringer-Bundes mit seinem zweiten Platz im klassischen Stil groß in Szene.
Das Seoul-Silber von Frank Wieneke und Marc Meiling putzte das angekratzte Image des Deutschen Judo-Bundes auf. »Wir haben unser Abschneiden von Los Angeles wiederholt. Damals gab es Gold für Wieneke und zweimal Bronze, doch hier in Seoul war die Weltklasse komplett dabei«, konstatierte Judo-Sportdirektor Günter Romenath zufrieden. Judo-Mutterland Japan mußte bis zur siebten und letzten Entscheidung auf Gold warten. Hitoshi Saito gewann das Finale gegen DDR-Meister Henry Stöhr, der mit einem gebrochenen Fuß die fünf Minuten durchhielt.

Box-Skandale

Skandalös verlief das olympische Boxturnier. Während bei den Gewichthebern die Doping-Fälle ein schlechtes Licht auf die Wettkämpfe warfen, waren es beim Boxen die Kampfrichter, die sich durch ihre Fehlurteile selbst abqualifizierten.
Die Kämpfer hatten die wenigste Schuld daran, daß den Bewerben in den beiden Ringen, nicht viel Gutes anhaftete. Ein Beispiel von einer ganzen Reihe solcher Vorfälle: Der Amerikaner Roy Jones wurde um sein Gold betrogen. Drei südamerikanische Kampfrichter setzten ihn im Finale mit ihrer Stimmenmehrheit gegen die Wertung der anderen beiden, europäischen Richter auf Platz eins. Jones erhielt, ein zynisches Trostpflaster, den Pokal für den besten Boxer des Turniers.
Zwei disqualifizierte Olympiasieger, vorzeitige Abreise der bulgarischen Mannschaft, das führte zu kritischen Überlegungen: Aus dem IOC wurde bereits die Forderung laut, das Gewichtheben aus dem olympischen Programm zu nehmen, solange, bis unter Funktionären, Betreuern, Ärzten und den im Rampenlicht stehenden Muskelmännern der Griff zum Dopingpräparat aus dem Bewußtsein verschwunden ist. Sportlich war durch die Abreise der Bulgaren der große Zweikampf zwischen ihnen und den Russen unmöglich geworden. Die bundesdeutschen Heber profitierten vom Ausscheiden der Pillenschlucker, zeigten sich in den schweren Gewichtsklassen um den bayerischen Bomber Manfred Nerlinger als Medaillenhamster.

Ein Blick in die Box-Arena, in der in zwei Ringen gleichzeitig gekämpft wurde. Was vorher in Tests schon bemängelt war, führte im Verlauf der Runden immer wieder zu Ärger. Zeitverschiebungen bei den Kämpfen – durch den Gong aus dem jeweils anderen Ring fühlten sich immer wieder die gerade davon nicht betroffenen Boxer und Ringrichter irritiert.

Norwegen im Rampenlicht – Bronze für Südkorea

Mit einer handfesten Überraschung startete das olympische Ringer-Turnier: Ein Italiener mit 48 Kilo, so leicht wie »Papier«, marschierte flink und zielstrebig durch seine Kämpfe und schlug der sieggewohnten Konkurrenz frech ein Schnippchen. In einem taktisch bestimmten Finale riß sich Vincenzo Maenza dann zwar kein Bein mehr aus, aber Gold sicherte er sich souverän.
Und überraschend ging es weiter: Im Fliegengewicht bis 52 kg stand ein höchst internationales Trio auf dem Treppchen: Mit dem Norweger Jan Ronningen als Olympiasieger schob sich eine Nation ins Rampenlicht, die mit starken Ringern bisher wahrlich nicht glänzte.
1250 Landsleute feierten den kleinen Skandinavier überschwenglich. Silber ging an Atsuji Miyahara aus Japan und Bronze an Lee Jae Suk von den Gastgebern, die hier schon demonstrierten, daß sie sich in den Kraftsportarten gut vorbereitet hatten. Alexander Ignatenko konnte sich nur den undankbaren 4. Platz sichern.
Rainer Heugabel, der 25jährige Papiergewichtige (48 kg), erwischte eine schwere Auslosung, nachdem er zum Auftakt alle Gegner von der Matte gefegt hatte. Doch dann scheitere er knapp vor der Finalrunde am Regelment.

Papiergewicht (bis 48 kg)	*20.09.1988*
1. Vincenzo Maenza (Italien)	
2. Andrzej Glab (Polen)	
3. Gawrailow Bratan Tzenow (Bulgarien)	
4. Maguiatdine Allakwerdiew (UdSSR)	
5. Khaled Alfaraj (Syrien)	
6. Markus Scherer (BR Deutschland)	

Fliegengewicht (bis 52 kg)	*21.09.1988*
1. Jon Ronningen (Norwegen)	
2. Atsuji Miyahara (Japan)	
3. Lee Jae Suk (Südkorea)	
4. Alexander Ignatenko (UdSSR)	
5. Roman Kierpacz (Polen)	
6. Tobor Jankovics (CSSR)	

Packende Kämpfe lieferten sich die Ringer in allen Klassen. Vincenzo Maenza hatte gegen den Bulgaren Tzenow nicht nur in diesem Kampf den Kopf oben (links), er gewann auch Gold. Jon Ronningen gegen den Japaner Miyahara – das bedeutete den Kampf um den obersten Platz – Ronningen (oben) siegte.

Griechisch-Römisch Bantam/Feder Leicht/Welter

Südkorea: Ein Land steht Kopf – Gold auch für Ungarn und die UdSSR

Rechts: Wenig aufregendes Duell der Federgewichte: Kamandar Madjidow aus der UdSSR holte Gold gegen den bulgarischen Weltmeister Jiwko Wanguelow.
Rechte Seite: Der Sieg im Weltergewicht brachte ihm eine lebenslange Prämie in Rentenform ein: Jubel-Südkoreaner Kim Young Nam.

Levon Djulfalakian, UdSSR, kämpfte in der Klasse der Leichtgewichte gegen das südkoreanische Publikum und seinen Hoffnungsträger Kim Sung Moon – und gewann Gold.

Durch faszinierende Flugaktionen mit perfekten Würfen katapultierte Ungarns Bantam-Star Andras Sike seine Gegner auf die unteren Stufen des Siegertreppchens: Stoyan Balow (Bulgarien), Sike, Charalambos Holidis (Griechenland).

Ringen in akrobatischer Form, in einer verwirrenden Folge von Griffen, das brachte der Finalkampf im Bantamgewicht. Der Ungar Andras Sike lehrte die Zuschauer, was eine »Souplesse« ist, der Überwurf des Gegners über die eigene Schulter. Schnell zog der ungeheuer bewegliche Ungar auf 9:0 davon, und als der Bulgare Stoyan Balow zuletzt disqualifiziert wurde, da er nur noch abzuwehren vermochte, küßte Sike vor lauter Glück gar die Matte. Leider war in dieser Klasse der »eingedeutschte« Türke Rifat Yildiz, der von vielen als Geheimtip gehandelt worden war, bereits früh gescheitert.
Erst im Federgewicht setzte sich mit Kamandar Madjidow ein Athlet aus der Ringernation Nummer eins durch. Der sowjetische Kämpfer besiegte in einem Finale, das recht arm an Höhepunkten war, den bulgarischen Weltmeister Jiwko Wanguelow. Und wieder blieb mit Bronze für An Dae Hyun eine Medaille in Südkorea.
Einmal auf den Geschmack gekommen, sicherte Levon Djulfalakian der UdSSR immerhin den Sieg im Leichtgewicht, der traditionell am stärksten besetzten Klasse der Ringer. Der Russe hielt einen verzweifelt anrennenden Kim Sung Moon in Schach: Dem Südkoreaner half da auch alle Rückendeckung seines Publikums nichts, für seinen ersten Auftritt auf der internationalen Bühne konnte er allerdings auch mit Silber mehr als zufrieden sein. Bemerkenswert: Die einheimischen Zuschauer blieben fair, zollten dem stärkeren Sowjet verdienten Respekt.
Sie hatten erstaunlich gut angefangen, mischten in den unterschiedlichsten Disziplinen mit, das brutale, teilweise kasernierte Training zahlte sich mit ersten Medaillen aus. Und dann die Erlösung: Der Ringer Kim Young Nam bezwang im Weltergewicht den russischen Favoriten Daulet Turlykanow. Kim jubelte wie in Trance, stürzte samt seinem Trainer zu Boden, ganz Korea verfiel einem kollektiven Freudentaumel in neues Selbstbewußtsein.

Bantamgewicht (bis 57 kg)	*22.09.1988*
1. Andras Sike (Ungarn)	
2. Stoyan Balow (Bulgarien)	
3. Charalambos Holidis (Griechenland)	
4. Changling Yang (China)	
5. Huh Byung Ho (Südkorea)	
6. Ghazi Salah (Irak)	
8. Rifat Yildiz (BR Deutschland)	

Federgewicht (bis 62 kg)	*20.09.1988*
1. Kamandar Madjidow (UdSSR)	
2. Jiwko Wanguelow (Bulgarien)	
3. An Dae Hyun (Südkorea)	
4. Jeno Bodi (Ungarn)	
5. Peter Behl (BR Deutschland)	
6. Isaac Anderson (USA)	
8. Hugo Dietsche (Schweiz)	

Leichtgewicht (bis 68 kg)	*22.09.1988*
1. Levon Djulfalakian (UdSSR)	
2. Kim Sung Moon (Südkorea)	
3. Tapio Sipila (Finnland)	
4. Petrica Carare (Rumänien)	
5. Jerzy Kopanski (Polen)	
6. Yasuhiro Okubo (Japan)	

Weltergewicht (bis 74 kg)	*21.09.1988*
1. Kim Young Nam (Südkorea)	
2. Daulet Turlykanow (UdSSR)	
3. Josef Tracz (Polen)	
4. Janos Takacs (Ungarn)	
5. Martial Mischler (Frankreich)	
6. Boris Welitschkow (Bulgarien)	

Veitstanz

Das schlimmste, was Olympischen Spielen widerfahren könnte, wäre wahrscheinlich die Tatsache, daß die Sportler des gastgebenden Landes keine Erfolge haben. Als der Ringer Kim Young Nam an diesem Nachmittag den russischen Weltergewichtler Daulet Turlykanow besiegt hatte, hallte ein Schrei über die ganze Stadt – der Taxifahrer, der das eben im Radio gehört hatte, stoppte und brüllte die Nachricht seinem Kollegen durch das geöffnete Fenster zu – zwei Jungen auf der Straße, die da apathisch ihrem Walkman gelauscht hatten, sprangen auf und begannen sogleich eine Ringkampf-Parodie aufzuführen. Es schien, als hätten die Spiele erst jetzt begonnen für die Koreaner. Kim Young Nam führte – so sah man später im Fernsehen – einen wilden Veitstanz auf, er riß seinen Trainer zu Boden wie einen der Gegner, er stieß die Faust in die Luft. Als man die Hymne für ihn spielte, hatte er sich gefaßt. Nein – er strahlte nicht, wie es immer heißt: Er leuchtete. Ein Kollege nebenan meinte nüchtern, Kim Young Nam werde nun bis an sein Lebensende eine Rente von tausend Dollar im Monat erhalten – so, wie es der Staat vorher seinen Olympiasiegern versprochen hatte. Diese Nachricht brachte einen wieder auf den Teppich zurück. Olympia '88 ist anders.
Ulrich Kaiser

Griechisch-Römisch
Mittel/Halbschwer
Schwer/Superschwer

Rückschläge für die russischen Bären: Gerhard Himmel fast im siebten Himmel

Im Kampf der Mittelgewichte (rechts) hatte der Ungar Komaromi keine Chance gegen Michail Mamischwili aus der UdSSR. Unten: Etwas aus den Angeln gehoben von Wronski aus Polen zeigt sich hier Silber-Gewinner Gerhard Himmel: »Ich war super eingestellt, doch ich kannte die Gefährlichkeit von Wronski, weil er mir bereits 1987 mit einem Aushebeber eins übergebraten hat. Er war am Boden der Stärkere.«

Eine perfekte Sensation brachte das Finale im Mittelgewicht der Ringer: Der ungarische Weltmeister Tibor Komaromi brachte gegen Michail Mamischwili keinen Fuß auf den Boden. Kurios oder nachdenkenswert: Der Ungar hatte Gewicht »abgekocht«, der Russe war freiwillig eine Gewichtsklasse höher gegangen und zeigte sich kräftemäßig klar überlegen.
Sehr früh schon hatten die Halbschwergewichtler die Matte betreten. Mit bis zu 90 kg zählen sie bereits zu den Kraftprotzen der Schwerathletik. Gut disponiert zeigten sich beim Ringen die Athleten Bulgariens. Atanas Komchew errang Gold gegen den Finnen Harri Koskela, für den bereits der Einzug ins Finale eine Sensation darstellte.
Die deutschen Ringer hatten gut begonnen, bis an die Medaillen wagte sich aber nur ein Bilderbuchathlet: Souverän mit drei Siegen in den Vorkämpfen machte sich der Schwergewichtler Gerhard Himmel von Bavaria Goldbach auf den Weg nach oben. Das Tor zum großen Erfolg öffnete er

sich dann, ohne sich von einem frenetischen Publikum aus der Ruhe bringen zu lassen, mit einem 7:0-Punktsieg gegen einen Südkoreaner. Auch der bulgarische Kraftmeier Georgiew konnte Himmel nun nicht mehr auf den Boden zwingen, vermochte nur noch abzuwehren und wurde gar disqualifiziert. Pech aber im Finale: Der Pole Andrzej Wronski, den Gerhard Himmel im gleichen Jahr bereits zweimal geschlagen hatte, zeigte sich im entscheidenden Moment taktisch klüger, landete einen allerdings blitzsauberen Überwurf und blieb danach derart passiv, daß ihn Himmel nicht mehr in den Griff kriegte.
Der größte russische Bär jedoch war nicht zu erschüttern: Im ewigen Duell gegen Bulgariens Ringerelite siegte Alexander Kareline gegen Ranguel Guerowski. Die beiden Superschwergewichtler zeigten einen höchst aktiven und sogar technisch beachtlichen Kampf – der unvergessene Wilfried Dietrich hätte seine Freude an solchen Gegnern gehabt.

Links: Die stärksten Halbschwergewichts-Matadore auf der Medaillen-Stiege. Von links: Harri Koskela, Atanas Komchew und Wladimir Popow.
Unten: Die superschweren Giganten der Matte zeigten sich im Finalkampf überraschend agil und begeisterten durch technische Finessen. Der Bulgare Guerowski (links) in inniger Umarmung mit Gold-Alexander Kareline aus der sowjetischen Mannschaft.

Mittelgewicht (bis 82 kg)	*22.09.1988*
1. Michail Mamischwili (UdSSR)	
2. Tibor Komaromi (Ungarn)	
3. Kim Sang Kyu (Südkorea)	
4. Stick Ari Kleven (Norwegen)	
5. Goran Kasum (Jugoslawien)	
6. Magnus Fredriksson (Schweden)	

Halbschwergewicht (bis 90 kg)	*20.09.1988*
1. Atanas Komchew (Bulgarien)	
2. Harri Koskela (Finnland)	
3. Wladimir Popow (UdSSR)	
4. Christer Gullden (Schweden)	
5. Andre Steinbach (BR Deutschland)	
6. Franz Pitschmann (Österreich)	

Schwergewicht (bis 100 kg)	*21.09.1988*
1. Andrzej Wronski (Polen)	
2. Gerhard Himmel (BR Deutschland)	
3. Dennis Koslowski (USA)	
4. Ilia Georgiew (Bulgarien)	
5. Jozef Tertei (Jugoslawien)	
6. Yoo Young Tai (Südkorea)	

Superschwer (bis 130 kg)	*22.09.1988*
1. Alexander Kareline (UdSSR)	
2. Ranguel Guerowski (Bulgarien)	
3. Tomas Johansson (Schweden)	
4. Hassan Elhadad (Ägypten)	
5. Laszlo Klauz (Ungarn)	
6. Kazuya Deguchi (Japan)	

Ringen, Freistil
Papier/Fliegen
Bantam

Gold für Japans starke Männer – Der iranische Bandagen-Bluff

»Kampf der Zwerge« in der leichten Gewichtsklasse, Reiner Heugabel aus Goldbach hat mit dem Bulgaren Iwan Tzonow ein unglückliches, ein schweres Los erwischt (oben). Heugabel wehrt sich tapfer, doch der Bulgare gewinnt mit 3:0. Er wird im weiteren Turnierverlauf schließlich zweiter hinter dem Japaner Takashi Kobayashi. Mitsuro Sato, ein weiterer Japaner, macht es seinem Landsmann nach. Die »Fliege« ist auch durch den Jugoslawen Saban Trstena nicht zu stoppen (unten).

Der kleinste Unteroffizier der Bundeswehr rettete die Ehre der bundesdeutschen Freistilringer: Reiner Heugabel aus Goldbach, gerade 1,48 m hoch und 48 Kilo schwer. Der Papiergewichtler schulterte gleich zum Auftakt den Mongolen Suhbatar, danach den Chinesen Dejin Liang und als dritten exotischen Kontrahenten den Inder Rajesh Kumar. Nach zwei weiteren Siegen jedoch nützte ihm auch sein Talisman am Mattenrand, ein Igel, nichts mehr bei der 0:3-Niederlage gegen den Bulgaren Iwan Tzonow. Gemäß dem brutalen Reglement reichte es ihm so nur zu Platz fünf. Ein einziger Wertungspunkt hätte für Heugabel den Einzug ins kleine Finale und damit eine Medaillenchance bedeutet. So durfte stattdessen Tzonow nach Gold greifen, unterlag dabei aber gegen den Japaner Kobayashi. Die Japaner zeigten sich in Seoul im Ringen stärker als in ihrer alten Domäne des Kampfsports, dem Judo.

Denn auch in der nächsthöheren Klasse, dem Fliegengewicht, setzte sich mit Mitsuru Sato ein Ringer aus dem Land der Morgenröte durch. Silber für den Jugoslawen Saban Trstena.

Ein Höhepunkt des Ringerturniers wurde unzweifelhaft die Auseinandersetzung im Bantamgewicht bis 57 kg. Sensationell hatte sich hier der Iraner Askari Mohammadian bis ins Finale durchgerungen. Und das in der mit 25 Athleten äußerst stark besetzten Klasse. Und nun traf der Perser auf den haushohen Favoriten Sergej Beloglazow aus der UdSSR. Mohammadian hatte seinen linken Arm bandagiert, er war verletzt. Nur: In Wirklichkeit war seine rechte Schulter so schlimm betroffen, daß er kaum noch hatte den Kampf antreten können. Mit der Bandage wollte er den Russen lediglich bluffen. Und tatsächlich konnte der Perser den Kampf in der ersten Runde ausgeglichen gestalten, die Sensation schien greifbar. Nach der Pause jedoch hatte sich Beloglazow, als Ringer seit 1979 nicht mehr besiegt, auf den unkonventionellen Gegner eingestellt und dominierte nun den Kampf. Aber auch über Silber freute sich der Perser derart, daß er nach dem Schlußgong den Russen in die Höhe hob und ihn dreimal durch das Mattenrund trug.

Papiergewicht (bis 48 kg)	*29. 09. 1988*
1. Takashi Kobayashi (Japan)	
2. Iwan Tzonow (Bulgarien)	
3. Sergej Karamtschakow (UdSSR)	
4. Tim Vanni (USA)	
5. Reiner Heugabel (BR Deutschland)	
6. Ilyas Sukruoglu (Türkei)	
Fliegengewicht (bis 52 kg)	*30. 09. 1988*
1. Mitsuru Sato (Japan)	
2. Saban Trstena (Jugoslawien)	
3. Wladimir Toguzow (UdSSR)	
4. Laszlo Biro (Ungarn)	
5. Aslan Seyhanli (Türkei)	
6. Kim Jong Oh (Südkorea)	
Bantam (bis 57 kg)	*01. 10. 1988*
1. Sergej Beloglazow (UdSSR)	
2. Askari Mohammadian (Iran)	
3. Noh Kyung Sun (Südkorea)	
4. Ahmet Ak (Türkei)	
5. Walentin Iwanow (Bulgarien)	
6. Bela Nagy (Ungarn)	

»Bitte nicht beißen«, scheint Jürgen Scheibe zu flehen, aber Sowjetrusse Beloglazow hat auf Zehen gar keinen Appetit, ihn treibt der Medaillenhunger.

Ringen, Freistil
Feder/Leicht
Welter/Mittel

Ein guter Start, aber keine Medaille – Sternstunde für Südkoreas Ringer

Alexander Leipold (oben) gegen den Inder Satyawan – das gab einen 11:1 Sieg. Reiner Trik bezwang in der ersten Runde den Polen Andrze Radomski (rechts im Bild).

Einen guten Start erwischte auch der bundesdeutsche Federgewichtler Jörg Helmdach aus der Ringer-Hochburg Witten. Auch er gewann wie Papiergewichtler Reiner Heugabel seine ersten drei Kämpfe souverän, wenn auch mit etwas weniger Punkten: Helmdach bezwang zum Mißfallen des einheimischen Publikums gleich zum Einstieg den Südkoreaner Yin Man Kim mit 8:4, den Kolumbianer Javier Eberto Rincon mit 4:0 und auch den Schweizer Ludwig Küng (6:0). Dann jedoch unterlag Helmdach in seinem nächsten Kampf und schon war der Medaillentraum ausgeträumt. Im Kampf um Platz fünf besiegte er immerhin noch den Mongolen Avirmed Enhe knapp mit 5:4. Ganz nach oben aufs Treppchen jedoch rang sich ein Amerikaner: John Smith ließ sich von dem russischen Favoriten Stepan Sarkissian nichts vormachen und dominierte ihn beim 4:0 deutlich. Nach dem Gong vollführte der Amerikaner einen wahren Indianertanz aus lauter Freude.

Wieder einmal wollten die Südkoreaner ihren Mann zum Sieg schreien: Im Leichtgewicht bis 68 kg traf Park Jang Soon auf den Russen Arsen Fadzajew. Der jedoch ließ sich nicht aus der Ruhe bringen, wartete auf die ungestümen Angriffe des Koreaners und konterte dann blitzschnell. Sieg mit 6:0 Punkten. Und das obwohl das vieltausendköpfige Publikum sein lautstarkes »Kämpfe, kämpfe, Korea« skandierte. Dritter ein Amerikaner, die im Ringen in den letzten Jahren stark aufgeholt haben.

Das zeigte sich in der nächsten Klasse gleich wieder: Kenneth Monday traf im Finale auf – natürlich auf einen Russen. Und es kam zu einem reichlich passiven Kampf, bei dem beide nur auf einen entscheidenden Fehler des Gegners warteten. Monday sicherte der USA die zweite Goldmedaille im Ringen. Dabei hatte er viel Glück, denn in anderen Kämpfen hatte es bereits viel eher Verwarnungen gegeben. Bei fehlenden guten Griffen kann bereits eine solche Verwarnung über Gold oder Silber entscheiden.

Erst im Mittelgewicht durften die Südkoreaner auch in der Ringerhalle jubeln: Han Myung Woo hatte hier freilich bange Minuten gegen den Türken Necmi Gencalp zu überstehen, der seine Stärke am Boden ausspielte, aber doch keinen Punkt aufs Konto brachte. Die Türken waren die eigentliche Enttäuschung im Ringen. Es ist noch nicht lange her, daß sie wegen eines Länderkampfs gegen die USA wohl nur gelacht hätten, jetzt jedoch hat sich das Blatt gewendet. Vielleicht gibt es zu Hause inzwischen aber auch zu viel Geld für die berühmten Ölringer, so daß es für die Talente nicht mehr attraktiv genug ist, auch ohne Öl am Körper nach olympischer Ehre zu trachten. Tatsächlich hatten die Türken, zwischen den Spielen auf der Matte immer ganz vorn dabei, auch in Los Angeles schon bei der Medaillenverteilung zuschauen müssen. Auf sie wirkt das olympische Feuer eher lähmend, eine Silbermedaille im Mittelgewicht vermochte die Mannschaft nicht zu trösten.

Federgewicht (bis 62 kg)	29.09.1988
1. John Smith (USA)	
2. Stephan Sarkissian (UdSSR)	
3. Simeon Schterew (Bulgarien)	
4. Akbar Fallah (Iran)	
5. Jörg Helmdach (BR Deutschland)	
6. Avirmed Enhe (Mongolei)	
Weltergewicht (bis 74 kg)	30.09.1988
1. Kenneth Monday (USA)	
2. Adlan Warajew (UdSSR)	
3. Rakhmad Sofiadi (Bulgarien)	
4. Lodoy Enehayar (Mongolei)	
5. Pekka Rauhela (Finnland)	
6. Ayatol Vagozari (Iran)	
Leichtgewicht (bis 68 kg)	01.10.1988
1. Arsen Fadzajew (UdSSR)	
2. Park Jang Soon (Südkorea)	
3. Nate Carr (USA)	
4. Kosel Akaishi (Japan)	
5. David McKay (Kanada)	
6. Jukka Rauhala (Finnland)	
7. Alexander Leipold (BR Deutschland)	
Mittelgewicht (bis 82 kg)	01.10.1988
1. Han Myung Woo (Südkorea)	
2. Necmi Gencalp (Türkei)	
3. Josef Lohyna (CSSR)	
4. Alexander Tambuwtsew (UdSSR)	
5. Pundsac Subat (Mongolei)	

Saubere Kämpfe in Seoul – Kenneth Monday holte sich Gold durch einen Sieg über Adlan Warajew. Leicht ist es nicht herauszufinden, zu wem welcher Arm und welches Bein gehört. Hinter dem Gewirr verbergen sich John Smith aus den USA (rot) und Avirmed Enhe aus der Mongolei.

Russische Bilanz mit Schönheitsfehlern im Ringkampf der großen Drei

Wacker geschlagen haben sich im großen Teilnehmerfeld die bundesdeutschen Ringer. Ein Querschnitt zeigt: sie engagierten sich in Seoul. »Schubkarre« scheinen Bodo Lukowski (rechts) und Jerzey Niec (links) zu spielen (oben). Wenn auch die Frauen noch nicht ringen, so hat sich die Emanzipation doch schon herumgesprochen. Die einzige Mattenrichterin, Sheila Wagner, verfolgt den Kampf zwischen Uwe Neupert und Tamon Honda (unten).

Ralf Bremmer hatte den Bärenkräften des Japaners Hiroyuki Obata nichts entgegenzusetzen.

Die russischen Bären wankten auch beim Ringen, aber sie fielen nicht: Mehr denn je haben die Kraftathleten aus der UdSSR internationale Konkurrenz erhalten, aber wenn die ganz großen Gewichte antreten, dann ist noch immer kein Kraut gegen die russischen Kämpfer gewachsen. Fast wäre daher die Auseinandersetzung in den drei höchsten Gewichtsklassen der Freistilringer zu einer makellosen Vorstellung der UdSSR-Ringer geworden. Allein, am Ende fehlte ihnen wenigstens ein Gold, das macht Hoffnung für die Konkurrenz. Wenig Hoffnung freilich für die bundesdeutschen Freistil-Spezialisten: Nach dem hoffnungsvollen Auftakt der leichtgewichtigen Kämpfer war der Schwung bald raus, und lediglich Ralf Bremmer, der Superschwergewichtler aus Bad Reichenhall, erreichte überhaupt noch die Finalkämpfe.

Im Halbschwergewicht zeigte Macharbek Khadartsew den überlegensten Erfolg des gesamten Turniers: Er machte mit dem Japaner Akira Ota was er nur wollte, landete Wertung um Wertung und mit 16:0 Punkten einen sogenannten Überlegenheitssieg, der für den Gegner einer Schulterniederlage gleichkommt. Ota verließ geknickt die Matte, für einen Japaner ist so eine haushohe Niederlage eine persönliche Schande – so darf ein japanischer Ringer »sein Gesicht nicht verlieren«.

Im Schwergewicht dann der Schönheitsfehler in der sowjetischen Bilanz: Leri Kabelow unterlag hier einigermaßen überraschend mit 0:3 Punkten gegen den Rumänen Vasile Puscasu. Eine Bronzemedaille auch in dieser Klasse für den Amerikaner William Scheer, ehe mit Uwe Neupert auch ein DDR-Athlet Zeichen setzte. Hinter dem Bulgaren Karaduschew dann als Sechster Bold Javhlantugs. Der schwergewichtige Kämpfer aus der äußeren Mongolei war einer der Athleten, die bei der Eröffnungsfeier im traditionellen mongolischen Ringergewand und Stiefeln einmarschiert war.

Schließlich fehlte nur noch der Kampf der Kolosse, der Superschwergewichtler mit einer Kampfmasse jenseits von 130 Kilogramm. Da stand er nun endlich in persona, der vielbeschworene russische Bär: David Gobedjischwili hieß leicht irreführend der Goliath. Und er gewann in einem symbolträchtigen Kampf knapp, aber verdient mit 3:1 Punkten. Bronze für Andreas Schröder aus der DDR.

Halbschwergewicht (bis 90 kg)	*29.09.1988*
1. Macharbek Khadartsew (UdSSR)	
2. Akira Ota (Japan)	
3. Kim Tae Woo (Südkorea)	
4. Gabor Toth (Ungarn)	
5. James Scherr (USA)	
6. Rumen Alabakow (Bulgarien)	
Schwergewicht (bis 100 kg)	*30.09.1988*
1. Vasile Puscasu (Rumänien)	
2. Leri Kabelow (UdSSR)	
3. William Scheer (USA)	
4. Uwe Neupert (DDR)	
5. Georgi Kareduschew (Bulgarien)	
6. Bold Javhlantugs (Mongolei)	
Superschwer (bis 130 kg)	*01.10.1988*
1. David Gobedjischwili (UdSSR)	
2. Bruce Baumgartner (USA)	
3. Andreas Schröder (DDR)	
4. Laszlo Klauz (Ungarn)	
5. Atana Atanassow (Bulgarien)	
6. Daniel Payne (Kanada)	
8. Ralf Bremmer (BR Deutschland)	

Judo
Superleicht
Halbleicht
Leicht/Halbmittel

Viel Pech für die deutschen Judokas – Glück für die schnellen Koreaner

Silber für Frank Wieneke! Und da gab es für den Bundesdeutschen Judokämpfer im Fight gegen Waldmear Legien (rechts) keine Möglichkeit mehr, doch noch ganz oben auf's Treppchen zu steigen. Der Franzose Marc Alexandre hatte allen Grund, sich zu freuen, im Finale besiegte er Sven Loll aus der DDR (unten rechts). Wieneke, Legien und die drittplazierten Torsten Brechot und Bachir Warajew genossen die Siegerehrung.

Ganz nach dem Geschmack des südkoreanischen Publikums begann das olympische Judo-Turnier. Denn im Superleichtgewicht (bis 60 kg) war der Weltmeister Kim Jae Yup voll auf Sieg programmiert. Fast jedoch hätte ihm im Viertelfinale Helmut Dietz aus dem bayerischen Abensberg ein Bein gestellt. So sehr der Weltmeister auch anrannte, Dietz behielt die Übersicht und hatte gute Chancen auf einen Sieg nach Kampfvorteilen. Dann jedoch ein kurzer unachtsamer Moment und Weltmeister Yup landete einen blitzsauberen Überwurf. Damit war der Kampf entschieden, denn im Judo reicht eine perfekt ausgeführte Aktion zum Sieg. In der Hoffnungsrunde unterlag Dietz dem Europameister und späteren Bronze-Gewinner Amiran Totikaschwili (UdSSR). Dennoch hatte sich das Spezialtraining in Japan mit Platz sieben ausbezahlt. Denn auch aus dem Judo, der »sanften Kunst zu siegen«, ist längst ein knallharter Sport geworden, der professionelles Training verlangt.
Kim Jae Yup dagegen war nicht mehr zu bremsen: Im Einzel bezwang er den Amerikaner (mit japanischem Blut) Kevin Asano. Gegen den war zuvor der legendäre Japaner Shinji Hosokawa ausgeschieden, der schon 1964 in Tokio Judo-Gold gewonnen hatte.
Gerade 52 Sekunden stand Vize-Europameister Guido Schumacher (Remscheid) in der 65 kg-Klasse auf der Matte, dann hatte er durch einen Ausheber gegen den unbekannten Iva Kostadinow (Bulgarien) durch Ippon (volle Wertung) entscheidend verloren.
Zu den prominenten Verlierern in der Auftaktrunde zählte aber auch der mehrfache Welt- und Europameister Juri Sokolow (UdSSR) und der Europameister Bruno Carabetta (Frankreich). Statt der Prominenz aus dem Westen siegte wieder ein Lokalmatador, Lee Kyung Keun, der im Finale den Polen Janusz Pawlowski in der letzten Minute entscheidend bezwang.
Auch der 28jährige Wolfsburger Leichtgewichtler Steffen Stranz ging in Seoul ebenso leer aus wie Helmut Dietz und Guido Schumacher. In der Trostrunde ge-

wann der Medizinstudent zunächst gegen Johannes Wohlwend (Liechtenstein), verlor dann aber gegen Weltmeister Michael Swain (USA) mit 1:2 Richterstimmen und wurde am Ende nur Siebter.
Gold ging vor zum Schluß nur noch knapp 1000 Zuschauern – die übrigen 6000 hatten nach der Niederlage ihres Landsmannes Park Chung Hee gegen den WM-Dritten Toshihiko Koga (Japan) die Halle enttäuscht verlassen – an Vize-Weltmeister Marc Alexandre (Frankreich).
Nach der Goldmedaille von Los Angeles 1984 holte sich der Judoka Frank Wieneke in Seoul Silber.
Der 26jährige verlor das Finale im Halbmittelgewicht (bis 78 kg) gegen den Polen Waldemar Legien 40 Sekunden vor Schluß des Kampfes durch eine volle Kampf-Wertung. Bronze ging an Torsten Brechot (DDR) und Bachir Warajew (UdSSR). Bis in die letzte Minute des ausgeglichenen Kampfes durfte der Hannoveraner Sportstudent, der in Köln lebt und studiert, darauf hoffen, als erster Athlet in der olympischen Judo-Geschichte zweimal in Folge bei Olympischen Spielen Gold zu gewinnen. Am Boden hatte er gegen den Polen Vorteile, doch stehend setzte der Sieger die besseren Griffe und vor allem die entscheidende Aktion an.

Wieneke hatte in den Gruppensiegen eine großartige Leistung vollbracht. Er war mit unerwarteten Erfolgen, fünf in Serie, Gruppensieger geworden, hatte dabei den stärker eingeschätzten Franzosen Pascal Tayot überwunden und auch den DDR-Favoriten Torsten Brechot bezwungen.
Im Finale aber war sein polnischer Gegner deutlich überlegen.

Superleichtgewicht (bis 60 kg)	*25. 09. 1988*
1. Kim Jae Yup (Südkorea)	
2. Kevin Asano (USA)	
3. Shinji Hosokawa (Japan)	
3. Amiran Totikaschwili (UdSSR)	
7. Helmut Dietz (BR Deutschland)	
Halbleichtgewicht (bis 65 kg)	*26. 09. 1988*
1. Lee Kyung Keun (Südkoera)	
2. Janusz Pawlowski (Polen)	
3. Bruno Carabetta (Frankreich)	
4. Bujko (Ungarn)	
4. Cooper (Neuseeland)	
Leichtgewicht (bis 71 kg)	*27. 09. 1988*
1. Marc Alexandre (Frankreich)	
2. Sven Loll (DDR)	
3. Georgi Tenadze (UdSSR)	
3. Kerrith Brown (Großbritannien)	
7. Steffen Stranz (BR Deutschland)	
Halbmittelgewicht (bis 78 kg)	*28. 09. 1988*
1. Waldemar Legien (Polen)	
2. Frank Wieneke (BR Deutschland)	
3. Torsten Brechot (DDR)	
3. Bachir Warajew (UdSSR)	

Judo in der Changchung-Halle

Judo-Politik

Kim Jae Yup ist Olympiasieger und zwar im Judo in der Gewichtsklasse bis sechzig Kilo. Das ist die nüchterne Nachricht, der man noch hinzufügen könnte, daß Kim Jae Yup nun bis an sein Lebensende monatlich tausend Dollar vom Staat überwiesen bekommt. Diese Summe hatte man Koreas Athleten ein Jahr vorher für den Fall einer Goldmedaille zugesagt, woraus man schließen kann, daß die Menschen hier ein recht gesundes Verhältnis zum Geld und seine anspornenden Begleitscheinungen haben. Aber an diesem Abend dachte kein Mensch in der Changchung-Halle an Geld.
Die Zuschauer standen auf den Bänken und skandierten den Namen ihres Landsmannes, wobei man übrigens statistisch davon ausgehen konnte, daß jeder Dritte den Namen Kim führte. Es war nicht nur die Begeisterung für den 23jährigen Kim Jae Yup, die da eine Rolle spielte bei den wilden Szenen des Triumphes: Die Heimat des Judo ist Japan – und vor gut einer Generation war Korea weiter nichts als japanische Kolonie. Und wenn ein Koreaner einen Kampf im Judo gewinnt, hat er damit auch ein Stück Japan besiegt. Der Japaner Shinji Hosokawa, Favorit auch dieses Mal, war lange vorher ausgeschieden – und wenn man so will, war das der einzige Wermutstropfen: Es wäre so schön gewesen, wenn Kim Jae Yup den Endkampf gegen diesen Japaner gewonnen hätte. Politik? Natürlich, alles ist Politik. Auch Judo – besonders in Korea.
Ulrich Kaiser

Judo
Mittelschwer
Halbschwer
Schwer

Ein Österreicher dominierte im japanischen Kampfsport: Peter Seisenbacher ließ die gesamte Konkurrenz erfolgreich hinter sich (rechts). Auch Wladimir Schestakow hielt er zum Punktgewinn unten. Aurelio Miguel konnte selbst von Marc Meiling nicht gestoppt werden (unten).

Ein Österreicher im Judo-Olymp und der gescheiterte Schwabenstreich

Peter Seisenbacher aus Wien erklomm einen Tag nach dem knapp gescheiterten Versuch des »Silberjungen« Frank Wieneke (Wolfsburg) den Judo-Olymp. Der 28 Jahre alte Goldschmied mit den »goldenen Händen« verteidigte im Mittelgewichts-Finale von Seoul gegen Wladimir Schestakow (UdSSR) seine Goldme-

Mittelgewicht (bis 86 kg)	*29. 09. 1988*
1. Peter Seisenbacher (Österreich)	
2. Wladimir Schestakow (UDSSR)	
3. Ben Spijkers (Niederlande)	
3. Akinobu Osako (Japan)	
Halbschwergewicht (bis 90 kg)	*30. 09. 1988*
1. Aurelio Miguel (Brasilien)	
2. Marc Meiling (BR Deutschland)	
3. Robert van de Walle (Belgien)	
3. Dennis Steward (Großbritannien)	
5. Jacek Beutler (Polen)	
5. Jin Sosna (CSSR)	
Schwergewicht (über 95 kg)	*01. 10. 1988*
1. Hitoshi Saito (Japan)	
2. Henry Stöhr (DDR)	
3. Zho Young Chul (Südkorea))	
3. Grigori Weritschew (UdSSR)	
5. Dimitar Zaprianow (Bulgarien)	

daille von Los Angeles. Das hatte vor ihm noch kein Judoka geschafft.
Mit Kuhglocken und rot-weiß-roten Fahnen feierten die begeisterten österreichischen Fans die erste Medaille ihres in der Heimat mit Häme bedachten Olympiateams. Der Modellathlet, der wegen zahlreicher Verletzungen unter anderem bei der WM 1987 in Essen gefehlt hatte, rechtfertigte das Vertrauen durch eine imponierende Leistung.
Mit Kim Seung Kyu (Südkorea), Fabien Canu (Frankreich) und Akinobu Osako (Jpan) räumte Peter Seisenbacher schon vor dem Finale Gegner schwersten Kalibers aus dem Weg. Den Endkampf gewann der Weltklasse-Athlet aus der Alpenrepublik durch Kampfrichterentscheid nach fünf Minuten.
Fußfeger und Mattenflucht, Glück und Pech – Judoka Marc Meiling aus Sindelfingen war ob seiner Silbermedaille hin und her gerissen. »Im ersten Augenblick habe ich mich tierisch geärgert. Jetzt ist es ein Klassegefühl", beurteilte der 26 Jahre alte Student seine umstrittene Niederlage im Finale des Halbschwergewichts gegen den Brasilaner Aurelio Miguel.
30 Sekunden fehlten dem »Nobody« nur noch zum perfekten »Schwabenstreich". Der Kampfrichter jedoch bestrafte Marc Meiling wegen einer Mattenflucht mit einem Shiu, einer mittleren Wertung. Halb war er herausgetreten, halb hatte ihn der für diese Taktik »berühmte« Brasilianer von der Judomatte geschoben.
In einem olympischen Finale darf es so eine Entscheidung eigentlich nicht geben.
Marc Meiling kämpfte in der 95 kg-Kategorie und trat die Nachfolge von Günther Neureuther an, dem erfolgreichsten bundesdeutschen Judoka.
Marc Meiling hatte die schwerste Auslosung erwischt, sich aber bravourös durchgekämpft. Der Fußfeger des Hobby-Motorradfahrers, mit dem er im zweiten Kampf den belgischen Topfavoriten Robert van de Walle durch die Luft wirbelte, kam einer Sensation gleich.
Der 34jährige Belgier, der zusammen mit Dennis Stewart (Großbritannien) Bronze holte, war zuvor in seiner Karriere noch niemals durch eine volle Wertung besiegt worden.
Die Erfolgsliste des 26jährigen Meiling weist bereits Erstaunliches auf. 1982 war er Deutscher Juniorenmeister, 1984 Olympia-Teilnehmer und Deutscher Meister, 1986 EM-Dritter, 1987 WM-Fünfter, 1988 zweiter bei den internationalen Deutschen Meisterschaften. Die Silbermedaille war der bisher größte Erfolg für den 1,93 m großen Athleten.
Der schwergewichtige »Judo-Graf« Alexander von der Groeben (Wolfsburg), auf den das deutsche Team große Hoffnungen setzte, hielt in Seoul nur 2:20 Minuten Hof.
Dann hatte ihn der südkoreanische Ex-Weltmeister Cho Yong Chul mit einer Innensichel, einer klassischen Fußtechnik, auf die Matte geworfen. Das vorzeitige Olympia-Aus schmerzte den 32 Jahre alten und 125 kg schweren Jurastudenten Alexander von der Groeben sehr.
Saito holte in der siebten und letzten Entscheidung das erste und einzige Gold für das Judo-Mutterland Japan. Er besiegte im Schwergewichts-Finale Henry Stöhr (DDR). Der japanische Judo-Professor vergoß denn auch bei der Siegerehrung die vielleicht schönsten Tränen der Spiele von Seoul – Bilder, die um die Welt gingen.

Während Alexander von der Groeben schon im ersten Kampf gegen Cho Yong Chul wahrlich kein Bein auf die Matte bekam (oben), strahlte Marc Meiling über sein Silber (links).

Boxen
Halbfliegen
Fliegen
Bantam/Feder

Koreanische Tiefschläge unter die Gürtellinie des Boxsports

Ein Koreaner, Kim Kwang Sun, gewann im Fliegengewicht olympisches Gold gegen Andreas Tews (oben). Im Federgewicht war der Italiener Giovanni Parisi gegen den Rumänen Daniel Dumitrescu siegreich (rechte Seite).

»Solange wir Kampfrichter aus solchen Kontinenten, vor allem aus Südamerika berücksichtigen müssen, die bar jedes Könnens sind, weil sie eben überhaupt keine Erfahrung haben«, schimpfte der Vizepräsident des Deutschen Amateur-Box-Verbandes, Heinz Birkle, »solange ändert sich da nichts. Außerdem behaupte ich auch noch, daß sie bestechlich sind, anders kann ich mir dieses Ergebnis nicht erklären.« Birkle war nicht allein erbost, über das, was sich im olympischen Boxturnier abspielte und was letztendlich auch Kämpfer und Betreuer lähmte.
Skandalöse Entscheidungen von fünfköpfigen Kampfgerichten sind nichts Neues, doch in Seoul erreichte das traurige Thema seinen Höhepunkt. »Ein Schlag ins Gesicht des Amateurboxsports«, wurde rundum geschimpft, derweil die Koreaner in den verschiedensten Gewichtsklassen hochgewertet wurden, egal was sie (sich) geleistet hatten.
Der erste handfeste Skandal ergab sich, als der südkoreanische Bantamgewichtler Byun Jong Il zum Punktverlierer erklärt wurde. Verbands-Offizielle, Trainer und Organisationsmitarbeiter, zuletzt auch noch Zuschauer stürmten den Ring, verwickelten Referee Keith Walker (er reiste noch am gleichen Abend ab) in eine Prügelei. Der 19jährige Koreaner aber blieb, auch nachdem der Ring geräumt war, in seiner Ecke sitzen. Geschlagene 67 Minuten streikte er, dann wurde das Licht in der Halle ausgeschaltet, und er gab endlich nach, stieg durch die Seite und verschwand aus der plötzlich gespenstisch ruhig gewordenen Box-Arena. Dem Skandal folgte die Angst einiger Kampfrichter, folgten Fehlurteile und zwangsläufig auch die Disqualifikation von Richtern.
Die unschönen und für die Veranstalter peinlichen Vorfälle überschatteten die Tatsache, daß fast ausnahmslos schöne Kämpfe in den unteren Gewichtsklassen gezeigt wurden.
Vor allem die europäischen und amerikanischen Boxer taten ihr Teil daran, daß der sportliche Aspekt in Sachen Faustkampf nicht zu kurz kam. Der Bulgare Iwailo Marimow war klarer Punktsieger im Finale des Halbfliegenwichtes gegen Michael Carbajal (USA). Kim Kwang Sun aus Südkorea bezwang Andreas

Tews aus der DDR bei den »Fliegen«. In der Klasse bis 54 kg war Ken McKinney 5:0-Champ gegen Alexander Christow aus Bulgarien, jenen Mann, der durch seinen Punktsieg gegen den Koreaner den Skandal ohne eigene Schuld ausgelöst hatte. Federgewichtsolympionike Nr. 1 war Giovanni Parisi aus Italien. Der Rumäne Daniel Dumitrescu hatte den Angriffen des blitzschnellen

Italieners nichts entgegenzusetzen. Der Deutsche Amateur-Box Verband war in den »leichten« Klassen nicht vertreten. Während die Boxer ihre Fights, dem Reglement entsprechend und mit vielen Gesten der Fairneß austrugen, ging der Knatsch hinter den Seilen der Ringe weiter. Er gipfelte im Rücktritt des koreanischen NOK-Präsidenten Kim Chong Ha. Seine Erklärung: »Ich übernehme die volle Verantwortung für den Zwischenfall, der mir sehr leid tut.«

Außerdem kündigte Chong Ha Beratungen über weitere Strafen außerhalb der Maßnahmen des Weltverbandes für die südkoreanischen Boxer, Trainer und Funktionäre an, die den Ring gestürmt hatten. IOC-Präsident Samaranch selbst verfolgte »am Tag danach« die Kämpfe, IOC-Sportdirektor Walther Tröger löste ihn ab. Publikum und »Fighter« waren an diesem Tag nach dem Ärger diszipliniert und sogar die 0:5 Niederlage eines Boxers aus dem Gastgeberland noch in der Vorrunde wurde gelassen entgegengenommen. Die Betroffenheit über die unschönen Zwischenfälle hatte lange Schatten auf das Turnier geworfen.

Boxen: Halbfliegengewicht (bis 48 kg)	*01. 10. 1988*
1. Iwailo Marimow (Bulgarien)	
2. Michael Carbajal (USA)	
3. Robert Isaszegi (Ungarn)	
3. Leopoldo Serantes (Philippinen)	
Bantamgewicht (bis 54 kg)	*01. 10. 1988*
1. Kennedy McKinney (USA)	
2. Alexander Christow (Bulgarien)	
3. Phajol Moolsan (Thailand)	
3. Jorge Julio Rocha (Kolumbien)	
Fliegengewicht (bis 51 kg)	*02. 10. 1988*
1. Kim Kwang Sun (Südkorea)	
2. Andreas Tews (DDR)	
3. Mario Gonzalez (Mexiko)	
3. Timofei Skriabin (UdSSR)	
Federgewicht (bis 57 kg)	*02. 10. 1988*
1. Giovanni Parisi (Italien	
2. Daniel Dumitrescu (Rumänien)	
3. Abdelhak Achik (Marokko)	
3. Lee Jae Hiuk (Südkorea)	

Kim Kwang Sun

Gewinn-Beteiligung

Es steckt wahrscheinlich in jedem drin: Schwimmen oder Laufen, Bogenschießen oder Turnen – schön und gut, aber es gibt nur eine wahre Auseinandersetzung, bei der Kraft, Geschicklichkeit und wohl auch ein bißchen Brutalität ihre Rollen spielen: beim Boxen. Kim Kwang Sun ist Boxer – er stammt außerdem aus Seoul, er ist ein Lokal-Heros.

Als er an diesem Abend den Finalkampf erreichte, in dem er Timofei Skriabin aus der Sowjetunion ganz schrecklich verprügelte, war diese ganze Chamcil-Halle ein einziger Schrei – selbst die Balken aus Stahl und Beton scheinen mitzuschreien: »Korea – Korea – Korea« und noch etwas anderes, was sich so anhörte wie »Yigyotda-Yigyotda«: Man hätte aus Stein sein müssen, um nicht mitgerissen zu werden von dieser wildwütigen Begeisterung von knapp 8000 Menschen – der Unterlegene war sichtlich nicht aus Stein, denn zeitweise sah es aus, als würden ihn nicht nur die Schläge seines Gegners erschüttern, sondern auch die körperlich spürbare Aggression, die aus 8000 Gesichtern und 16000 emporgestreckten Armen in den Ring geschleudert wurde.

Eine Aggression, die andererseits Kim Kwang Sun unverletzlich machte in dieser Stunde. Er siegte nicht alleine – sie siegten alle mit und der Schrei »Yigyotda« bewies das.

Er bedeutet in der groben Übersetzung: »Wir haben gewonnen« – »Wir« – nicht Kim.

Ulrich Kaiser

Boxen, Leichtgewicht
Halbweltergewicht
Weltergewicht
Halbmittelgewicht

Bundesdeutsche Boxer feierten mit Bronze ihre Wiedergeburt

Schönen Boxsport sah man in etwa von Andreas Zülow (oben, links), Gold im Leichtgewicht. So auch von dem Schweden Cramne (rechts) gegen Charles Kane.

Totgesagte leben doch länger. Die disziplinierteste Staffel, die der Deutsche Amateur-Box-Verband seit Jahrzehnten zu einem weltweiten Turnier geschickt hat, feierte in Seoul den größten Erfolg seit Olympia 1972 in München. Nach der EM-Pleite von Turin im vergangenen Jahr stand der Verband vor dem Nichts. Am Tag nach der Bronzemedaille für Halbweltergewichtler Reiner Gies sowie zwölf Kampferfolgen für das Häuflein der sechs Faustkämpfer stand fest: Die bundesdeutschen Boxer sind im Aufwind, Sven Ottke und Andreas Schnieders wollen bis Barcelona weitermachen. Die kleine Truppe, die stets als geschlossene Mannschaft auftrat und sich gegenseitig jede erdenkliche Hilfestellung gab, hat den angeschlagenen Ruf des Boxsports in ihrer Heimat wieder zurechtgerückt.

Reiner Gies hatte es am Weitesten gebracht, ihm war, als er im Halbfinale gegen Weltcup-Gewinner Wjatscheslaw Janowski (UdSSR) antrat, die Bronzemedaille sicher. Mit Tränen in den Augen verließ er fünf Sekunden vor Ende der ersten Runde den Ring, Referee Aldo Leoni hatte ihn nach den ersten schweren Treffern ausgezählt. Nur wenige Minuten später allerdings freute er sich schon: »Das war vollkommen richtig.« Janowski wurde auch Olympiasieger, Grahame Cheney aus Australien hatte nie den Hauch einer Chance. Im Weltergewicht war Alexander Künzler nicht über die Vorrunde hinausgekommen. Der Keniate Robert Wangila holte überraschend Gold vor Laurent Boudouani. Skandal auch im Finale des Halbmittelgewichts. Park Si Hun aus Südkorea war der deutlich Unterlegene, doch das Kampfgericht, drei Südamerikaner, zwei Europäer, setzte Roy Jones mit 2:3 nur auf den Silberrang. Der Koreaner hob den Amerikaner hoch und trug ihn durch den Ring zum Zeichen dafür, daß auch er den US-Boy als wahren Gewinner sah. Für Jones war es kein Trost, daß er den Pokal für den »besten Boxer des Turniers« überreicht bekam. Er war um Gold betrogen worden. Der Gelsenkirchener Norbert Nieroba hatte schon

Die Goldmedaille im Halbweltergewicht ging an Wjatscheslaw Janowski (oben, links), der im Halbfinale den Australier Grahame Cheney ausschaltete. Reiner Gies, der spätere Bronzemedaillengewinner aus den Reihen des DABV (unten, links), verlor seinen Halbfinalkampf gegen Janowski schon durch Abbruch in der ersten Runde. Der Ringrichter mußte Gies dreimal anzählen. Dennoch war der Mann aus Kaiserslautern hochzufrieden mit seinem Abschneiden.

in den Vorkämpfen schwere Auslosungen. Diesem Weltklassefeld in der stark besetzten Halbmittelgewichtsklasse konnte er nichts entgegensetzen, dennoch war der DABV mit der Leistung Nierobas zufrieden.

Leichtgewicht (bis 60 kg)	*01. 10. 1988*
1. Andreas Zülow (DDR)	
2. George Cramne (Schweden)	
3. Merguy Enschbat (Mongolei)	
3. Romallis Ellis (USA)	
Halbweltergewicht (bis 63,5 kg)	*02. 10. 1988*
1. Wjatscheslaw Janowski (UdSSR)	
2. Grahame Cheney (Australien)	
3. Lars Myberg (Schweden)	
3. Reiner Gies (BR Deutschland)	
Weltergewicht (bis 67 kg)	*01. 10. 1988*
1. Robert Wangila (Kenia)	
2. Laurent Boudouani (Frankreich)	
3. Jan Dydak (Polen)	
3. Kenneth Gould (USA)	
Halbmittelgewicht (bis 71 kg)	*02. 10. 1988*
1. Park Si Hun (Südkorea)	
2. Roy Jones (USA)	
3. Richard Woodhall (Großbritannien)	
3. Raymond Downey (Kanada)	

Boxen, Mittelgewicht
Halbschwergewicht
Schwergewicht
Superschwergewicht

Mercer schickte seine Gegner ins tiefe Reich der Träume

Sven Ottke in voller Aktion gegen den Kanadier Egerton Marcus. Der spätere Silbermedaillengewinner war für den Berliner zu stark (oben), da nutzten auch die aufmunternden Klapse der Betreuer zunächst nichts, Ottke war enttäuscht, zeigte aber insgesamt eine ausgezeichnete Turnierleistung.

Seinen Traum vom Gold mußte Bundesligaboxer Arnold Vanderlijde, der für Holland startete, in der ersten Halbfinal-Begegnung vorzeitig begraben. Eine Runde und 2:14 Minuten dauerte es, dann stand Ray Mercer als Gewinner fest. Vanderlijde ist knapp 30 Bundesligakämpfe für den BC Leonberg ungeschlagen gewesen, doch in Seoul schickte ihn das Los zu früh gegen den knallhart schlagenden Schwergewichtler in den Ring. Selbst die Zuschauer in der ausverkauften Boxhalle kamen nicht gegen Mercer an, er schickte seinen koreanischen Gegner, den Rechtsausleger Baik Hyun Man, schon in der ersten Runde ins Land der schlechten Träume – und stürzte das Heimpublikum in tiefste Verzweiflung. Eine vorbereitende Rechte und eine knallharte Linke kamen nach 2 Minuten und 16 Sekunden blitzschnell, der 27jährige US-Soldat machte Freudensprünge. An diesem Sieg gegen einen Koreaner konnte es auch für das Kampfgericht keine Zweifel mehr geben.
Schlicht und einfach zu »grün« für die große Aufgabe war Andreas Schnieders. Der Super-

schwere aus dem Emsland verlor in der letzten Viertelfinalveranstaltung gegen den Polen Janusz Zarenkiewicz mit 2:3 Richterstimmen, und erkannte neidlos an: »Der Pole hat verdient gewonnen.«
Zuviel Respekt vor dem Gegner ließ ihn scheitern, doch der Haselünner ist erst 21, er will in Barcelona mit dicken Fäusten nach dem Gold greifen. Bis dahin steht ihm nicht nur die Bundesliga, sondern stehen ihm vor allem Europa- und Weltmeisterschaftskämpfe offen. In diesen Fights kann er jene Erfahrung sammeln, die ihm beim großen Turnier in Korea noch gefehlt haben. In Seoul konnte er sich damit trösten, daß ihm eine Halbfinal-Begegnung mit Lennox Lewis, dem späteren Olympiasieger erspart blieb. Lewis, der »Schläger« haute innerhalb von 34 Sekunden Europameister Ulli Kaden aus der DDR von den Beinen. Riddick Bowe aus den USA hielt im Endkampf wenigstens noch anderthalb Runden durch. Im Halbschwergewicht war Markus Bott in der Vorrunde das Aus beschieden. Andrew Maynard aus den USA boxte sich auf Platz eins. Die Silbermedaille erboxte sich Schanawasow, UdSSR.

Mittelgewicht (bis 75 kg)	*01. 10. 1988*
1. Henry Maske (DDR)	
2. Egerton Marcus (Kanada)	
3. Chris Sande (Kenia)	
3. Hussain Syed (Pakistan)	

Halbschwergewicht (bis 81 kg)	*02. 10. 1988*
1. Andrew Maynard (USA)	
2. Nurmagomed Schanawasow (UdSSR)	
3. Henryk Petrich (Polen)	
3. Damir Skaro (Jugoslawien)	

Schwergewicht (bis 91 kg)	*01. 10. 1988*
1. Ray Mercer (USA)	
2. Baik Hyun Man (Südkorea)	
3. Andrzej Golota (Polen)	
3. Arnold Vanderlijde (Niederlande)	

Superschwergewicht (über 91 kg)	*02. 10. 1988*
1. Lennox Lewis (Kanada)	
2. Riddick Bowe (USA)	
3. Alexander Miroschnitschenko (UdSSR)	
3. Janusz Zarenkiewicz (Polen)	

Endkampf im Halbschwergewicht, Andrew Maynard gegen Nurmagomed Schanawasow (oben). Der Mann mit dem härtesten Schlag des gesamten Turniers. Lennox Lewis (unten hinten) hatte auch gegen den Amerikaner Riddick Bowe wenig Mühe.

Gewichtheben
Fliegen, Bantam
Feder, Leicht

Der Kraftmensch vom Bosporus: Naim Suleymanoglu hebt nur Weltrekorde

Er sorgte für das erste türkische Olympia-Gold seit 20 Jahren, der Feder-Gewichtler und Bulgarien-Flüchtling Naim Suleymanoglu (oben). Unten: Gold-Bulgare Sewdalin Marinow aus der Klasse der Fliegengewichte verbesserte seinen eigenen Weltrekord. Rechte Seite oben: Leichtgewichte bei der (später wegen Furosemide-Dopings bei Guenchew revidierten) Siegerehrung: Kunz, Guenchew, Militossian. Der Chinese Jinhe Li rückte nach.

Die Kleinen stiegen ganz groß ein: Mit zwei Weltrekorden eröffnete der dreifache bulgarische Weltmeister Sewdalin Marinow den spektakulären Auftritt der Gewichtheber in Seoul. Marinow riß 120 Kilo und steigerte sich im Stoßen gar auf 150 kg, glatte drei Zentner. Der Fliegengewichtler aus Sofia warf damit zugleich den russischen Heber-Bären den Fehdehandschuh vor die stämmigen Beine – ein alter Zweikampf mit neuen Athleten. Der größte Jubel jedoch brandete für Byung-Kwan Chun auf: Er holte mit Silber die erste Medaille der Spiele für die Gastgeber. Dem Weltrekordler He Zhuoqiang blieb nur Bronze. Und die Bulgaren setzten nach, in dem Land am Schwarzen Meer gedeihen besonders viele leichtgewichtige Kraftprotze: Auch in der Bantam-Klasse bis 56 kg Körpergewicht, siegte mit Mitko Grablew zunächst wieder ein Bulgare vor dem Russen Mirzoian und wiederum einem chinesischen Weltrekordler – Yingqiang He. Die Dopingprobe jedoch bescherte Grablew kein Glück: Er hatte ein harntreibendes Mittel eingesetzt, das ihn zwar nicht stärker, aber leichter machte – Disqualifikation.

Auch der dritte Streich – im Federgewicht – hatte einen Schönheitsfehler: Naim Süleymanoglu ist in Bulgarien geboren, fühlte sich als Angehöriger der türkischen Minderheit dort jedoch bedroht und setzte sich ab ins Land seiner Väter. Der Mann, der schon drei Namen hatte, ein türkischer Volksheld ist, für die Spiele teuer freigekauft wurde (die Bulgaren hätten ihn sperren lassen können) – er sorgte für die vielleicht größte Glanzstunde in Seoul überhaupt. Nur 1,52 m mißt Suleymanoglu, scheint mehr breit als hoch, mit günstigen Hebeln ausgestattet – und einem ungeheuren Selbstvertrauen. Schon mit seinem ersten Versuch im Reißen markierte er einen neuen Weltrekord, nie zuvor hatte ein Athlet so ein Risiko gewagt. Aber so ging es, in schier unglaublicher Manier weiter: Jeder Versuch ein Weltrekord. Das lief stets im gleichen Ritus ab: Sofort an die Han-

tel, zweimal die Haare nach oben geblasen, sekundenlang den Mund weit offen, als wollte Naim alle Kraft der Welt in sich saugen, und schon flogen die Lasten hoch. 190 Kilogramm im Stoßen, mehr als das Dreifache seines Körpergewichts und genausoviel wie die Athleten in der nächsthöheren Klasse. Nur einmal wankte der kräftige Zwerg für einen kurzen Moment, schon aber hatte er die gewaltige Last wieder im Griff. Und dann war er wohl endgültig ein reicher Mann.
Auch im Leichtgewicht hatten die Russen das Nachsehen: Favorit und Weltrekordler Israel Militossian traf auf den Bulgaren Angel Guenchew. Der Russe zeigte Nerven und wurde sogar vom DDR-Heber Joachim Kunz überflügelt. Sieger Guenchew steigerte den Zweikampf-Weltrekord auf 362,5 Kilo und schlug darob vor Freude gleich einen Salto rückwärts – Gewichtheber sind höchst bewegliche Leute. Nur: Dem Freudensalto folgte einige Tage später die Ernüchterung – auch Guenchew mußte sich Doping nachweisen lassen. Angel war kein Engel.

Fliegengewicht (bis 52 kg)	*18. 09. 1988*
1. Sewdalin Marinow (BUL)	**WR 270,0**
2. Byung-Kwan Chun (Südkorea)	**260,0**
3. Zhuoqiang He (China)	**257,5**
4. Shoulie Zhang (China)	257,5
5. Jacek Gutowski (Polen)	247,5
6. Traian I. Ciharean (Rumänien)	240,0

Bantamgewicht (bis 56 kg)	*19. 09. 1988*
1. Oxen Mirzoian (UdSSR)	**292,5**
2. Yiangqiang He (China)	**287,5**
3. Shoubin Liu (China)	**267,5**
4. Dirdja Wihardja (Indonesien)	255,0
5. Takashi Ichiba (Japan)	252,5
6. Kwi-Shik Kim (Südkorea)	252,5

Federgewicht (bis 60 kg)	*20. 09. 1988*
1. Naim Suleymanoglu (Türkei)	**WR 342,5**
2. Stefan Topourow (Bulgarien)	**312,5**
3. Huanming Ye (China)	**287,5**
4. Min Joon Ki (Südkorea)	280,0
5. Yosuke Muraki (Japan)	277,5
6. Giannis Sidiropoulos (Griechenland)	265,0

Leichtgewicht (bis 67,5 kg)	*21. 09. 1988*
1. Joachim Kunz (DDR)	**340,0**
2. Israel Militossian (UdSSR)	**337,5**
3. Jinhe Li (China)	**325,0**
4. Marek Seweryn (Polen)	317,5
5. Ergun Batmaz (Türkei)	317,5
6. Minglin Xiao (China)	305,0

Fliegengewicht-Heben

Gemeint sind immer nur diese gewaltigen Menschen, denen man es ohne weiteres zutraut, einen Pkw der Mittelklasse auf ihren Schultern davontragen zu können – gemeint sind bei den Gewichthebern immer nur jene des Schwergewichts. Und im Zusammenhang dazu steht seit Jahren immer das Mißtrauen: Ob er sich vielleicht doch gedopt hat? Ob er etwas schluckte, was ihm die Kräfte eines Riesen verlieh? Der Bulgare Sewdalin Marinow beispielsweise ist Gewichtheber – ein muskulöser junger Mann, recht gut aussehend, aber man würde ihn immer übersehen, wenn er in der Straßenbahn neben einem steht. Marinow ist gut eineinhalb Meter groß und weniger als zweiundfünfzig Kilo schwer – er begann diesen Sport, bei dem man Tonnen Eisen anfassen muß, bevor sich ein meßbarer Erfolg einstellt, vielleicht auch aus dem Grunde, weil einer, der so klein ist, sonst kaum Möglichkeiten besitzt, auf sich irgendwie aufmerkam zu machen.
Fliegengewichtler Marinow aus Bulgarien hob an diesem Abend gleich zwei Weltrekorde – er konzentrierte sich viel länger als die anderen, und als er die Hantel wieder fallen ließ, sah er aus wie einer, der sagen möchte »Schaut her, ich bin's«. Wenn er heimkommt, wird man ihn ehren und es wird keinen mehr geben, der über ihn hinwegschaut. Ein Mann wie ein Baum – ein Bonsai-Baum.
Ulrich Kaiser

Gewichtheben
Mittel
Leichtschwer
Mittelschwer

Leichtes Spiel für die UdSSR – nur ein Bulgare durfte noch siegen

Die Kraftpakete stemmten ihr eigenes Körpergewicht um ein Mehrfaches, so Israil Arsamakow mit insgesamt 377,5 kg (oben links). Der Bulgare Guidikow beherrschte die Klasse bis 75 kg (oben rechts). Bei der Siegerehrung: Guidikow vor Ingo Steinhöfel und Alexander Warbanow (rechts).

Und immer wieder die Bulgaren: Auch im Mittelgewicht bis 75 kg stemmte sich Borislaw Guidikow mit 375 Kilo im Zweikampf (167,5/207,5) auf das höchste Treppchen. Borislaw Guidikow ließ sich weder vom Zuschauer Arnold Schwarzenegger noch von der Disqualifikation seines Landsmannes Mitko Grablew wegen Dopings aus der Ruhe bringen. Der Weltmeister aus Bulgarien verwies den DDR-Heber Ingo Steinhöfel mit 360 kg auf Rang zwei. Schwarzenegger, der ehemalige „Mister Universum" aus Österreich, war bei den Gewichthebern in seinem Element.
Nach den Doping-Skandalen war die sportliche Entscheidung in der 82,5 kg Klasse der Gewichtheber in den Hintergrund gerückt. Ohne die Bulgaren, die von jetzt an auf den gesamten Wettbewerb verzichteten, konnte der UdSSR-Heber Israil Arsamakow am Samstag einsam seine Kreise ziehen. Er gewann Gold mit 377,5 (167,5/210) Kilogramm.
Silber fiel mit 370 kg (170/200) an den Ungarn Istvan Messzi. Von dem Verzicht der Bulgaren und dem Ausfall des Ungarn Laszlo Barsi profitierte der Bronzemedaillen-Gewinner aus Südkorea: Lee Hyung Kun belegte mit 367,5 kg (160/207,5) überraschend den dritten Platz. Nach der Oxen Mirzoian nachträglich zugesprochenen Goldmedaille machte Arsamakow damit den zweiten Olympia-Sieg für die UdSSR-Heber perfekt.
Nach dem Rückzug der Bulgaren hatten die schweren Heber aus der UdSSR überhaupt leichtes Spiel. In der Klasse bis 90 kg Körpergewicht gelang ihnen durch Weltrekordler Anatoli Chrapaty und Nail Muchamediarow sogar ein Doppelsieg. Chrapaty brachte im Zweikampf stolze 412,5 Kilo zur Hochstrecke, während Muchamediarow in der Gesamtleistung mit dem Polen Slawomir Zawada mit 600 kg gleichauf lag. Die fünf Pfund, die er beim Stoßen mehr meisterte, sicherten ihm dann erst Silber.
Der Machtwechsel bei den Hebern war ohnehin programmiert, weil die UdSSR in den höheren Gewichtsklassen traditionell mehr in die Waagschale werfen kann, als der mächtige Konkurrent aus Bulgarien. Aber zum ersten Weltrekord reichte es trotzdem nicht. Chrapaty scheiterte im abschließenden Stoßen zweimal an 237,5 kg. Für Ronald Feldhoffer, den ersten der sieben bundesdeutschen Starter blieb in der Endabrechnung Rang sieben. In der B-Gruppe hatte es der 26jährige EM-Siebte von Cardiff auf 350 kg (150/200) gebracht, womit er seine persönliche Bestleistung im Zweikampf einstellte. Im Stoßen steigerte sich der Elektriker aus Ladenburg um fünf Kilogramm. Die deutschen Rekorde in dieser Klasse sind für Feldhoffer aber noch außer Reichweite.
Rolf Milser, der Olympiasieger von Los Angeles 1984, hält sie nach wie vor mit 167,5/225,5 und 382,5 Kilo im Dreikampf.

Mittelgewicht (bis 75 kg)	*22. 09. 1988*
1. Borislaw Guidikow (Bulgarien)	**375,0**
2. Ingo Steinhöfel (DDR)	**360,0**
3. Alexander Warbanow (Bulgarien)	**357,5**
4. Yanshu Cai (China)	347,5
5. Andrei Socaci (Rumänien)	347,5
6. Waldemar Kosinski (Polen)	332,5
Leichtschwer (bis 82,5 kg)	*24. 09. 1988*
1. Israil Arsamakow (UdSSR)	**377,5**
2. Istvan Messzi (Ungarn)	**370,0**
3. Lee Hyung Kun (Südkorea)	**367,5**
4. David Morgan (Großbritannien)	365,0
5. Krzysztof Siemion (Polen)	357,5
6. Ryoji Isaoka (Japan)	340,0
Mittelschwer (bis 90 kg)	*25. 09. 1988*
1. Anatoli Chrapaty (UdSSR)	**412,5**
2. Nail Muchamediarow (UdSSR)	**400,0**
3. Slawomir Zawada (Polen)	**400,0**
4. Andrzej Piotrowski (Polen)	365,0
5. Attila Buda (Ungarn)	360,0
6. David Mercer (Großbritannien)	357,5
7. Ronald Feldhoffer (BR Deutschland)	350,0

Die Gewichtheberwettbewerbe hatten ihre Dopingskandale. Unbeeindruckt davon blieb der russische Teilnehmer Anatoli Chrapaty, der die Klasse bis 90 kg beherrschte. Das Bild zeigt, welch ungeheure Kräfte beim Heben der Lasten auf die Körper der Athleten einwirken.

Gewichtheben
1. Schwergewicht
2. Schwergewicht
Superschwer

Leichtes Spiel für die schweren Jungs: Nur ein Russe bremst den Bayern-Bomber

Peter Immesberger vom Olympia-Stützpunkt Leimen schrammte in Seoul zunächst haarscharf am größten Erfolg seiner Laufbahn vorbei. Er verpaßte die Bronzemedaille im ersten Schwergewicht nur um 7,5 Kilogramm. Er profitierte allerdings von dem Ausfall zweier Heber und dem Verzicht der Bulgaren und zwei Tage nach dem Wettkampf vom Doping-Befund des Ungarn Szanyi – Bronze für ihn.

Der gemeldete Weltrekordler Alexander Popow (UdSSR) konnte nicht an den Start gehen, weil er auf der Waage deutlich über dem geforderten Limit von 100 kg Körpergewicht lag. Der 25jährige Maik Nill aus Wolfsburg blieb mit 370 kg (167,5/202,5) unter Wert.
Peter Immesberger war auf die Minute fit. Gleich im ersten Versuch egalisierte er seine deutsche Bestmarke im Reißen mit 175 kg. Dann mutete er sich jedoch mit 180 kg zuviel zu und scheiterte zweimal. Auch die 230 Kilo im Stoßen waren noch zuviel.
Ohne die Bulgaren wurde die Gewichtheber-Konkurrenz in Seoul immer mehr zu einer Einbahnstraße für UdSSR-Siege. Weltmeister Pawel Kuznetsow (UdSSR) machte in der Klasse bis 100 kg mit 425 kg (190/235) das vierte Gold für seine Mannschaft perfekt.
Juri Zacharewitsch holte danach die fünfte Goldmedaille für das sowjetische Team und stellte in der wiederum ausverkauften Halle im zweiten Schwergewicht gleich drei Weltrekorde auf. Er verbesserte seine eigenen Bestleistungen, die er erst vor fünf Monaten bei den Europameister-

Starke Lasten bedrücken die Muskeln – die Gewichtheber stemmen ein Vielfaches ihres Körpergewichtes. Pavel Kuznetsow aus der UdSSR schaffte gleich 425 kg in Reißen und Stoßen (oben). Juri Zacharewitsch holte sich Gold in der Klasse bis 110 kg (rechts oben), der bundesdeutsche Heber Immesberger (rechts) erreichte Platz drei.

schaften in Cardiff aufgestellt hatte, im Reißen in zwei Anläufen um 6,5 kg auf 210 kg und im Zweikampf um 2,5 kg auf 455 kg. Den Olympiasieg in Seoul holte sich der Weltmeister mit der Gesamtleistung von 455 kg (210/245).
Die Silbermedaille fiel an den Ungarn Jozsef Jacso mit 427,5 kg (190/237,5). Bronze gewann der übernervöse DDR-Heber Ronny Weller mit 425 (190/235). Der neue DDR-Star hatte sich eigentlich für Seoul mehr vorgenommen. Am Ende mußte er aber sogar noch um Platz drei zittern: Sein Landsmann Michael Schubert brachte die gleiche Leistung, rutschte aber auf den vierten Rang, weil sein Körpergewicht um ein Kilogramm höher lag.
Die beiden Starter des Bundesverbandes Deutscher Gewichtheber hatten in der Klasse bis 110 kg ihre liebe Not mit den Lasten. Frank Seipelt aus Leimen blieb mit 387,5 kg (170/217,5) nur Rang acht. Sein Mannschaftskamerad Eduard Ohlinger (Haßloch) konnte den Wettbewerb in der B-Gruppe nicht beenden. Er verletzte sich bei seinem ersten Versuch im Stoßen an der Leiste. Die Sache verlief aber glimpflich: Nach dem Wettkampf fuhr er mit dem Rennrad zurück ins olympische Dorf. Die schweren Jungs hatten leichtes Spiel und machten trotzdem großen Eindruck. »Wir sind jetzt dran an der Weltspitze«, murmelte Bundestrainer Ewald Spitz nach dem Gewinn der Silbermedaille durch Manfred Nerlinger und der Bronze-Überraschung von Martin Zawieja im Superschwergewicht über 110 kg. Zuletzt hatte Rudolf Mang in München 1972 Silber in der »Königsklasse« der Gewichtheber geholt.
Allein der Mann mit dem Koffer hinderte den »nur« 149,8 kg schweren Nerlinger am totalen Triumph. Alexander Kurlowitsch (UdSSR), 1985 vom kanadischen Zoll mit Anabolika-Präparaten festgehalten und des Landes verwiesen, war für »Fredl« aus Neuaubing noch eine Nummer zu groß. Die Erfolgsstory des 28jährigen Feldwebels der Bundeswehr – Bronze in Los Angeles, Silber in Seoul – soll nun 1992 in Barcelona fortgesetzt werden. »Zum Ende meiner Laufbahn klappt's da vielleicht mit Gold«, sagte der Weltmeister im Stoßen, der sich in Seoul in seiner Parade-Disziplin zweimal vergeblich am Weltrekord von 266 kg versuchte.

1. Schwergewicht (bis 100 kg) *26. 09. 1988*	
1. Pawel Kuznetsow (UdSSR)	**425,0**
2. Nicu Vlad (Rumänien)	**402,5**
3. Peter Immesberger (BR Deutschl.)	**395,0**
4. Janos Bofki (Ungarn)	392,5
5. Francis Tournefier (Frankreich)	385,0
6. Denis Garon (Kanada)	382,5
8. Franz Langthaler (Österreich)	377,5
2. Schwergewicht (bis 110 kg) *27.09.1988*	
1. Juri Zacharewitsch (UdSSR)	**455,0**
2. Jozsef Jacso (Ungarn)	**427,5**
3. Ronny Weller (DDR)	**425,0**
4. Michael Schubert (DDR)	425,0
5. Alexander Popow (UdSSR)	420,0
6. Norberto Oberburger (Italien)	415,0
8. Frank Seipelt (BR Deutschland)	387,5
Superschwer (über 110 kg) *29. 09. 1988*	
1. Alexander Kurlowitsch (UDSSR)	**462,5**
2. Manfred Nerlinger (BRD)	**430,0**
3. Martin Zawieja (BRD)	**415,0**
4. Mario Martinez (USA)	407,5
5. Petr Hudecek (CSSR)	400,0
6. Reda Elbatoly (Ägypten)	392,5

Zwei bundesdeutsche Heber waren bei den schweren Jungs ganz oben mit dabei. Martin Zawieja (oben) und Manfred Nerlinger (links) verblüfften die Fachwelt mit Platz zwei und drei – und freuten sich wie die Kinder.

Radfahren

Ende einer Tradition

Hopp auf der Bahn, Top auf der Straße. Die Situation des deutschen Radsports stellte sich in Seoul recht zwiespältig dar: Auf der Bahn war es fast ein Absturz in die Drittklassigkeit, allein Robert Lechner rettete mit einer Bronzemedaille im 1000-m-Bahnfahren den letzten Rest der verlorenen Ehre. Kein neuer Gregor Braun trat auf den Plan, die großen Hoffnungen, die auf den Berliner Thomas Dürst gesetzt wurden, erfüllten sich nicht annähernd beim Verfolgungsfahren. Im Einer startete Dürst zwar gut, aber schon im Achtelfinale verließ ihn sichtlich die Kondition und er schied aus. Mit einem schwachen Dürst als vermeintlich starkem Mann hatte auch der Vierer nichts zu bestellen. Ende einer großen bundesdeutschen Tradition, noch begründet durch den legendären Trainer Gustav Kilian. Sein Nachfolger Udo Hempel ist dagegen ein Mann ohne Glück, er war schon vor den Rennen mit seiner eigenwilligen Aufstellung in die Schußlinie geraten. Drei Neulinge im Vierer – das konnte kaum gutgehen. So blieb das Team erstmals seit 1960 in Rom ohne olympisches Gold auf der Bahn. Auch Uwe Messerschmidt hatte beim Punktefahren dieses Mal keine Chance.

Profi-Verträge

Schlimmer als den Bahnfahrern konnte es da den Straßenspezialisten kaum noch ergehen, zumal auf sie kaum jemand große Hoffnungen gesetzt hatte. Vielleicht starteten sie deshalb völlig unbelastet und wurden sensationell zu Medaillensammlern. Zuerst die praktisch unbekannte Jutta Niehaus mit Silber bei den Damen, dann gleich ein Trio bei den Männern. Nur Remig Stumpf, der voll für die Mannschaft gefahren war, blieb ohne Edelmetall, Bernd Gröne und Christian Henn dagegen steigerten ihren Wert beträchtlich. Alle bundesdeutschen Straßenfahrer, die in Seoul dabei waren, wollen jetzt Profis werden, einige haben bereits unterschriebene Verträge in der Tasche. Das ist ein Novum im deutschen Radsport und erklärt vielleicht die neue Motivation der Straßenfahrer, die in der olympischen Vergangenheit ansonsten nicht gerade glänzten. Rechnet man den Straßenvierer dazu, blieb dennoch die ostdeutsche Vorherrschaft auf der Straße ebenso erhalten wie auf der Bahn. Ein wenig angekratzt haben die deutschen Fahrer jedoch den russischen Giganten. Das war selten genug in Seoul.

Für den Stuttgarter Radsportler Uwe Messerschmidt lief im Velodrom von Seoul zunächst alles nach Wunsch. Souverän qualifizierte er sich für das Finale des Punktefahrens durch seine taktisch geschickte Fahrt. Im Finale verließ ihn dann sein Geschick.

Von Calgary nach Seoul – Mit trickreichen Stehversuchen

Die Sensation lag schon in der Luft, am Ende aber fehlten fünf Zentimeter: Christa Rothenburg, die Olympiasiegerin von Calgary im 1000 m-Eisschnellauf, verlor erst im Finale hauchdünn gegen die sowjetische Estländerin Erika Saloumiae.

Der Traum von Gold war vorbei, aber ein neues Kapitel Olympiageschichte geschrieben. Als erste Frau holte Christa Luding-Rothenburger, nach Calgary hatte sie ihren Trainer geheiratet, bei Sommer- und Winterspielen eine Medaille. Bisher war der Coup nur zwei Männern gelungen.

Weniger dramatisch gestaltete sich der Sprint der Männer: Nikolai Kowche aus der UdSSR schaltete im Halbfinale Edward Alexander (Großbritannien) 2:0 aus, und Lutz Hesslich (DDR) hatte gegen Gary Neiwand aus Australien ebenfalls keine Mühe.

Auch im Finale demonstrierte Heßlich seine Sonderklasse: Nie zuvor war ein Radsprinter derart überlegen. Unschlagbar im Schlußspurt, aber auch trickreich bei Stehversuchen: Er ließ den Russen passieren und überholte dann locker von hinten. Als der Russe es ihm gleichtun wollte, wackelte und kurz wegsah, war Hesslich auch schon auf und davon.

Taktisches, argwöhnisches Belauern – Erika Saloumiae aus der UDSSR (Bild unten, links) war darin besser als ihre Gegnerin Christa Luding-Rothenburg aus der DDR und gewann damit Gold. Siegerehrung für die Herrensprinter: Lutz Heßlich aus der DDR (links, Mitte), Nikolai Kowche und Gary Neiwand.

Sprint, Damen	*24. 09. 1988*
1. Erika Saloumiae (UdSSR)	
2. Christa Luding-Rothenburg (DDR)	
3. Connie Paraskevin-Young (USA)	
4. Isabelle Gautheron (Frankreich)	
5. Julie Speight (Australien)	
6. Suying Zhou (China)	

Sprint, Herren	*24. 09. 1988*
1. Lutz Heßlich (DDR)	
2. Nikolai Kowche (UdSSR)	
3. Gary Neiwand (Australien)	
4. Edward Alexander (Großbritannien)	
5. Vratislav Sustr (CSSR)	
6. Erik Schoefs (Belgien)	
7. Frank Weber (BR Deutschland)	

1000 m Zeitfahren
Punktefahren

Aufholjagd im Holzoval – Gold trotz Reifendefekt

Ein verwirrendes Spektakel, phasenweise selbst für den Computer, war das Punktefahren (rechts oben). Der Stuttgarter Uwe Messerschmidt lag lange Zeit vorn, doch die vielen Punkte in den Sprints nutzten ihm wenig, Rundengewinne hatten andere und Runden zählen vor Sprintpunkten (rechts unten). Den letzten Startvorbereitungen im 1000-m-Zeitfahren für Robert Lechner (rechte Seite oben) folgte dann das engagierte Rennen, der Brockmühler sprintete auf's Treppchen (rechte Seite unten).

1000 m Zeitfahren	20. 09. 1988
1. Alexandre Kiritschenko (UdSSR)	**1:04,499**
2. Martin Vinnicombe (Australien)	**1:04,784**
3. Robert Lechner (BR Deutschland)	**1:05,114**
4. Kurt Kenneth Ropke (Dänemark)	1:05,168
5. Bernardo Gonzalez (Spanien)	1:05,281
6. Maic Malchow (DDR)	1:05,393
9. Rocco Travella (Schweiz)	1:06,200

Punktefahren	24. 09. 1988
1. Dan Frost (Dänemark)	**38**
2. Leo Peelen (Niederlande)	**26**
3. Marat Ganejew (UdSSR)	**46/1**
4. Robert Burns (Australien)	20/1
5. Juan Esteban Curuchet (Argentinien)	18/1
6. Uwe Messerschmidt (BR Deutschland)	28/2

Nach den ersten Tagen von Seoul wurde in der bundesdeutschen Mannschaft nur noch von der bayerischen Kraft gesprochen: Alle Medaillen des Teams fielen bis dahin an Athleten aus Oberbayern; die bayerische Landesregierung konnte höchst zufrieden Glückwünsche nach Korea kabeln. Besonders fieberte der ehemalige Radrennfahrer wohl mit Robert Lechner aus Rosenheim. Mit seiner Bronzemedaille im 1000 m Zeitfahren hatten selbst Experten kaum gerechnet. Doch voller gesundem Selbstbewußtsein, das vielen bekannteren Athleten im Team fehlte, stürzte sich Lechner in das brutale Rennen gegen die Uhr. Jeder Tritt saß, mußte sitzen, denn in dieser Disziplin gibt es keine Zehntelsekunde zu verschenken. Lechner verbindet eine intensive Haßliebe mit dem gefürchteten Sprint. Etwas langsamer als der Russe Kiritschenko mußte er dann vierzehn Minuten bangen Wartens überstehen, denn die eigentlichen Favoriten starteten nach ihm. Doch Maic Malchow aus der DDR brach überraschend ein, lediglich der Australier Vinnicombe konnte Lechner gerade noch abfangen. Im Interview nach dem Rennen träumte der Rosenheimer Robert bereits wieder von seinem Hobby – dem Motorradfahren. »Da läufts von selber.«

Fast ungläubig nahm er seinen Platz auf dem Siegespodest ein, ließ sich wie in Trance vom internationalen Radsport-Präsidenten Vincente Puig die Bronzemedaille umhängen, um dann im ungewohnten internationalen Interview-Trubel unterzugehen und fast noch die wichtige Doping-Kontrolle zu verpassen.

Wie der Los Angeles-Olympiasieger Fredy Schmidtke, der stets mit größter Abneigung dieses Rennen anging, ist auch für den strahlenden Olympia-Dritten aus Bayern dieser »Kilometer« eine ungeliebte Strecke: »Mit dem vierten

Saison-Rennen habe ich Bronze gewonnen. Ich bin froh, daß es jetzt ein Ende hat und ich nicht noch einmal deswegen in den Sattel muß.« Es muß wie einst bei Schmidtke die gleiche Haßliebe sein, denn er bleibt bei der Stange: »Bei der nächsten Weltmeisterschaft 1989 in Frankreich bin ich wieder dabei.«
An diesem warmen, schwülen Abend war sogar noch mehr drin, denn erst später bekannte der Schmidtke-Nachfolger Alexandre Kiritschenko: »Ich dachte daran aufzugeben, weil ich nach etwa 500 Metern einen Reifendefekt am hinteren Rad bemerkte. Ich bin aber unter ungeheuren Anstrengungen weitergefahren. Daß dennoch diese Zeit herauskam, erstaunt mich.«
Hempel über Lechner, der 1986 aus dem Juniorenlager unter seine Fittiche kam und bei den letzten Weltmeisterschaften Neunter und Siebter wurde: »Alles hat an diesem Abend gestimmt. Ruhig und gelassen hat ›Rolo‹, wie wir ihn nennen, das genau festgelegte 105 Minuten-Programm vor dem Start absolviert und dann das Rennen mental voll im Griff gehabt.«
Das Punktefahren auf der Bahn, 1984 in Los Angeles erstmals im olympischen Radprogramm, wurde wieder zu einem faszinierenden Spektakel mit Spurts, ständigen Führungswechseln und Aufholjagden. Die Hoffnungen des Stuttgarters Uwe Messerschmidt, seine Silbermedaille von 1984 zu vergolden, erfüllten sich auf dem 333,33 langen Holzoval von Seoul nicht.
Messerschmidt war am Ende abgeschlagen, verlor zwei Runden auf den Sieger Dan Frost aus Dänemark. Dahinter folgte ein internationales Völkchen: Silber für den Niederländer Leo Peelen, Bronze an Marat Ganejew aus der UdSSR, dann Robert Burns (Australien) und Juan Esteban Curuchet vor Uwe Messerschmidt. Acht Fahrer im Finale – acht Nationen.

Alexandre Kiritschenko

Spreu und Weizen

Einer kam aus dem Staate Barein mit einem Fahrrad, wie man es in jedem Laden kaufen kann – andere legten zu Beginn los, als wollten sie alle Rekorde dieser Welt pulverisieren, und besaßen am Schluß keine Kraft mehr: Es gibt kaum einen anderen Wettbewerb für die Radfahrer, bei dem Spreu und Weizen so brutal getrennt werden, wie bei diesem Kampf gegen die Uhr über einen Kilometer.
Und trotzdem: Am schlimmsten ist das Warten. Da war dieser Alexandre Kiritschenko aus der Sowjetunion, der endlich nach fast einer Stunde starten durfte und dann gleich zwei Klassen besser war, als alle anderen vor ihm. Kiritschenko stand da und wartete, wartete, wartete. Er starrte auf die Anzeige mit den Zwischenzeiten: Manchmal konnte er sich beruhigt abwenden, wenn sie schlecht waren – ein andermal wartete er gebannt, bis das Ergebnis aufleuchtete.
Zum Beispiel beim deutschen Robert Lechner – er erreichte nicht ganz die Zeit des Russen. Als letzter der australische Weltmeister Martin Vinnicombe: Fünfundsechzig Sekunden gefahren – eine Stunde gewartet: Was war schlimmer?
Ulrich Kaiser

Einzelverfolgung
Bahnvierer
100 km Mannschaft

Vom Seitenwind verweht – UdSSR dominiert auf dem Velodrom

Schnelle Beine hatte in der 4000 m Einzelverfolgung der russische Fahrer Gintautas Umaras. Glatte drei Sekunden war er am Ende schneller als der Zweitplazierte Dean Woods aus Australien, auf dieser Distanz bedeutet das Welten (rechts). Klar, daß Umaras auch im Vierer Gold wollte, mit seinen Teamgefährten. Und das gelang dem rasanten Quartett denn auch. Platz 2 für die DDR, Rang 3 für Australien (unten).

»Die Zeitabstände werden immer kürzer, aber die Plätze immer schlechter.« Maßlos enttäuscht zeigte sich der Dortmunder Bernd Gröne aus dem deutschen Straßenvierer. Um 20 Prozent hatte das Quartett unter Trainer Peter Weibel den Trainingsumfang gesteigert, lag unterwegs kurzfristig auf Rang drei, verlor zum Schluß der 100 km-Distanz aber noch 19 Sekunden und landete nur auf Platz sechs. Das Unglück der Deutschen war nur eine von den hundert Geschichten auf den hundert Kilometern. Lediglich acht Sekunden schneller als die Deutschen war die italienische Squadra, die gleich von 15 Wissenschaftlern betreut worden war. Beide Teams litten unter dem während des Rennens aufkommenden Seitenwind. Davon verschont blieben aber auch die Stars aus Polen und der DDR nicht, die sich an der Spitze einen packenden Zweikampf lieferten. Acht Sekunden entschieden hier für die DDR, die mit einem futuristisch anmutenden Rahmen aus Karbonfaser antrat. Mit im Team Jan Schur, ein 25jähriger Sportstudent aus Leipzig, dessen Vater Gustav-Adolf, genannt »Täve«, Ende der 50er Jahre zweimal Stra-

ßenweltmeister geworden war und 1960 Silber gewonnen hatte. Nach der Estländerin Saloumiae im Sprint war es in der Einer-Verfolgung über 4000 m der Litauer Gintautas Umaras, der Gold für die UdSSR holte. Mit der Superzeit von 4:32,00 Minuten hängte er im Finale den Australier Dean Woods um glatte drei Sekunden ab – deutlicher kann man nicht gewinnen.
Auch mit dem Vierer setzte es für die Bundesrepublik ein Debakel. Jahrzehntelang waren die Verfolgungsrennen eine Domäne in Schwarzrotgold gewesen, der legendäre Gustav Kilian, ein Trainer noch des alten Schlages à la Karl Adam oder Emil Beck, hatte immer wieder ein superschnelles Quartett geformt und gestählt. Diese Erblast erdrückte Nachfolger Udo Hempel, sein Team ging im Velodrom von Seoul sang- und klanglos unter. Wieder Thomas Dürst als Zugpferd, dazu Matthias Lange, Uwe Nepp und Michael Rich, sie blieben bereits in der Qualifikation hängen.
Eine Medaille war allerdings von vornherein außer Reichweite. Auf der schnellen Holzpiste des Velodroms unterboten gleich vier Teams den bisherigen Weltrekord.

Einzelverfolgung	*22. 09. 1988*
1. Gintautas Umaras (UdSSR)	**4:32,00**
2. Dean Woods (Australien)	**4:35,00**
3. Bernd Dittert (DDR)	**4:34,17**
4. Colin Sturgess (Großbritannien)	4:34,90
5. Ryszard Dawidowicz (Polen)	4:39,44
6. Peter Clausen (Dänemark)	4:42,62

Bahnvierer	*24. 09. 1988*
1. UdSSR (Watscheslaw Jekimow/Arturas Kasputis/ Dimitri Nebuline/Giontautas Umaras)	
2. DDR (Steffen Blochwitz/Roland Hennig/ Dirk Meier/Carsten Wolf)	
3. Australien (Brett Dutton/Wayne McCarney/ Stephen McGlede/Dean Woods)	
4. Frankreich	

100 km Mannschaft	*18. 09. 1988*
1. DDR (Uwe Ampler/Mario Kummer/ Maik Landsmann/Jan Schur)	**1:57:47,7**
2. Polen (Joachim Hallupczok/Zenon Jaskula/ Marek Lesniewski/Andrzej Sypytkowski)	**1:57:54,2**
3. Schweden (Björn Johansson/Jan Karlsson/ Michel Lafis/Anders Jarl)	**1:59:47,3**
4. Frankreich	1:59:49,8
5. Italien	1:59:58,3
6. BR Deutschland (Ernst Christl/Bernd Gröne/ Raimund Lehnert/Remig Stumpf)	2:00:06,3

Kürzere Zeitabstände, aber schlechtere Plazierungen bilanzierte der bundesdeutsche Straßenvierer nach dem etwas enttäuschenden Abschneiden. Jubeln konnte dagegen das Team der DDR – der fröhlichen Siegerehrung ging eine konzentrierte Fahrt voraus (Bilder links).

Straßenrennen
Damen/Herren

Silber für Jutta Niehaus: Deutsches »Frollein« verblüfft die Radsport-Szene

Es gibt es also doch noch, das deutsche »Fräulein-Wunder« im Radsport, das die Weltmeisterin von Prag, Ute Enzenauer, 1981 begründete und Sandra Schumacher vor vier Jahren in Los Angeles mit Bronze bestätigte. Sensationell gewann die zierliche 23jährige Elektro–Gehilfin Jutta Niehaus die Silbermedaille hinter der niederländischen Schullehrerin und ehemaligen Eisschnelläuferin Monique Knol. Zeitgleich schossen sie nach fünf Runden durchs Ziel, genau 100 Zentimeter und das kleine Stückchen Glück fehlten Jutta zum Gewinn des ganz großen Edelmetalls.
»Ich kann es nicht fassen«, strahlte die jungenhafte Bochholterin und griff immer wieder zur Medaille. Fast entschuldigend und voller Dank für die Hilfe blickte sie bei der Siegerehrung auf die Hannoveranerin Ines Varenkamp, sie nämlich wurde zwölfte in ihrem letzten großen Wettkampf vor der Hildesheimerin Viola Paulitz und war für Jutta gefahren. Bundestrainer Klaus Jördens lobte alle drei: »Eine tolle Mannschaftsleistung.« Und das Silbermädchen mit der burschikosen Art: »Schon nach der vierten Runde erkannte ich, daß das Rennen auf diesem Kurs, den ich nur vom Training her kannte, für mich als Sprinterin gut laufen könnte.« Ein Blick zurück: Noch vor zehn Jahren war der Radrennsport für die Frauen in der Bundesrepublik kaum existent, nur ein kleines Häuflein Unentwegter

war dabei. Die Ignoranz gegenüber dieser Sportart verschwand erst, als Beate Habetz 1978 in ihrer Heimatstadt in Köln-Brauweiler Weltmeisterin wurde.
Noch besser in Seoul waren die Herren, der Dortmunder Bernd Gröne und der Stuttgarter Christian Henn, die Silber und Bronze auf dem Straßenrundkurs holten. Gröne war erst auf der Zielgeraden im Spurt dem 28jährigen Olaf Ludwig aus der DDR unterlegen, gab sich aber fair: »Der Bessere sollte gewinnen, das war an diesem Tag der Olaf.« Christian Henn auf Rang drei, das bedeutete den größten Erfolg im Straßenradsport für die Bundesrepublik bisher. Der Vater des Triumphes, Bundestrainer Peter Weibel: »Ich habe weggesehen, das konnte ich nicht ertragen. Ich bin in dieser Phase um Jahre gealtert. Das ist für mich der schönste Tag seit meiner Hochzeit.« Gröne (»Ich bin kein Zauderer und habe die Initiative ergriffen, aber die ganze positive Entwicklung der letzten Jahre ist ein Verdienst von Peter Weibel«) und auch Christian Henn werden dem Amateurradsport, das stand schon vor Seoul fest, verloren gehen. Sie wechseln ins Profi-Lager und haben sich für ihren künftigen Start dort an jenem koreanischen Wundertag von Seoul die passende Grundlage geschaffen.

Ein farbenprächtiges Spektakel boten die Radfahrer in den Disziplinen auf der Straße kurz nach dem Start. Die Sicherung von guten Ausgangspositionen war wichtiger als schnelle Durchgangszeiten (linke Seite). Siegerehrung: Christian Henn, Olaf Ludwig, Bernd Gröne. Eine Holländerin setzte bei den Damen die Tradition radsportlicher Erfolge fort; völlig überraschend: Jutta Niehaus aus der Bundesrepublik, die direkt hinter Monique Knol das Ziel durchfuhr und dabei noch die Russin Laima Zilporite hinter sich ließ (links unten). Die Zieleinfahrt nach rund 82 Kilometern war denkbar knapp, das Hauptfeld hatte keine ausreißen lassen (links).

Straßenrennen, Damen	*25. 09. 1988*
1. Monique Knol (Niederlande)	**2:00:52**
2. Jutta Niehaus (BR Deutschland)	
3. Laima Zilporite (UdSSR)	
4. Geneviève Brunet (Kanada)	
5. Valentina Jewpak (UdSSR)	
12. Ines Varenkamp (BR Deutschland)	
18. Edith Schönenberger (Schweiz)	

Straßenrennen, Herren	*26. 09. 1988*
1. Olaf Ludwig (DDR)	**4:32:22**
2. Bernd Gröne (BR Deutschland)	**4:32:25**
3. Christian Henn (BR Deutschl.)	**4:32:46**
4. Robert Mionske (USA)	4:32:46
5. Djamolidin Abdujaparow (UdSSR)	4:32:46
6. Edward Salas (Australien)	4:32:46
14. Remig Stumpf (BR Deutschland)	4:32:56
26. Marcel Stäuble (Schweiz)	–

Turnen

Kräftevergleich

Die Turn-Welt ist wieder in Ordnung. Vier Jahre nach den boykottgeschädigten Spielen von Seoul brachte der erste reguläre olympische Kräftevergleich mit Montreal 1976 wieder alles ins Lot. Bei den Männern holten die UdSSR-Atlethen fast erwartungsgemäß acht Goldmedaillen bei acht Möglichkeiten. Nur zweimal mußten sie andere Turner mit aufs oberste Treppchen lassen, sonst wäre der Erfolg makellos gewesen. Dem Erfolg in der Mannschaft und dem Einzeltriumph im Zwölfkampf durch »König Artemow« folgten Siege an allen Geräten. Bei den Frauen (besser: Mädchen) wehrten Daniela Silivas und ihre rumänischen Kolleginnen die UdSSR nach Medaillen gerade noch einmal ab: Dreimal Gold und Silber, zweimal Bronze standen gegen 3–2–2 bei den Russinnen. Eine echte Königin fand sich jedoch nicht, die 18jährige Silivas konnte die ein Jahr ältere Elena Schuschunowa noch nicht ablösen. Schuschunowa zählte mit ihrer äußeren Erscheinung zu den wohltuenden Kapiteln der Turn-Tage von Seoul. Eine Frau konterte gegen die Turnflöhe – nicht zum Schaden dieser in ihren extremen Anforderungen und Ansprüchen zu Recht umstrittenen Sportart.

Daniela war mit sechs Medaillen zwar die erfolgreichste des achttägigen Turn-Spektakels vor insgesamt 110 000 Zuschauern, aber zum Publikumsliebling wie 1972 Olga Korbut (UdSSR) oder 1976 die Rumänin Nadia Comaneci avancierte sie trotz Höchstleistungen und sieben »Zehnern« nicht. Diese Prädikat heimste der Südkoreaner Park Jong Hoon ein, der sich mit zwei Pferdsprüngen in die Weltelite katapultierte und mit Bronze die erste Turn-Medaille für sein Land gewann.

Atemberaubend

Auch wenn der 17fache Welt- und Europameister Dimitri Bilosertschew (UdSSR) außer mit der Riege nur noch am Seitpferd und an den Ringen gewann, zählte er wie auch die lange Zeit am Knie verletzte rumänische Weltmeisterin Aurelia Dobre (Zweite mit der Mannschaft) eigentlich zu den Verlierern.

Mit 39 Maximalnoten insgesamt (23 bei den Männern, 16 bei den Frauen) blieb Seoul dennoch deutlich hinter der Zehner-Inflation von Los Angeles zurück. Dennoch: Nach den gezeigten, oft atemberaubenden Leistungen in Korea, wird die Punktwertung im Turnen wohl bald überdacht werden müssen.

Die Aktiven aus der Bundesrepublik enttäuschten auch beim Turnen, nicht einer erreichte die Finals, nicht einer in Medaillen-Nähe. Der Trainer wurde noch in Seoul abgesetzt.

Ein Blick in das weite Rund der Turn-Halle. Vor stets zahlenmäßig starker Kulisse und fachkundigem Publikum gab es auch bei diesen Olympischen Spielen ausgezeichnete Wettkämpfe.

Die Turn-Perfektionisten: UdSSR-Riege ohne echte Konkurrenz

In manchen Sportarten mußten sie zurückstecken, im Turnen jedoch dominierten die russischen Männer wie nie zuvor. Von der ersten Pflichtwertung an war im Mannschafts-Zwölfkampf klar, daß sich Bilosertschew, Artemow und Co. von der Konkurrenz nichts vormachen lassen wollten. Die hoch eingeschätzten Chinesen mit ihrem Star Li Ning enttäuschten dagegen und konnten nie an der Spitze mitmischen. In der Mannschaftskür zogen die Turn–Perfektionisten aus der UdSSR dann endgültig auf und davon, selbst ein böse aussehender Absturz von Dimitri Bilosertschew am Reck spielte da keine Rolle mehr. Fast sensationell dagegen war das Auftrumpfen der DDR-Riege: Gleichmäßig stark an allen Geräten marschierten sie souverän zu Silber. Erbittert gekämpft wurde lediglich um Bronze: Überraschend lagen nach der Pflicht die Bulgaren auf Rang drei, in der Kür dann wechselten sie die Position ständig mit den Chinesen und der einstigen Turn-Großmacht Japan. Am Ende gab es Tränen, als das junge, völlig neu besetzte japanische Team hauchdünn den Dreikampf für sich entschied. Zwei andere Teams dagegen stürzten so tief, daß es nicht mal mehr zum Weinen war: Die USA landeten sogar noch hinter den deutschen Turnern, die in Seoul von allen guten Geistern verlassen schienen.

Zwölfkampf, Mannschaft	*20. 09. 1988*
1. UdSSR (Nuwikow/Gogoladze/Bilosertschew/Ljukin/Artemow/Charkow)	**593,35**
2. DDR (Hoffmann/Wecker/Tippelt/Büchner/Behrendt/Kroll)	**588,45**
3. Japan (Yamada/Konishi/Sato/Nishikawa/Mizushima/Iketane)	**586,60**
4. China	585,25
5. Bulgarien	585,10
6. Ungarn	582,30

Walerie Ljukin war großer Rückhalt seiner Mannschaft. Die UDSSR holte sich souverän das Turngold im Mannschafts-Zwölfkampf. Gelöste Freude auch bei den erfolgsgewohnten sowjetischen Athleten auf dem Siegertreppchen.

Kunstturnen
Zwölfkampf
Einzelwertung

Der russische Hattrick – und die Macht des Kollektivs

Rechts: Er war der Beste eines grandiosen Trios: Wladimir Artemow, Sieger im Zwölfkampf der Kunstturner. Was er am Turnen mag? »Harmonie der Bewegung, Virtuosität.« Rechte Seite unten: Der Mehrkampf-Europameister Waleri Ljukin an den Ringen. Er turnte leicht und spielerisch, hatte aber das Gerät stets im Griff. Unten: Bilosertschew gilt als der Wunderknabe der UdSSR-Turner.

Nach dem grandiosen Auftritt der UdSSR-Mannschaft war klar, daß auch die Favoriten für die Auseinandersetzung um die Turnkrone vor allem aus ihrem Team kommen würden. Daß sie jedoch gleich alle Plätze auf dem Treppchen für sich beanspruchen würden, schockte die Konkurrenz denn doch nachhaltig. Drei Russen vorn im Zwölfkampf: Wladimir Artemow vor Walerie Ljukin und Dimitri Bilosertschew hieß die Reihenfolge. Ein solcher »Hattrick« war in der olympischen Geschichte bisher nur den Japanern Kato, Kenmotsu und Nakayama 1972 in München geglückt. Artemow, vor Seoul zweimal Mannschafts- und zweimal Geräte-Weltmeister, erreichte mit vier Tagesnoten auch das Ziel seiner Träume: Einmal bester Turner der Welt zu sein. Mit 119,125 von 120 möglichen Punkten stellte er zudem einen inoffiziellen Weltrekord auf.

Artemow profitierte freilich vom ewigen Pech des Unglücksknaben Bilosertschew, der bei der Mannschafts-Kür am Reck daneben gegriffen hatte und auf die Stange

gefallen war. Diesen Punkteverlust konnte er auch mit drei Zehnern im Einzel nicht mehr wettmachen. Dennoch war sein Auftritt in Seoul eine wahre Sensation: 1985 hatte »Bilo« einen Autounfall (im betrunkenen Zustand), sein linkes Bein war 42 mal gebrochen, die Karriere schien beendet. Der gerühmte Wunderknabe, mit 16 Jahren jüngster Turn-Weltmeister der Geschichte, gab jedoch nicht auf, kämpfte sich durch Höhen und Tiefen wieder nach oben.
UdSSR-Trainer Arkajew erzählte den sprachlosen Journalisten dann eine alte Story, die längst abgehakt schien: Die Kraft des Kollektivs sei das einzige Geheimnis der russischen Turner. Der unglückliche Dimitri Bilosertschew jedoch murmelte etwas von einer Revanche an den Geräten. Im Kollektiv scheint auch noch die Kraft der Konkurrenz zu wirken. Die anderen 33 Turner hatten bei dieser innersowjetischen Meisterschaft nie den Hauch einer Chance. Sven Tippelt aus der DDR wurde ein stolzer Vierter vor den so hoch eingeschätzten Chinesen, Japanern und Bulgaren.
Was die Turner insgesamt jedoch boten, das war eher ein zirzenzisches Spektakel: Das Bodenturnen etwa erinnert mit seinen Salti vor- und rückwärts, oft gegen jeglichen gewöhnlichen Bewegungsrhythmus gesprungen, eher schon an einen Film mit Zeitraffer – der Laie staunt und der Fachmann wundert sich. In welche Höhen kann diese Entwicklung wohl noch führen? Keiner der bundesdeutschen Turner erreichte die Gerätefinals – was blieb, war die wehmütige Erinnerung an einen Eberhard Gienger.

Zwölfkampf, Einzelwertung	*22.09.1988*
1. Wladimir Artemow (UdSSR)	**119,125**
2. Waleri Ljukin (UdSSR)	**119,025**
3. Dim. Bilosertschew (UdSSR)	**118,975**
4. Sven Tippelt (DDR)	118,000
5. Marius Gherman (Rumänien)	117,825
6. Kalofer Hristozow (Bulgarien)	117,750
6. Chongsheng Wang (China)	117,750
31. Sepp Zellweger (Schweiz)	115,450

Deutsche Turner-Mannschaft

Goethe-Zitat

Im sogenannten deutschen Haus, wo sich Städte und Firmen präsentieren, bestand die Möglichkeit, die zu Hause ausgestrahlten Fernsehsendungen anzuschauen. Da stand ein Mann vor einem Bildschirm und erlebte, wie man ihn demontierte. Er hörte zu, wie ein Turner nicht genügend motiviert worden sei und wie ein Funktionär ihm ungenügende Vorbereitungen vorwarf. Der Mann nahm das alles ohne eine Reaktion hin – er stand und hörte und guckte.
Als die Interviews vorbei waren, ging er in den Raum, den sich die Stadt Frankfurt dort eingerichtet hatte, die im Jahre 2004 so gerne die Olympischen Spiele haben möchte – er ging an dem Goethe-Sofa vorbei, über das man den Scherenschnitt des Geheimrates an die Wand gehängt hatte – er schritt an die kleine Theke, die dort aufgebaut war: Nein, er wolle nichts trinken, oder doch – man schob ihm ein Glas hin. Vielleicht hatte er tatsächlich Fehler gemacht – vielleicht war er nicht streng genug gewesen – vielleicht hatte er die falschen Turner ausgesucht. Er erfuhr davon, gefeuert zu sein, aus einer Fernsehsendung – nicht im Gespräch mit jenen, die seine Vorgesetzten sind – ein sonderbarer Stil. Der Mann nippte an seinem Glas und murmelte etwas vor sich hin. Es klang nicht wie ein Zitat des Geheimrats Goethe.
Ulrich Kaiser

Drei Goldmedaillen in einer Disziplin – oder die Wertungsnöte der Punktrichter

Oben: Kraftvoll schwingt sich Holger Behrendt aus der DDR von den Ringen ab, der Lohn für das Höchstmaß an Einsatz war die Goldmedaille. Den Siegesruhm teilte er sich mit Dimitri Bilosertschew. König der Turnwettkämpfe aber war Wladimir Artemow, hier in seiner Pflicht am Seitpferd (rechts).

Revanche war angesagt: Dimitri Bilosertschew wollte beweisen, daß allein er der beste Turner der Welt ist. Der Stachel der Mehrkampf-Niederlage saß tief. Am Ende jedoch war »Bilo« nicht zufrieden, obgleich er zwei Goldmedaillen gewonnen hatte, denn er mußte beide teilen; so eng lag die Konkurrenz wohl noch nie zusammen.

Am Seitpferd schwangen sich gleich drei Leute zur Goldmedaille. Alle traten mit 9,95 als Vornote an und alle kassierten eine glatte Zehn bei ihrer Kür. Interessant waren da nur noch die stilistischen Unterschiede, denn sie kamen aus recht verschiedenen Turnschulen: Dimitri, das russische Bewegungsgenie, Lubomir Gueraskow aus Bulgarien und natürlich an diesem Gerät ein Ungar – Zsolt Borkai: Am Seitpferd hatten die Magyaren eine große Tradition zu verteidigen. Und Zsolt Borkai tat dies mit Bravour und Eleganz.

Zweimal Gold auch an den Ringen: Hier war Bilosertschew mit der höchsten Vornote von 9,975 Punkten in seine Kür gegangen und schien unschlagbar. Dann jedoch nur eine 9,95. Das war die Chance für Holger Behrendt aus der DDR, der auch in diese schwierigste und kraftraubende Turn-Disziplin neuen Schwung brachte, ungewöhnliche Elemente kreierte und die unerwartet starke DDR-Leistung mit einer Goldmedaille krönte. Mit dem dritten Platz von Sven Tippelt (DDR) dominierten die DDR-Turner diese Disziplin sogar.

Spektakulärer Höhepunkt wurde wieder einmal das Bodenturnen: In dieser Disziplin haben die 80er Jahre eine Revolution nach der anderen gebracht, der Doppelsalto etwa, der anfangs noch schieres Erstaunen auslöste, gehört heute praktisch zum Pflichtprogramm jedes Spitzenturners. Und so ist hier noch Luft nach oben, keiner der Medaillengewinner brachte es in der Kür auf eine Zehn. Gold ging an Sergej Charkow (UdSSR), der ansonsten nur noch das Finale im Pferdsprung erreichte.

Auch die russischen Turner sind keine Roboter, sondern haben ihre Stärken und ihre Schwächen. Am Boden blieb Zwölfkampf-Sieger Wladimir Artemow nur knapp hinter Charkow, dem Mann mit der schönsten Grätsche unter den Turnern.

Apropos Schwächen: Auch an den Einzelgeräten konnten sich die Chinesen keineswegs rehabilitieren. Yun Lou teilte sich am Boden Bronze mit dem Japaner Yukio Iketani, Li Ning jedoch wurde wieder nur Fünfter. Der »Barfußkünstler« blieb ohne jede Medaille in Seoul, er war der größte Verlierer der Turnwettkämpfe. Der fröhliche Chinese ließ sich das Lächeln darob dennoch nicht verdrießen – er freute sich über jede gelungene Aktion bei sich selbst und noch mehr bei seinen Mannschaftskollegen. Von krankhaftem Ehrgeiz ist dieser Li Ning gewiß nicht beseelt.

Die Benotungen in den Kunstturnwettkämpfen lassen feine Unterschiede zu, doch beim Seitpferd-Trio waren den Kampfrichtern die Leistungen der Sieger nicht mehr unterscheidbar. Kleinste Patzer, für den Laien mit bloßem Auge kaum mehr zu erkennen, verhinderten zwar die Höchstwertungen, doch 19,950 hatten die drei, die sich das Treppchen teilten alle. Seltenheit: Dreimal Gold, kein Silber, keine Bronze. Das Trio bildeten Lubomir Gueraskow (Bulgarien), Zsolt Borkai (Ungarn), Bilosertschew (von links).

Boden	*24. 09. 1988*
1. Sergej Charkow (UdSSR)	**19,925**
2. Wladimir Artemow (UdSSR)	**19,900**
3. Yun Lou (China)	**19,850**
3. Yukio Iketani (Japan)	**19,850**
5. Li Ning (China)	19,800
6. Boris Preti (Italien)	19,775
Seitpferd	*24. 09. 1988*
1. Lubomir Gueraskow (Bulgarien)	**19,950**
1. Zsolt Borkai (Ungarn)	**19,950**
1. Dimitri Bilosertschew (UdSSR)	**19,950**
4. Koichi Mizushima (Japan)	19,900
5. Waleri Ljukin (UdSSR)	19,875
6. Daisuke Nishikawa (Japan)	19,850
Ringe	*24. 09. 1988*
1. Holger Behrendt (DDR)	**19,925**
1. Dimitri Bilosertschew (UdSSR)	**19,925**
3. Sven Tippelt (DDR)	**19,875**
4. Kalofer Hristozow (Bulgarien)	19,825
4. Waleri Ljukin (UdSSR)	19,825
6. Yun Lou (China)	19,800
6. Juri Chechi (Italien)	19,800

Herren
Gerätefinale
Pferdsprung
Barren/Reck

Südkoreas erste Turnmedaille – Die schönen Luftsprünge des Yun Lou

Die größte Überraschung im Gerätefinale der Turner brachte der Pferdsprung. Schon immer war dieses Gerät gut für Außenseiter. Mit großer Sprungkraft und guten Nerven ist hier in Sekundenschnelle eher was zu holen als bei den längeren Kür-Disziplinen. Die schönsten Luftsprünge in Seoul zeigte der Chinese Yun Lou, der damit das einzige Gold für sein Team gewann – eine magere Ausbeute. Kaum schwächer wirbelte Sylvio Kroll aus der DDR durch die Hallenhöhen und holte Silber. Weder einer dieser beiden, noch einer der russischen Stars wurde jedoch zum Helden des Gerätefinals von Seoul, sondern so wie im Ringen, im Judo oder im Gewichtheben ein Südkoreaner. Lokalmatador Park Jong Hoon, 23 Jahre alt und aus Seoul, katapultierte sich mit seinen zwei Pferdsprüngen in die Weltelite hinein und sicherte unter dem ohrenbetäubenden Jubel seiner 15000 Landsleute die allererste Turn-Medaille für Südkorea überhaupt.

Es war ein großer Tag für das südkoreanische Turnen, das, kam es bei internationalen Wettkämpfen zum direkten Vergleich, immer im Schatten der Nordkoreaner gestanden hatte. Student Park, bei 1,66 Meter nur 61 Kilogramm schwer, war bei Fachleuten kein

Pferdsprung	*24. 09. 1988*
1. Yun Lou (China)	**19,875**
2. Sylvio Kroll (DDR)	**19,862**
3. Park Jong Hoon (Südkorea)	**19,775**
4. Dian Kolew (Bulgarien)	19,737
5. Holger Behrendt (DDR)	19,650
6. Sergei Charkow (UdSSR)	19,600

Barren	*24. 09. 1988*
1. Wladimir Artemow (UdSSR)	**19,925**
2. Waleri Ljukin (UdSSR)	**19,900**
3. Sven Tippelt (DDR)	**19,750**
4. Kalofer Hristozow (Bulgarien)	19,725
5. Marius Gherman (Rumänien)	19,700
6. Curtis Hibbert (Kanada)	19,675

Reck	*24. 09. 1988*
1. Wladimir Artemow (UdSSR)	**19,900**
1. Waleri Ljukin (UdSSR)	**19,900**
3. Holger Behrendt (DDR)	**19,800**
3. Marius Gherman (Rumänien)	**19,800**
5. Chongsheng Wang (China)	19,775
6. Zhiqiang Xu (China)	19,700

Unbekannter: 1985 bei der Universiade wurde er Sechster beim Sprung, 1986 erreichte er bei den Asien-Spielen den siebten Platz beim Mehrkampf.
Wladimir Artemow und Waleri Ljukin ließen sich vom Lärm in der Halle jedoch nicht beeindrucken und sie hatten auch was gutzumachen. Nachdem sie den Zwölfkampf dominiert hatten, setzten sie sich am Barren und am Reck, den technisch schwierigsten Disziplinen, groß in Szene. Am Barren siegte Artemow knapp vor dem braveren Ljukin, der stets stilistisch sauber turnte, aber das spektakuläre Risiko scheute. Am Reck lieferten sich die beiden ein totes Rennen: Wieder aber war Artemow in der Kür stärker, während Ljukin von seiner höheren Vornote profitierte. Die DDR erturnte zwei Bronze-Plätze.

Wladimir Artemow am Barren (linke Seite), teilte sich den Sieg mit seinem Kameraden Waleri Ljukin. Für Holger Behrendt aus der DDR gab es am Reck Bronze (oben). Die Sieger im Pferdsprung: Der Chinese Lou vor Sylvio Kroll und dem umjubelten Koreaner Park Jong Hoon.

Damen
Achtkampf
Einzel
Mannschaft

Das hochdramatische Finale – Ovationen für unglaubliche Leistungen

Die sowjetischen Turnerinnen wollten ihren männlichen Kollegen in Seoul nicht nachstehen und eroberten sich nach der überraschenden Niederlage bei der Weltmeisterschaft wieder ihre Vormachtstellung zurück. Ihr ewiges Duell gegen Rumänien prägte auch diesmal den olympischen Wettkampf. Trotz einer Daniela Silivas, die gleich sechsmal die Traumnote zehn auf ihr Konto verbuchte und das Erbe der unvergessenen Nadia Comaneci antrat, waren die Rumäninnen diesmal nicht ausgeglichen genug besetzt. Dritte wurden die DDR-Frauen nach einem spannenden Duell gegen die USA.

Vor 12 500 begeisterten Zuschauern konnte auch das Ausscheiden von Olga Strajewa die Sowjets nicht stoppen. Sie war so unglücklich auf die Kante des Schwebebalkens gestürzt, daß sie vor der Boden-Kür aufgeben mußte.

Auch in der Einzelwertung reichte es für Daniela Silivas nicht zum erwarteten großen Sieg. Die 19jährige »Turn-Oma« Elena Schuschunowa zeigte es ihren 35 jüngeren Konkurrentinnen noch einmal: Auf den Tag genau in Höchstform und in der entscheidenden Sekunde eiskalt, sammelte sie die meisten Punkte. 15 000 Zuschauer diesmal zollten den Turnflöhen, die mit schier unglaublichen Leistungen aufwarteten, nach dem hochdramatischen Finale minutenlang Beifall.

Spannung und Dramatik in der 130-Minuten-Schau: Vor dem entscheidenden Kür-Vierkampf führt Elena Schuschunowa mit 0,050 Punkten vor der ein Jahr jüngeren Daniela Silivas, die dreimal Einzel-Welt- und viermal Europameisterin war. Der Barren, an dem Elenas Landsmännin Maria Simionescu als Oberkampfrichterin agiert: Eine »10« für Silivas, 9,90 für Schuschunowa – 5/200 Vorsprung für die Rumänin. Der »Zitter«-Balken: Elena legt 9,925 vor, Daniela zeigt einen Wackler mehr und bekommt 9,90 – nur noch 25/1000 Vorsprung für die Jüngere. Boden: Für beide Weltklasseturnerinnen zieht die Jury die Maximalnote.

Die Entscheidung fällt beim abschließenden Pferdsprung, zu

Achtkampf, Einzelwertung	23. 09. 1988
1. Elena Schuschunowa (UdSSR)	**79,662**
2. Daniela Silivas (Rumänien)	**79,637**
3. Swetlana Boginskaja (UdSSR)	**79,400**
4. Gabriela Potorac (Rumänien)	79,037
5. Natalia Lachtschenowa (UdSSR)	78,875
6. Aurelia Dobre (Rumänien)	78,812

Achtkampf, Mannschaftswertung	21. 09. 1988
1. UdSSR (Baitowa/Schewtschenko/Strajewa/Lachtschenowa/Boginskaja/Schuschunowa)	**395,475**
2. Rumänien (Voinea/Golea/Popa/Potorac/Dobre/Silivas)	**394,125**
3. DDR (Jentsch/Schieferdecker/Fähnrich/Klotz/Kersten/Thümmler)	**390,875**
4. USA	390,575
5. Bulgarien	390,550
6. China	388,400

Zweimal eine Schuschunowa in Höchstform, einmal auf dem Schwebebalken (linke Seite), einmal bei ihrer akrobatischen Bodenübung (links). Unten: Magnesia-Fassen vor dem Einsatz. Ganz unten das UdSSR-Team.

dem Daniela als erste, Elena dagegen als letzte antreten muß. Eine weitere »10« würde der Rumänin den Olympiasieg bringen, eine 9,975 möglicherweise einen geteilten, weil jeder von der Leningrader Sprung-Weltmeisterin die Höchstnote erwartet. Doch die Nerven spielen der sympathischen Daniela Silivas einen Streich. Der Yurtschenko mit ganzer Schraube mißglückt, bringt nur 9,50 ein. 18 Minuten warten auf der Bank, zittern, hoffen.
Dann läuft Elena an und reißt nach dem Yurtschenko in den perfekten Stand die Arme hoch. »10« – das bedeutet den Olympiasieg für die Turn-Seniorin mit dem eisgekühlten Charme. Nach 12jähriger Laufbahn fehlte diese Einzel-Goldmedaille noch in ihrer Sammlung. Die 1,47 Meter große und 19 Jahre alte Pädagogikstudentin aus Leningrad stellte mit den 79,662 Punkten auch einen neuen Punkte-Weltrekord auf.

Damen, Gerätefinale
Boden/Sprung
Schwebebalken
Barren

Den Gesetzen der Schwerkraft entrückt: Daniela Silivas, Rumänien

Fast wäre sie vorzeitig zur Turnkönigin von Seoul ausgerufen worden, nach ihrem Sieg im Achtkampf: doch Elena Schuschunowa nützte ihre Routine an den Geräten nichts mehr, sie mußte sich mit einmal Silber und einmal Bronze begnügen. Jetzt kam die Stunde von Daniela Silivas, ihr gelang eine eindrucksvolle Revanche. Die Tochter eines Bukarester Chauffeurs, nur 1,40 m groß und 32 Kilo leicht, durfte jetzt für sich allein turnen, das rumänische Prestige belastete sie offenkundig nicht mehr. Und so entrückte Turnfloh Daniela endgültig den Gesetzen der Schwerkraft, wirbelte derart in der Luft umher, daß es Publikum und Konkurrenz wohl gleichermaßen schwindelte. Am Ende standen drei Goldmedaillen, nur beim Sprung war ihr Swetlana Boginskaja, die damit wenigstens ein Gold für die UdSSR rettete, überlegen. Und dank der besseren Vornote gewann Danielas Mannschaftskollegin Gabriela Potorac Silber im Sprung.

Anmut und Ausdrucksstärke sind für die Bodenübungen ebenso wichtig, wie höchste akrobatische Leistungen. Swetlana Boginskaja gehört zu den Besten. Daniela Silivas war die überragende Einzelturnerin, am Barren erreichte sie die Höchstbenotung, zweimal die »10«

Boden	*25. 09. 1988*
1. Daniela Silivas (Rumänien)	**19,937**
2. Swetlana Boginskaja (UdSSR)	**19,887**
3. Diana Dudewa (Bulgarien)	**19,850**
4. Deliana Wodenitscharowa (Bulgarien)	19,837
5. Beata Storczer (Ungarn)	19,675
6. Phoebe Mills (USA)	19,662
Sprung	*25. 09. 1988*
1. Swetlana Boginskaja (UdSSR)	**19,905**
2. Gabriela Potorac (Rumänien)	**19,830**
3. Daniela Silivas (Rumänien)	**19,818**
4. Boriana Stoyanowa (Bulgarien)	19,780
5. Brandy Johnson (USA)	19,774
6. Dagmar Kersten (DDR)	19,756
Schwebebalken	*25. 09. 1988*
1. Daniela Silivas (Rumänien)	**19,924**
2. Elena Schuschunowa (UdSSR)	**19,875**
3. Gabriela Potorac (Rumänien)	**19,837**
3. Phoebe Mills (USA)	**19,837**
5. Swetlana Boginskaja (UdSSR)	19,787
6. Diana Doudewa (Bulgarien)	19,724
Barren	*25. 09. 1988*
1. Daniela Silivas (Rumänien)	**20,000**
2. Dagmar Kersten (DDR)	**19,987**
3. Elena Schuschunowa (UdSSR)	**19,962**
4. Dörte Thümmler (DDR)	19,900
5. Swetlana Boginskaja (UdSSR)	19,899
6. Iveta Polokava (CSSR)	19,837

Daniela Silivas am Schwebebalken. Die Rumänin zeigte Höchstschwierigkeiten, Beweglichkeit und Biegsamkeit zeichnen sie aus. Beim Pferdsprung mußte sich die erfolgsgewohnte Rumänin allerdings der Russin Swetlana Bogingskaja (unten) beugen.

Das wars dann aber auch, sonst ließ sich Daniela nichts mehr nehmen. Am Stufenbarren war ihr Sieg sogar absolut makellos: 20,000 Punkte – keinem Punktrichter kam nach ihrer Demonstration noch ein Einfall, was er ihr hätte abziehen können. Eine glatte Zehn in der Kür hatte hier keine andere Turnerin zu bieten. Mit Silber drang immerhin Dagmar Kersten (DDR) als eine der wenigen Außenseiterinnen in die Medaillen-Phalanx aus Russinnen und Rumäninnen ein.
Auch auf dem Schwebebalken zitterte Silivas keinen Moment und revanchierte sich deutlich an Elena Schuschunowa, die 49 Hundertstelpunkte an diesem Gerät verlor.
Die Silbermedaille konnte der »Turn-Oma« nicht eine Freudenregung im versteinerten Gesicht entlocken. So hatte sie sich die Fortsetzung der Wettbewerbe nach ihrem Einzelsieg denn doch nicht vorgestellt.
Nur am Boden wurde der Zweikampf noch einmal dramatisch, steckte voller Symbolik: Wuschelkopf Silivas war zuerst dran, zog souverän ihre Bahnen durch die Luft, voll atemberaubender Sprünge, aufgelockert mit Breakdance-Einlagen. Dennoch: Diesmal blieb die Zehn im Kasten – „nur“ 9,95.
Jetzt hatte es Elena Schuschunowa in der Hand bzw. in den Beinen. Gegen die moderne Begleitmusik von Silivas setzte sie eine eher romantische russische Volksweise. Nur: Ihre Interpretation geriet tragisch, am Ende zweier Sprungbahnen setzte sie sich auf den Boden. Da half ihre ganze Ästhetik in der Bewegung nichts mehr – der künstlerische Ausdruck wird beim Bodenturnen noch nicht mit einem Bonus bedacht.
Und noch einmal andere Musik: Swetlana Boginskaja, die Sprung-Siegerin, liebt die Klassik und hatte damit auch am Boden keine Angst vorm Fliegen – Mozart hätte seine Freude dran gehabt. Die Boginskaja entfachte ein wahres Feuerwerk an sprungtechnischen Höchstleistungen, drehte und schraubte sich durch die Luft – aber, da war ja noch diese Daniela!

Die »Pechmarie« realisierte sich den Traum vom blitzenden Gold

Die Königin der Gymnastikwettbewerbe war Marina Lobatsch (oben). Ausdrucksstark ebenso ihre Teamgefährtin Alexandra Timoschenko (rechts oben). Bianka Panova (rechts) stand am Ende als Verliererin von Seoul da.

Aus der »Pechmarie« wurde in Seoul die Gold-Marina, denn: Die 18jährige Marina Lobatsch aus der UdSSR kassierte beim Gymnastik-Vierkampf mit neuem olympischem Rekord alle 60 überhaupt möglichen Punkte und damit die Goldmedaille. Zu den halbierten 40 Punkten aus dem Vorkampf kamen noch einmal die vier »Zehner« aus dem Endkampf hinzu. Sie, die blonde junge Frau aus der Kulturmetropole Minsk in Weißrußland, ewige Vierte bei großen internationalen Wettkämpfen, ließ dabei nicht nur Adriana Dunawska aus Bulgarien, sondern auch die vierfache Europameisterin Alexandra Timoschenko aus dem russischen Team hinter sich. Können und Auftreten, Aussehen und Ausstrahlung ließen die 41 kg leichte Blondine zur Primaballerina der Sportgymnastik werden. Viermal die Zehn gab's jeweils auch für die Zweit- und Drittplazierte, die Vornoten aus der Qualifikation aber reichten bei ihnen nicht aus. Beide leisteten sich Patzer, ausgerechnet bei ihren Keulenübungen. Adriana Dunawska trat zur Kür mit ihrem letzten Gerät mit einer wahren Trauermiene an. Überhaupt: Schönheit und Anmut der Gymnastik-Grazien könnten, gerade bei jenen in den Spitzenpositionen, doch manch fröhliches Lächeln vertragen.

Prima im olympischen Wettkampf mit Band und Seil, Keulen und Reifen: die jungen Wattenscheiderinnen. Diana Schmiemann, die im Vierkampf-Finale auf dem achten Platz landete, nach dem Vorkampf noch an letzter Stelle lag, erhielt viermal die 9,8 für ihre gut durchgeturnten Übungen. Die 15jährige Marion Rothaar kam auf Rang 19.

Der undankbare vierte Platz übrigens blieb der Favoritin Bianka Panowa aus Bulgarien, die ihre Kür nicht mit der üblichen Klaviermusik, sondern mit den sanften Tönen eines Violincello untermalen ließ.

Sie wurde in Seoul offensichtlich ein Opfer der Querelen im Vorfeld. Die elffache Welt- und Europameisterin hatte sich von Trainerin Neschka Robewa getrennt, nur noch mit ihren Eltern trainiert. Auf Geheiß der obersten Sportführung trat sie in Korea noch einmal unter Federführung der »Meistermacherin« an. Mit dem Ende dieser Olympiade wird die Partnerschaft Robewa/Panowa beendet.

Was weiter mit der bisher so erfolgreichen Bianka wird, müssen die internationalen Wettbewerbe im Winter zeigen.

Rhythmische Sportgymnastik	*30. 09. 1988*
1. Marina Lobatsch (UdSSR)	**60,000**
2. Adriana Dunawska (Bulgarien)	**59,950**
3. Alexan. Timoschenko (UdSSR)	**59,875**
4. Bianka Panowa (Bulgarien)	59,725
5. Maria Isabel Lloret (Spanien)	58,900
6. Andrea Sinko (Ungarn)	58.775
8. Diana Schmiemann (BR Deutschland)	58,600
19. Marion Rothhaar (BR Deutschland)	57,850

Warum denn so verbissen? Adriana Dunawska (oben) gehörte nicht zu den Gymnastinnen, die mit lockerem Lächeln über die Matte fegten. Tapfer schlugen sich die »Küken« aus der Bundesrepublik; Marion Rothaar (15, links) ist eine Zukunftshoffnung.

Schießen Fechten

Popularität

Oft sind sie einfach übersehen worden bei olympischen Spielen, diesmal schoben sie sich selbstbewußt in den Vordergrund: Noch nie waren die bundesdeutschen Schützen erfolgreicher als in Seoul. Über Nacht etwa wurde aus Silvia Sperber eine populäre Sportlerin. Mit zwei Medaillen war die sympatische Penzingerin die treffsicherste Schützin überhaupt in Seoul. Zur neuen Popularität trug vor allem das neu eingeführte Finalschießen bei.

Die 39 Plaketten in den 13 Disziplinen bei Gewehr und Pistole teilten sich 19 Länder. Am erfolgreichsten war wie erwartet die UdSSR (4/1/6). Doch sie und die anderen Ostblock-Staaten haben viel an Boden verloren.

Hinter den Sowjets folgte Jugoslawien (Zwei Gold-, eine Bronzemedaille), dann kommen schon die Schützen aus der Bundesrepublik – mit einer Frau weit voran. Klar übertroffen jedoch wurden die Schützen von den Fechtern und vor allem den Fechterinnen der Bundesrepublik, die sich fast in einen Goldrausch hineinsteigerten. Den Florett-Damen um Anja Fichtel gelang gar der totale Triumph mit dem Sieg in der Mannschaft und allen drei Einzelmedaillen. Ein großer Erfolg für den Cheftrainer der Fecht-Hochburg Tauberbischofsheim und sein Konzept des »Olympiastützpunkts«, das in Zukunft auch andere Sportarten hierzulande aus ihrem Tief führen soll. Aber Fechten kann man in Deutschland auch ohne Emil Beck, wie das Degen-Gold des Bonner »Rebellen« Arnd Schmitt demonstrierte.

Hunger

Der Erfolg von Schmitt war auch ein Generationswechsel im Fechten. Zwölf Jahre nach seinem Olympiasieg von Montreal reichte es für Alexander Pusch diesmal nur noch zu einer Medaille mit der Degen-Mannschaft. Auf den Vormarsch machten sich in Seoul aber auch erstmals seit Jahrzehnten die Säbel-Spezialisten unter ihrem neuen Trainer aus Rumänien. Fechtpräsidentin Erika Dienstl faßte das Abschneiden der Fechter treffend zusammen: »Die Erfolge werden mir langsam selbst unheimlich.«

Hinterher schilderte Emil Beck seine Erfolgsstrategie: »Wir wagten es, unseren Saisonaufbau zu ändern. Normalerweise haben wir bei der WM im Juli unseren Höhepunkt. Diesmal habe ich meine Fechter technisch in den Keller runtergefahren, die Schwerpunkte auf Schnellkraft und Kraftausdauer ausgelegt und erst relativ kurz vor Seoul wieder auf Freifechten umgeschaltet. Deshalb waren sie hier so hungrig«, meinte Beck und lacht spitzbübisch. Der Olympia-Erfolg darf freilich nicht darüber hinwegtäuschen, daß auch den Deutschen in Barcelona 1992 ein Generationswechsel bevorsteht.

Die bundesdeutsche Fechtmannschaft war eine wertvolle Stütze im Medaillenkampf. Spannend dabei nicht nur das Gefecht Schreck (links) gegen den DDR-Florettkämpfer Wagner, sondern vor allem auch die Wettkämpfe der Mädchen, die das Novum erreichten: drei Bundesdeutsche auf den ersten drei Plätzen.

Verpaßte Goldchancen und keine souveränen Sieger

Gleich mehrere Enttäuschungen hatte das olympische Schützenturnier für Lieselotte Breker parat: Mit der Luftpistole vergab die Hausfrau aus Steinheim in Ostwestfalen eine fast schon sichere Bronzemedaille, als sie beim ersten Sim Finale die vorgeschriebene Frist von 75 Sekunden nicht einhielt und dafür eine Null kassierte. So blieb nur Platz sieben. Gold ging an die Jugoslawin Jasna Sekaric. Mit guten 487,9 von 500 möglichen Ringen hielt sie die beiden favorisierten Russinnen Saloukvadze und Dobrantschewa auf Distanz. Es sollte nicht die einzige verpaßte Gold-Chance für die sonst so treffsicheren Schützen aus der UdSSR bleiben.
Souveräne Sieger sah das Schießen selten. Manchmal dauerte es bis zum letzten Schuß des Finals, ehe die Entscheidung feststand. So gewann der Bulgare Taniou Kiriakow die Goldmedaille beim Schießen mit der Luftpistole nur dank des besseren Finalergebnisses mit 687,9 Ringen. Knapp dahinter der Amerikaner Erich Buljung mit 687,9 Ringen. Buljung hatte im Vorkampf mit 590 Ringen den Weltrekord eingestellt.

Luftpistole, Damen	*21. 09. 1988*
1. Jasna Sekaric (YUG)	**WR 489,5**
2. Nino Saloukvadze (UdSSR)	**487,9**
3. Marina Dobrantschewa (UdSSR)	**485,2**
4. Anne Goffin (Belgien)	480,2
5. Anke Völker (DDR)	479,3
6. Haiying Liu (China)	476,9
7. Lieselotte Breker (BR Deutschland)	476,0
8. Christine Strahalm (Österreich)	472,6
34. Francine Antonietti (Schweiz)	365,0

Luftpistole, Herren	*24. 09. 1988*
1. Taniou Kariakow (Bulgarien)	**687,9**
2. Erich Buljung (USA)	**687,9**
3. Haifeng Xu (China)	**684,5**
4. Sorin Babii (Rumänien)	683,3
5. Igor Bassinski (UdSSR)	683,2
6. Miroslav Ruzicka (CSSR)	681,4
12. Arndt Kaspar (BR Deutschland)	579,18

Absolute Ruhe war das Muß für alle, die auf dem Schießstand die Wettkämpfe verfolgten. Hohe Konzentration forderte auch das Luftpistolenschießen, der Blick in die Anlage zeigt es (Bild links). Zielsicher war Jasna Sekaric, die einen neuen Weltrekord aufstellte (unten).

Luftgewehr
Damen/Herren
Laufende Scheibe

Silvia Sperber kam, sah und siegte fast – Erste Medaille für deutsches Team

Spannung am Schießstand. Sylvia Sperber zeichnete sich durch enorme Konzentration aus. Umso größer war nach dem Wettkampf die Freude. Bundestrainer Schumann nahm sein Silber-Mädchen fest in die Arme. Technik bestimmt längst das Bild in den Schießwettbewerben. Der Jugoslawe Maksimovic (unten rechts) beherrschte sie in der Luftgewehrklasse am Besten. Und: Hans Riederer holte sich die Bronzemedaille.

Erstmals durfte eine Frau die erste Goldmedaille bei Olympischen Sommerspielen holen: Das Schießen mit dem Luftgewehr eröffnete den Kampf um die Medaillen. Die Russin Irina Tschilowa gewann den Wettstreit, der gleich drei Weltrekordlerinnen

am Start sah, mit 498,5 von 500 möglichen Ringen. Erste Begeisterung aber auch in Deutschland, besonders in Penzing in Bayern, denn Silvia Sperber von den dortigen Königsschützen sicherte sich mit einer tollen Finalleistung die Silbermedaille.
Dabei hatte sich die deutsche Mitfavoritin nur mit Mühe als Siebte für das Finale qualifiziert. Dort jedoch schoß Silvia Sperber den Vogel ab und stach mit der besten Leistung fünf andere Konkurrentinnen glatt aus, nur die Russin Tschilowa rettete sich mit einem Ring Vorsprung vor dem Sperber-Sturm. Sporthilfe-Chef Josef Nekkermann war vom Kampfgeist der 23jährigen so begeistert, daß er ihr die Prämie für eine Goldmedaille aufs Konto überweisen ließ. Mit dem Erfolg der sympathischen bayerischen Schützin, die zugleich die erste Medaille für das deutsche Olympia-Team gewann, geriet auch die Randsportart Schießen endlich einmal in die Schlagzeilen.
Stark sehbehindert ist er und deswegen gar schon in Doping-Verdacht geraten, aber schwache Nerven hatte er deswegen noch lange nicht in Seoul – der Riederer Hans aus München-Unterföhring. Auch das zweite bundesdeutsche Edelmetall in Seoul wurde »abgeschossen«: Nach Silvia Sperbers Silber wollte auch Riederer demonstrieren, daß der

Stamm der Bajuwaren im Schießen einfach Spitze ist, und traf Bronze.
Der Doppelmeister von 1986 muß sein rechtes Auge täglich mit Tropfen gegen den Grünen Star behandeln – ein Arzt kannte die Dopingliste nicht gut genug, zum Glück wurde der Lapsus früh genug vor Seoul bemerkt und abgestellt. »Beim Schießen störts mich nicht«, kommentierte der Münchner, der seine Medaille höher einschätzt als den WM-Titel, ungerührt, »da ziele ich mit links.«
Gegen Olympiasieger Goran Maksimovic aus Jugoslawien war Riederer diesmal allerdings chancenlos. Drei Wackler kosteten ihn zudem Silber gegen den Franzosen Berthelot.
Mit seiner militärischen Tradition hat Norwegen eigentlich nie geglänzt. Trotzdem trafen die Schützen aus dem Land im Norden in Seoul recht gut. Tor Heiestad setzte sich sogar in der schwierigen Kleinkaliber-Disziplin auf die laufende Scheibe vor dem Chinesen Shiping Huang durch. Überraschend ins Finale vorgedrungen war der 19jährige Benjamin im bundesdeutschen Schützenteam, Christian Stützinger aus Kronach. Eine Sieben im schnellen Durchgang auf den »laufenden Keiler« kostete Stützinger, der nach dem Langsamlauf sogar an vierter Stelle gelegen hatte, eine noch bessere Plazierung.

Eine Sieben brachte ihm den achten Platz. Der erst 19jährige Christian Stützinger zeigte Nerven, nach der ersten Runde. Noch Vierter, fiel er schließlich auf Rang acht zurück (linkes Foto). Strahlende Sieger eines Wettbewerbes, der sich durch die Fähigkeit zur Ruhe auszeichnet: Nicolas Berthelot, der Silbermedaillengewinner, Goldjunge Goran Maksimovic und Hans Riederer (von links).

Luftgewehr, Damen	*18. 09. 1988*
1. Irina Tschilowa (UdSSR)	**498,5**
2. Silvia Sperber (BR Deutschland)	**497,5**
3. Anna Malukina (UdSSR)	**495,8**
4. Zhang Qiuping (China)	494,7
5. Pirjo Peltola (Finnalnd)	493,6
6. Launi Meili (USA)	493,3
8. Gabriele Bühlmann (Schweiz)	493,0
9. Sylvia Baldessarini (Österreich)	393,0
17. Carmen Giese (BR Deutschland)	389,0

Luftgewehr, Herren	*20. 09. 1988*
1. Goran Maksimovic (YUG)	**695,6**
2. Nicolas Berthelot (Frankreich)	**694,2**
3. Hans Riederer (BR Deutschland)	**694,0**
4. Robert Foth (USA)	692,5
5. Harald Stenvaag (Norwegen)	692,0
6. Attila Zahonyi (Ungarn)	691,4
17. Matthias Stich (BR Deutschland)	587,0
17. Hanspeter Ziörjen (Schweiz)	587,0
34. Albert Deuring (Österreich)	581,0

Laufende Scheibe	*23. 09. 1988*
1. Tor Heiestad (Norwegen)	**689**
2. Shiping Huang (China)	**687**
3. Gennadi Awramenko (UdSSR)	**686**
4. Jan Kermiet (CSSR)	679
5. Andras Doleschall (Ungarn)	588
6. Attila Solti (Ungarn)	588
8. Christian Stützinger (BR Deutschland)	586

Freie Pistole
Schnellfeuerpistole
Sportpistole

Die Russen feuerten schnell und scharf – Ein Millimeter an der Bronze vorbei

Ein Blick in den Schießstand vor dem Wettkampf, die Athleten stellen sich auf die moderne Anlage ein (Bild rechts). Höchste Präzision im Umgang mit der Waffe ist notwendig, Sorgfalt die wichtigste Pflicht der Athleten. Nino Salukwadze zeigt, wie's gemacht wird. Die junge Sowjetrussin wurde mit 690 Zählern Olympiasiegerin (unten).

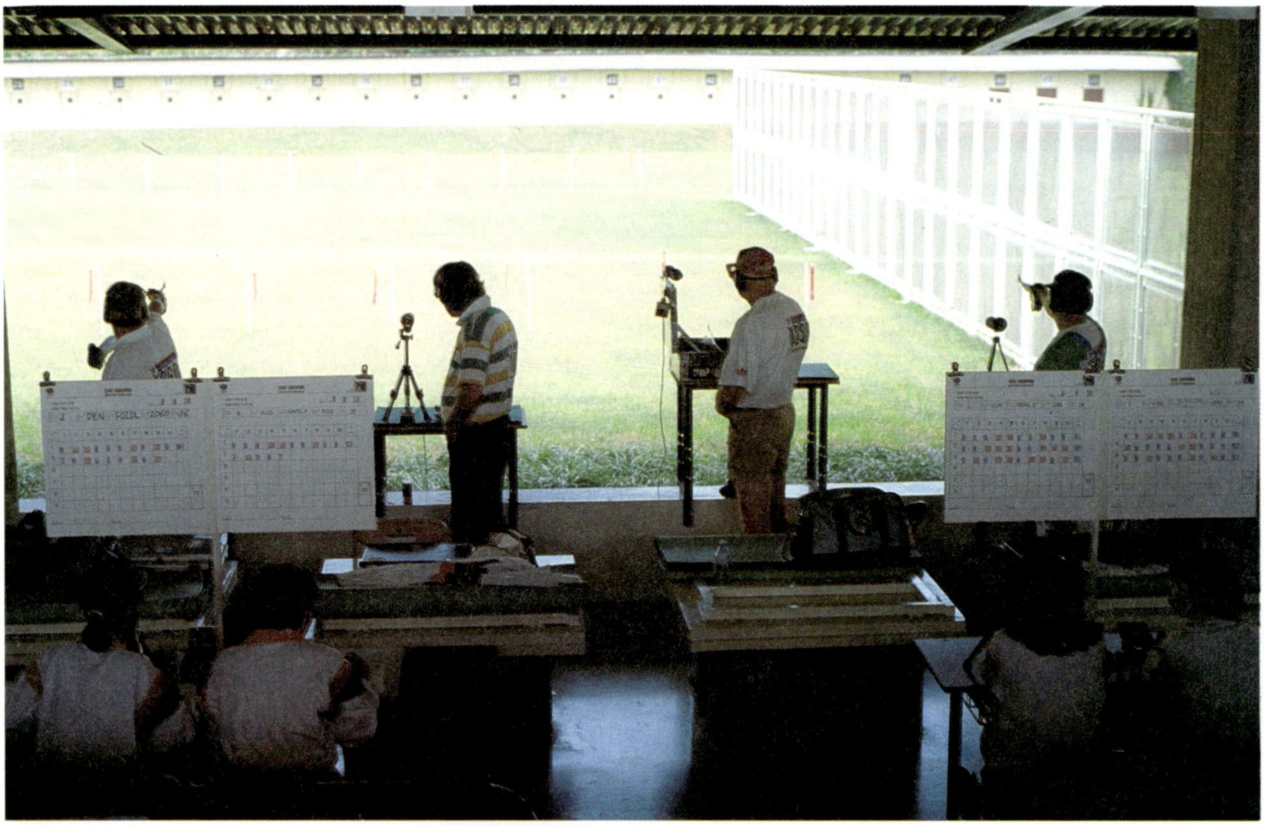

Auch beim Schießen bröckelte die Vormacht der UdSSR bedrohlich ab: Bei der freien Pistole ging Igor Bassinski zwar mit der besten Vorkampfleistung ins Finale, wurde dann aber von dem Rumänen Sorin Babii noch um drei Ringe überflügelt. Seine Konzentrationsschwächen am Ende kosteten ihn bei Ringgleichheit sogar Silber – der Schwede mit dem Wikingernamen Ragnar Skanaker war der lachende Dritte. Skanaker ist ein Evergreen unter den Schützen, schon 1972 in München hatte er Gold in dieser Disziplin gewonnen. Arndt Kaspar, der deutsche Meister, wurde Siebter.

Die Russen feuern schnell und scharf. Afanasi Kuzmine aus der UdSSR entschied das Schießen mit der Schnellfeuerpistole vor Ralf Schumann aus der DDR (696) und dem Ungarn Zoltan Kovacs (693) für sich. Nur vier Ringe weniger hatte Dirk Köhler aus Karlsdorf zu bieten, doch das bedeutete fünf Ränge in der Finaltabelle – Achter.

Im Schlußpart waren die deutschen Schützen kaum zu schlagen. Nach Silvia Sperber und Hans Niederer ließ auch Lieselotte Breker mit der Sportpistole erst zum Schluß ihr ganzes Können aufblitzen und traf ebenfalls alles was zu treffen war. Mit blanken 150 Ringen rückte sie von Rang sieben auf Platz vier vor und verpaßte Silber bzw. Bronze nur um einen lächerlichen Millimeter, um einen Ring auf der Scheibe. Nach den beiden bayerischen Medaillen unterstrich die 28jährige Mutter immerhin die treffsichere Tradition der Schützen Ostwestfalens. »Mir hat der Puls bei jedem Schuß bis in den Hals gehämmert«, meinte Lieselotte zu ihrem verpatzten Auftakt, der sie Edelmetall gekostet hatte. So ging die zweite Goldmedaille an die Schützinnen der UdSSR, Nino Salukwadze gewann hier mit 690 Ringen.

Der furiose Schlußspurt war zu spät gekommen. Lieselotte Breker aber nahm ihr Schicksal zumindest äußerlich gelassen hin. »Ich hab' meine normale Leistung gebracht. Der Anfang war zwar schwach, aber insgesamt bin ich zufrieden.« Die sowjetische Weltranglisten-Erste Nino Salukwadze war auf der Schießanlage von Taenung mit 690 Ringe allerdings wahrlich einen Klasse für sich. Die Japanerein Romoko Nasekawa und die Jugoslawin Jasna Sekarić dagegen, die mit jeweils 686 Ringen Silber und Bronze gewannen, überstanden das Finale der Lieselotte Breker nur mit viel Glück. Je Länger der Wettbewerb dauerte, desto besser nämlich kam die 1,70 m große Zahntechnikerin aus Steinheim in Schwung. 585 Ringe erzielte sie in der Qualifikation. Erst die letzten 15 Schüsse, die allesamt mitten ins Schwarze trafen brachten sie auf Platz sechs und damit ins Finale der besten acht. Breker: »Ich weiß auch nicht, was los war.«

Freie Pistole	*18. 09. 1988*
1. Sorin Babii (Rumänien)	**660**
2. Ragnar Skanaker (Schweden)	**657**
3. Igor Bassinski (UdSSR)	**657**
4. Taniou Kiriakow (Bulgarien)	656
5. Gernot Eder (DDR)	654
6. Gyula Karacsony (Ungarn)	654
7. Arndt Kaspar (BR Deutschland)	651
32. Hans Hierzer (Österreich)	550
36. Rolf Beutler (Schweiz)	545

Schnellfeuerpistole	*23. 09. 1988*
1. Afanasi Kuzmine (UdSSR)	**WR 698**
2. Ralf Schumann (DDR)	**696**
3. Zoltan Kovacs (Ungarn)	**693**
4. Alberto Sevieri (Italien)	693
5. Adam Kaczmarek (Polen)	691
6. Bernardo Tovar (Kolumbien)	690
8. Dirk Köhler (BR Deutschland)	689
13. Hans-Rudolf Schneider (Schweiz)	590

Sportpistole	*19. 09. 1988*
1. Nino Salukwadze (UdSSR)	**690**
2. Tomoko Hasegawa (Japan)	**686**
3. Jasna Sekarić (Jugoslawien)	**686**
4. Lieselotte Breker (BR Deutschland)	685
5. Agnes Ferencz (Ungarn)	685
6. Kristina Fries (Schweden)	685
12. Anetta Kalinowski (BR Deutschland)	581
18. Christine Strahalm (Österreich)	580
32. Francine Antonietti (Schweiz)	569

»Zitternde Hände« dürfen sie nicht haben, jene Athleten, die sich in der schwierigen Schießsportart mit der Schnellfeuerpistole versuchen (links). Der Rumäne Sorin Babii (links unten), Goldgewinner im Wettbewerb der freien Pistole, ließ sich in seiner Konzentrationsphase durch nichts stören. Für ihn standen am Ende 660 Punkte zu Buche.

Dreistellungskampf
Damen/Herren
KK-Liegendkampf

Die Schützenkönigin aus Bayern: Silvia Sperber schießt den Vogel ab

Silvia Sperber, die Dame mit den scharfen Augen und der Goldmedaille im Dreistellungskampf: »Ich war sehr nervös und habe beim letzten Schuß unheimlich gewackelt. Deshalb habe ich auch ungläubig in die Menschenmenge und zum Trainer hingeschaut.« Rechte Seite: Die Sieger des Liegendkampfes.

Die Sieger unter den schießfreudigen Damen, von links: Walentina Tscherkassowa, Silvia Sperber, Vessela Letchewa.

Den Sieg im männlichen Dreistellungskampf schoß auf der Shooting Range in Seoul der Brite Malcolm Cooper heraus. Er wiederholte damit seinen Erfolg von Los Angeles 1984.

Eher schüchtern stand sie da, wollte gar nicht so recht in ihre Lederjacke passen. Aber wer scharf schießen will, muß so ein Kleidungsstück tragen: Silvia Sperber konnte ihr Glück noch minutenlang kaum fassen, Silber hatte sie schon und jetzt die Goldmedaille – Silvia Sperber aus Penzing bei Landsberg war endgültig die Schützenkönigin dieser Olympischen Spiele – eine bayerische Königin. Die weißblaue Sportler-Fraktion im bundesdeutschen Team marschierte in den ersten Tagen von Seoul von Erfolg zu Erfolg.

Jede Sportart hat so etwas wie ihre Königsdisziplin: Bei den Schützen ist dies zweifellos der Dreistellungskampf mit dem Kleinkaliber-Gewehr. Wird mit dem Luftgewehr bloß mit Bleikügelchen aus zehn Metern Entfernung geschossen, so geht es mit dem KK ganz anders zur Sache – mit scharfen Patronen und aus 50 Metern Distanz. 3 x 20 Schuß müssen die Frauen abfeuern, zuerst liegend, dann stehend, zuletzt kniend, 60 Schuß in rund zwei Stunden.

Silvia Sperber ging gut vorbereitet nach Seoul, hatte sie doch bei den

Deutschen Meisterschaften sogar besser als alle Männer ins Schwarze getroffen. Und so startete sie auch in Seoul, mit einem Zehner nach dem andern. Da durfte sie sich sogar zwei Ausrutscher im Endspurt leisten, ihre schärfsten Konkurrentinnen, die Bulgarin Letchewa und die Russin Tscherkassowa, konnten nicht mehr aufholen.
Bei den Männern siegten in der gleichen Disziplin überraschend ten, wurde das Schießen in Seoul endgültig auch zum Zuschauersport, zu lange konnten nur Insider die Spannung dieser Sportart nachfühlen.
Nerven zeigte in diesem Kessel leider auch Europameister Bernd Rücker aus Neckarsulm, ein Wackler im Finale ließ ihn vom vierten auf den siebten Platz zurückfallen. »Jedenfalls keine Fahrkarte«, meinte der keineswegs enttäuschte Rücker.

gleich zwei Briten. Mit einer tollen Finalleistung rückte Favorit Kirill Iwanow (UdSSR) dem Duo zwar noch näher, aber Malcolm Cooper, der nach dem Sieg in Los Angeles noch einmal Gold holte, und Alister Allan mit Silber ließen sich die Butter nicht mehr vom Brot schießen. Die bundesdeutschen Schützenmänner dagegen mußten sich von Goldmädchen Silvia Sperber trösten lassen – sie hatten hier nichts zu bestellen, selbst Ulrich Lindt, der Silbermedaillengewinner von Los Angeles nicht.
Spannend bis zum letzten Schuß blieb das Liegendschießen mit dem Kleinkaliber-Gewehr: Der Südkoraner Young-Chul Cha jagte den Tschechen Miroslav Varga, hatte ihn mit dem vorletzten Volltreffer fast eingeholt. Im letzten Durchgang jedoch gelang ihm der goldene Schuß zur Enttäuschung der Zuschauer doch nicht. Vielleicht waren seine Landsleute sogar Schuld daran, denn so frenetisch war vermutlich noch nie ein Schütze beim Wettbewerb angefeuert worden. Da war es schwer, die Nerven zu behalten. Dank der Videokameras, die jeden Einschlag genau zeig-

Dreistellungskampf, Damen	*21. 09. 1988*
1. Silvia Sperber (BR Deutschland)	**685,6**
2. Vessela Letchewa (Bulgarien)	**683,2**
3. Wal. Tscherkassowa (UdSSR)	**681,4**
4. Katja Klepp (DDR)	680,5
5. Sharon Bowes (Kanada)	680,5
6. Anna Malukina (UdSSR)	678,4
9. Irene Dufaux (Schweiz)	581,0
11. Selma Sonnet (BR Deutschland)	580,0
16. Silvia Baldessarini (Österreich)	578,0

Dreistellungskampf, Herren	*22. 09. 1988*
1. Malcolm Cooper (GB)	**1 279,3**
2. Alister Allan (GB)	**1 275,6**
3. Kirill Iwanow (UdSSR)	**1 275,0**
4. Klaus Jörn Christensen (Dänemark)	1 273,6
5. Glenn Dubis (USA)	1 273,5
6. Gratschia Petikiane (UdSSR)	1 272,2
18. Norbert Sturny (Schweiz)	1 166,0
28. Ulrich Lind (BR Deutschland)	1 161,0
36. Lothar Heinrich (Österreich)	1 157,0

Kleinkaliber-Liegendkampf	*19. 09. 1988*
1. Miroslav Varga (CSSR)	**703,9**
2. Young-Chul Cha (Südkorea)	**702,8**
3. Attila Zahonyi (Ungarn)	**701,9**
4. Pavel Soukenik (CSSR)	701,2
5. Alister Allan (Großbritannien)	700,9
6. Xiaoguang Xu (China)	700,6
7. Bernd Rücker (BR Deutschland)	700,5
15. Lothar Heinrich (Österreich)	595,0
24. Pierre-Alain Dufaux (Schweiz)	594,0
24. Norbert Sturny (Schweiz)	594,0

Sieger in der Königsdisziplin der Schützen: Malcolm Cooper

Maßgeschneidert

Wenn einem Violonisten die Stradivari zerbricht, ist das ein Unglück. Wenn einem Schützen das Gewehr zerbricht, ist es eine Katastrophe – vor allem, wenn es sich dabei um eines dieser Präzisions-Instrumente handelt, mit denen sie zu den großen Meisterschaften und olympischen Spielen ziehen.
Diese Geräte sind so ausbalanciert, daß der Schütze selbst merken würde, wenn eine Fliege ihre Notdurft auf dem Lauf verrichtete – und der Schaft ist ein maßgeschneidertes Holz, bei dessen Herstellung man die Lage der Backenknochen und des Schlüsselbeins berücksichtigt. Soviel muß man wissen, wenn man begreifen will, was mit einem Schieß-Olympioniken von der britischen Insel geschah – einem Mann, der schon einmal olympische Ehren er-schossen hatte und der auf Seouls Shooting Range zu den Favoriten zählte.
Dieser Schütze namens Malcolm Cooper gab zwei Tage vor Beginn der Wettkämpfe den Fernsehleuten der BBC ein Interview – er gab es gerne, denn so oft kommen die Fernsehleute nicht zu den Schützen. Bei dieser Gelegenheit geschah es, daß der Kameramann sein Stativ etwas rigoros herumrückte – er drückte dabei achtlos gegen das abgestellte Gewehr, es knackte und der Schaft war kaputt. Britanniens ungenannter Schütze wußte in diesem Moment, daß er nicht mehr Olympiasieger werden würde, jedensfalls nicht im Liegendkampf – und daß er nie mehr ein besonders herzliches Verhältnis zu Fernsehleuten haben würde. Er belegte den 37. Platz.
Ulrich Kaiser

Wurftauben Trap
Wurftauben Skeet

Querschläger für Deutschlands Schützen – Die unberechenbare Bahn der Tauben

Zielgenauigkeit ist nicht alles im Trapschießen, ruhige Hände und vor allem Reaktionsschnelligkeit sind gefordert. Die weitläufige Anlage erfordert aber auch immer wieder umfangreiche Sicherheitsvorkehrungen (Bild oben). Der Beste der Schützen auf die tönernen Wurftauben war letztendlich Dimitri Monakow aus der UdSSR, der Miloslav Bednarik aus der Tschechoslowakei nur knapp nach Stechen schlug, dritter: Frans Peeters (Bild rechts).

Allzu oft schon waren sie bei diesen Spielen gebeutelt worden, die sonst so starken Russen. In diversen Sportarten verloren sie die Vorherrschaft. Auch im Schießen waren sie nicht gar so stark wie sonst. Immerhin: Als es nicht bloß ums Zielen, sondern auch um die schnelle Reaktion ging, hatte endlich ein Russe auch mal Glück und gewann Gold. Hinterher wird es wohl Zielwasser gegeben haben, denn Dimitri Monakow und der Tscheche Miloslav Bednarik als Zweiter brachten es beide auf just 222 Treffer – Schnapszahl.

Die letzte Goldmedaille bei den höchst abwechslungsreichen Schützentagen auf der »Shooting Range« von Seoul fiel an die DDR. Axel Wegner traf beim Skeet ebenfalls mit der schönen Zahl von 222 Treffern die Wurftauben am besten. Nur eine Taube weniger holte der Chilene Alfonso de Iruarrizaga vom Himmel – 221. Wieder nur einen Treffer weniger hatte am Ende der Spanier Jorge Guardiola auf seinem Konto verbucht. Beim Skeet fliegen immer zwei Tauben gleichzeitig in die Luft, der Schütze muß also noch schneller reagieren. Wenn dann noch ein Wind die Tauben in falsche Bahnen lenkt, wird es extrem schwierig. Zu schwierig für die deutschen Tontauben-Schützen: Wie in Los Angeles hatten sie auch diesmal nichts zu bestellen, Herbert Seeberger wurde nur Zehnter. Allerdings hatte ihm nur eine Taube (oder drei Zentimeter) für den Einzug ins Finale gefehlt. Lange her sind die Zeiten eines Konrad Wirnhier, des Olympiasiegers von München. Der Allgäuer aus Kempten hatte jahrelang diese Disziplin international beherrscht. Kaum war der letzte Pulverdampf verflogen, da forderten die hohen Herren vom IOC energisch, daß das Schießen spannender, vor allem fernsehgerechter werden müsse, sonst werde es kaltlächelnd aus dem olympischen Programm gestrichen. Der Internationale Schützenverband erfand flugs ein Finale. Nach dem normalen Programm kommen bei den Wurftauben die sechs Besten in einen Endkampf und dürfen in einer bestimmten Zeit auf 25 Tauben ballern.

Wurftauben Trap	*20. 09. 1988*
1. Dimitri Monakow (UdSSR)	**222**
2. Miloslav Bednarik (CSSR)	**222**
3. Frans Peeters (Belgien)	**219**
4. Francisco Boza (Peru)	219
5. Bean van Limbeek (Niederlande)	219
6. Kazumi Watanabe (Japan)	216

Wurftauben Skeet	*24. 09. 1988*
1. Axel Wegner (DDR)	**222**
2. Alfonso de Iruarrizaga (Chile)	**221**
3. Jorge Guardiola (Spanien)	**220**
4. Daniel Carlisle (USA)	220
5. Weigang Zhang (China)	219
6. Jürgen Raabe (DDR)	219
10. Herbert Seeberger (BR Deutschland)	196

Einer der Finalteilnehmer bei den Vorbereitungen (oben links), und der Portugiese Joao Rebelo auf dem Weg ins Finale, in dem er dann aber Peeters deutlich vor sich lassen mußte (oben).

Bogenschießen
Damen/Herren
Einzel
Mannschaft

Träume im alten Jagdsport mit Pfeil und Bogen vom Winde verweht

Faszination Bogenschießen – doch die erhofften Superleistungen verwehte der Wind. Im Land fernöstlicher Kampfsportarten traten die Bogenschützen vor ungewohnter Kulisse an (unten).

Vom Winde verweht wurden die erhofften Medaillen für die deutschen Bogenschützen, denn gerade als das Grand Finale in Szene ging, kam der böige Wind über das Hwarang Archery Field gestürmt, und der Platz vom Traum auf dem Treppchen für die Damenmannschaft nahm mit dem Wind seinen vier Jahren langen Weg in Richtung Barcelona auf. »Es hat nicht sollen sein«, meinte Claudia Kriz. Die 21jährige aus Laudenbach, die Augsburgerin Christa Öckl und Doris Haas aus Ismaning wurden mit 931 Ringen sechste, einmal mehr – und das auf der sechsten Schießbahn. Christa Öckl nahm's locker: »Ein sechster Platz in diesem Weltklas-

sefeld ist auch etwas.« Gold ging bei den Damen überlegen an die Südkoreanerinnen (»Gegen die ist zur Zeit kein Kraut gewachsen. Die schießen wie Maschinen«, Claudia Kriz). Die Indonesierinnen setzten sich bei Ringgleicheit (952) erst im Stechen vor die Amerikanerinnen.

Beim Herrenmannschaftsfinale mußten die Gastgeber lange den US-Boys hinterherschießen, erst mit den letzten Pfeilen wurde aus Silber Gold, den Mannen aus dem Lande der Indianer blieb der zweite Platz vor Großbritannien. Die bundesdeutschen Schützen waren im Vorkampf als 18. gescheitert.

Detlev Kahlert aus St. Augustin und Claudia Kriz hielten die bundesdeutschen Farben in den Einzelwettbewerben hoch. Die angehende Kindergärtnerin sicherte sich nach einem Stechen gegen die Britin Joanne Franks den sechsten Platz und war hochzufrieden: »Ich wollte ins Finale, und alles, was besser als der achte Platz war, ist ein toller Erfolg.« Vom Finale hatte Kahlert auch geträumt, doch im entscheidenden Vorkampf kam das böse Erwachen. Der Zwölfte im Weltklasse-Zwölferfeld, Kahlert über Kahlert: »Ich hatte einfach die Form nicht mehr wie noch bei der Europameisterschaft. Das Problem war heute, im Gegensatz zu den vergangenen windigen Tagen, alleine ich.« Bundestrainer Franz Baum über seine Einzelkämpfer: »Die haben sich in den Weltklassefeldern hervorragend geschlagen.«

Bei den Damen dominierten die Südkoreanerinnen, sie holten alle drei Medaillen.

Damen-Einzel	*30.09.1988*
1. Kim Soo Nyung (Südkorea)	**344**
2. Wang Hee Kyung (Südkorea)	**332**
3. Yun Young Sook (Südkorea)	**327**
4. Ludmilla Arjannikowa (UdSSR)	327
5. Jenny Sjöwall (Schweden)	325
6. Claudia Kriz (BR Deutschland)	318

Damen-Mannschaft	*01.10.1988*
1. Südkorea (Kim Soo Nyung/Wang Hee Kyung/Yun Young Sook)	**982**
2. Indonesien (Lilies Handayani/Nurfitriyana Saiman/Kusuma Wardhani)	**952**
3. USA (Debra Ochs/Denise Parker/Melanie Skillman)	**952**
4. UdSSR	951
5. Großbritannien	933
6. BR Deutschland (Doris Haas/Claudia Kriz/Christa Öckel)	931

Herren-Mannschaft	*01.10.1988*
1. Südkorea (Shun In Soo/Lee Han Sup/Park Sung Soo)	**986**
2. USA (Jay Barrs/Robert McKinney/Darrell Pace)	**972**
3. Großbritannien (Steven Hallard/Richard Priestman/Leroy Watson)	**968**
4. Finnland	956
5. UdSSR	949
6. Japan	948

Den erwarteten Sieg gab es bei den Frauen für Kim Soo Nyung aus Südkorea, 12 Ringe Vorsprung am Ende für die Diszipliniertesté unter allen Starterinnen (links). Küßchen für Claudia, Trainer Franz Baum herzte seinen Schützling fest, Claudia Kriz zielte sich mit Pfeil und Bogen auf Rang sechs (oben).

Herren, Florett
Einzel/Mannschaft
Herren, Säbel
Einzel/Mannschaft

Der blitzschnelle Klingenschlag der Fechter – Silber für Deutschlands Florett-Equipe

Als Medaillen-Favoriten waren die Florett-Fechter angetreten, am Ende gingen sie im Einzel erfolglos von der Planche. Platz vier für den Bonner Ulrich Schreck war noch das beste Resultat. Im Gefecht um Bronze unterlag er dem erfahrenen Russen Alexandre Romankow, dem ehemaligen Weltmeister, mit 8:10, nachdem er schon 8:4 geführt hatte.

Olympiasieger wurde der 24 Jahre alte italienische Student Stefano Cerioni, 1984 bereits Olympiasieger mit der Mannschaft. Das Enfant terrible des Fechtsports hat schon eine einjährige Sperre hinter sich: Nach einer umstrittenen Entscheidung hatte er vor einem Obmann die Hosen runtergelassen. Weltmeister Mathias Gey aus Tauberbischofsheim schied im Viertelfinale mit 8:10 gegen Cerioni aus. Die Enttäuschung darob war groß. Gleich sechsmal entschied der Obmann gegen Gey, der schon in Los Angeles dem Italiener im Halbfinale unterlegen war.

Freilich: Der blitzschnelle Klingenschlag der Fechter der Weltspitze überfordert das menschliche Auge nicht nur vor dem Fernsehschirm. Matthias Gey, der Mathematiker am Florett, wollte sich nach dem Kampf nicht in Spekulationen ergeben.

Immerhin bewies Ulrich Schreck, daß auch außerhalb von Tauberbischofsheim Weltklasse hierzulande gedeihen kann. Eine Medaille hätte das noch deutlicher unterstrichen.

Mit der Mannschaft gab es zunächst eine deutliche Leistungssteigerung, ausgerechnet im Finale jedoch wieder einen Einbruch. Nach grandiosen Gefechten im Viertel- und Halbfinale gegen Italien und die DDR unterlagen die Tauberbischofsheimer Matthias Gey, Thorsten Weidner, Matthias Behr, der eingewechselte Thomas Endress und der Bonner Uli Schreck gegen das schwächer eingestufte UdSSR-Team um Routinier Alexandre Romankow 5:9. Die Silber-Medaille war daher für das Team eine große Enttäuschung. Wahrscheinlich hatten die beiden Finalkämpfe gegen Italien und die DDR zu viel Substanz gekostet.

Jahrzehntelang hatten die deutschen Fechter ziemlich erfolglos mit dem Säbel gerasselt, in Seoul jedoch gelang auch ihnen der Sprung in die Weltspitze. Die beiden »Asphalttouristen« (beide gehen gerne zu Fuß zum Kampf), Felix Becker und Jürgen Nolte, schalteten dabei bereits in der Vorrunde recht namhafte Gegner aus. Damit standen nach dem legendären Erwin Casmir seit den Spielen von 1936 in Berlin erstmals wieder deutsche Säbelspezialisten in der Runde der letzten Acht.

Dort jedoch war es aus mit den prominenten Opfern, Olech revanchierte sich an Nolte, Becker unterlag gegen den Franzosen Lamour. Beide fühlten sich von den Kampfrichtern jedoch verschaukelt. Als es ums Ganze ging, hatten die prominenten Namen wohl mehr Kredit bei den Kampfrichtern. Die neue Stärke in der alten Säbel-Misere ist vor allem Boris Stawrew zu verdanken, dem neuen Bundestrainer, der schon in Rumänien seine Sabreure in die Weltklasse geführt hatte.

Gold gewann schließlich Jean-François Lamour. Er besiegte im Finale Altmeister Olech souverän mit 10:4 Treffern.

Im Mannschaftswettbewerb dann reichte es für Jürgen Nolte, Felix Becker, Jörg Kempenich (alle Bonn), Stephan Thönneßen (Dormagen) und Dieter Schneider (Tauberbischofsheim) für einen sechsten Platz. Damit warten Deutschlands Säbelfechter weiter auf die ersten Medaillen der Nachkriegszeit. Nach einer 5:9-Niederlage gegen Frankreich im Viertelfinale gab es im Kampf um den fünften Platz gegen Polen ein 4:9. Der deutsche Meister Becker siegte fünfmal, Nolte war dreimal erfolgreich und Kempenich gelang ein Sieg.

Gold holte in einem dramatischen Finale Ungarn durch ein 8:8 gegen die Sowjetunion, wobei die Magyaren nach einen 4:8-Rückstand schließlich das bessere Trefferverhältnis aufwiesen. Bronze ging an Italien, das sich gegen Frankreich bei 8:8-Siegen aufgrund der Trefferdifferenz (64:63) durchsetzte. Für Ungarn war es der erste Olympiasieg seit 1960 und der Zehnte insgesamt.

»Platz sechs ist gut. Wenn mit Elektrosäbeln gefochten worden wäre, hätten wir gegen Frankreich eine Chance gehabt, denn drei Kämpfe haben die Obleute zugunsten der Franzosen umgebogen«, sagte Cheftrainer Emil Beck. Vom kommenden Jahr an wird es auch bei der Hieb- und Stichwaffe die elektrische Trefferanzeige geben, was Beck als Vorteil wertet. »In vier Jahren in Barcelona kämpfen wir um eine Medaille«, glaubt der Tauberbischofsheimer.

Florett, Einzel	*21. 09. 1988*
1. Stefano Cerioni (Italien)	
2. Udo Wagner (DDR)	
3. Alexandre Romankow (UdSSR)	
4. Ulrich Schreck (BR Deutschland)	
5. Zsolt Ersek (Ungarn)	
6. Mauro Numa (Italien)	
8. Mathias Gey (BR Deutschland)	
18. Joachim Wendt (Österreich)	
Florett, Mannschaft	*27. 09. 1988*
1. UdSSR (Alexander Romankow/Ilgar Mamedow/Wlad. Aptsiauri/Anwar Ibraguimow/Boris Koretski)	
2. BR Deutschland (Mathias Gey/Thorsten Weidner/Matthias Behr/Ulrich Schreck/Thomas Endres)	
3. Ungarn (Zsolt Ersek/Pal Szekeres/Istvan Szelei/Istvan Busa/Robert Gatai)	
4. DDR	
5. Polen	
6. Frankreich	
Säbel, Einzel	*23. 09. 1988*
1. Jean-François Lamour (Frankreich)	
2. Janusz Olech (Polen)	
3. Giovanni Scalzo (Italien))	
4. Philippe Delrieu (Frankreich)	
5. Gyorgy Nebald (Ungarn)	
6. Georgi Pogossow (UdSSR)	
23. Stephan Thönneßen (BR Deutschland)	
Säbel, Mannschaft	*29. 09. 1988*
1. Ungarn (Gyorgy Nebald/Bence Szabo/Laszlo Csongradi/Imre Bujdoso/Imre Gedoevari)	
2. UdSSR (Sergej Mindirgassow/Michail Burtsew/Georgi Pogossow/Andrej Alschan/Sergej Koriajkine)	
3. Italien (Massimo Cavaliere/Gianfranco dalla Barba/Marco Marin/Ferd. Meglio/Giovanni Scalzo)	
4. Frankreich	
5. Polen	
6. BR Deutschland	

Linke Seite: Die lange Tradition des Fechtsportes setzte sich in Seoul in mitreißenden Kämpfen durch. Bester mit dem Florett: der Italiener Stefano Cerioni (oben). Mathias Gey (Mitte) blieb der achte Platz, Ulrich Schreck der undankbare vierte Rang. Die beiden sind ebenso wie ihre Mannschaftsgefährten faire Verlierer, ihre Gratulation (unten) galt dem siegreichen Floretteam der UdSSR, hinter dem sich die Bundesdeutschen aber die Silbermedaille erobert hatten.

Rechte Seite: Strahlen können sie auch über die gelungene Qualifikation. Überraschend nämlich erreichten Felix Becker (links) und Jürgen Nolte (rechts) ihre Position unter den besten acht in der Welt, die Jüngsten im Team hatten keine Scheu vor den großen Namen. Sie lieferten sich packende Kämpfe mit ihren zum Teil weitaus erfahreneren Gegnern.

Herren, Degen
Einzel
Mannschaft

Klammheimlich ins Finale – Deutsche Degen-Männer auf Medaillenkurs

»Jaaaaaa« – keiner schrie sich die Erleichterung über den Sieg so laut heraus, wie der Leverkusener Arnd Schmitt. Der erfolgsgewohnte 23jährige Student, Junioren-Weltmeister mit der Mannschaft, Weltcup-Sieger und deutscher Meister gewann Gold im Einzel der Degenfechter (unten), der entscheidende Treffer gegen den Franzosen Philippe Riboud (oben).

Ein Mammutfeld von 62 Fechtern war mit dem Degen angetreten, die Klingen zu kreuzen. Drunter auch die drei deutschen Musketiere Alexander Pusch, Thomas Gerull und Arnd Schmitt. Pusch, der in Tauberbischofsheim inzwischen als fest bestellter Trainer besonders Anja Fichtel betreut, hatte zuvor geschworen, so gut wie sein Schützling Anja zu fechten. Zuerst schied Gerull aus, in der Runde der letzten Zwölf war aber auch Endstation für den Olympiasieger von 1976 in Montreal – Alexander Pusch. Anja Fichtel wird ihn ins Gebet nehmen.

Dagegen rückte Arnd Schmitt aus Leverkusen fast klammheimlich ins Finale vor. Der 23jährige Student der Zahnmedizin, der 1987 zwar den Weltcup gewonnen hatte, 1988 aber nicht so recht in Schwung gekommen war, er qualifizierte sich über die Hoffnungsrunde. Nicht besser erging es dem Franzosen Philippe Riboud. Der zweifache Weltmeister und zweifache Bronzemedaillengewinner bei den Spielen 1980 und 1984 wollte endlich ganz nach oben, seine lange Karriere krönen. Und plötzlich stand ihm Schmitt gegenüber.

Das Finale jedoch war an Dramatik nicht zu überbieten: Zuerst ein

Degen, Einzel *24.09.1988*

1. Arnd Schmitt (BR Deutschland)
2. Philippe Riboud (Frankreich)
3. Andrej Schuwalow (UdSSR)

4. Sandro Cuomo (Italien)
5. Torsten Kühnemund (DDR)
6. Jerri Bergström (Schweden)

9. Alexander Pusch (BR Deutschland)
16. Michel Pottet (Schweiz)

Degen, Mannschaft *30.09.1988*

1. Frankreich
(Frederic Delpha/Jean Michel Henry/Olivier Lenglet/Philippe Riboud/Eric Srecki)
2. BR Deutschland
(Elmar Borrmann/Volker Fischer/Thomas Gerull/Alexander Pusch/Arnd Schmitt)
3. UdSSR
(Andrej Schuwalow/Igor Tichomirow/Michael Tischko/Pawel Kolobkow/Wladimir Reznitschenko)

4. Italien
5. Schweiz
6. Ungarn

Nervenkrieg als keiner der beiden aktiv werden wollte, jeder provozierend die Klinge unten ließ. Dann greift Schmitt an und schon touchiert ihn der massige, eher träg scheinende Riboud zweimal. Der Franzose sticht ansatzlos zu. Jetzt wird Schmitt heiß, endlich klingen die Degen. Der Leverkusener drängt Riboad zurück, »stellt ihn auf«, wie es im Fachjargon heißt – und trifft. Riboud jedoch kontert geschickt, die »Parade-Riposte« ist seine Stärke. Kurz vor Ende führt Schmitt mit 8:7, muß nur noch vier Sekunden bis Kampfende ausweichen, doch Riboud trifft in der letzten Sekunde. Der nächste Treffer entscheidet: Schmitt trifft nach einer akrobatischen Einlage – Gold für den Mann mit Nerven aus Degenstahl.

Im Rückwärtsgang zur Silbermedaille: Schonungslos zerstörten Frankreichs Degenfechter den Traum der Deutschen, zum zweitenmal nach 1984 Mannschafts-Olympiasieger zu werden. Gold-Junge Arnd Schmitt (Bonn), Alexander Pusch, Thomas Gerull, Elmar Borrmann und Volker Fischer (alle Tauberbischofsheim) unterlagen in einem einseitigen Finale den Franzosen klar mit 3:8. Bronze hatte sich Weltmeister Sowjetunion durch ein 8:8 (65:63) über Italien geholt. Taktisch war das Degen-Team nicht gut beraten: Anstelle auf Sieg zu fechten, waren Gerull und Pusch zufrieden mit Doppelniederlagen, die es nur beim Degenfechten gibt. Doch die Franzosen zogen auf 5:0 davon und sicherten sich über 7:2 beim 8:3 wie schon 1980 in Moskau die Goldmedaille. Bundestrainer Peltzer machte Pusch (ein Sieg) und Borrmann (ohne Sieg) für die Niederlage verantwortlich: »Zwei Ausfälle sind schlecht zu verkraften.« Pusch jedoch verteidigte sich: »Seit sechs Jahren sind wir stets mit Silber dabei.« Der Olympiasieger von Montreal empfand die Franzosen sehr aggressiv, fast unsportlich. Nach dem großen Glück des Teams gegen Korea und Italien war Silber mehr als genug.

Mehr wollten eigentlich nur Schmitt und Fischer, der sich über die Rolle als Ersatzmann ärgerte. »Ich habe hier acht Kämpfe gemacht, also pro Kampf eine Woche trainiert. Das passiert mir nie wieder«, meinte der Weltmeister von 1987 enttäuscht.

Den Grundstein zum Silber hatte das Quintett gegen Korea (8:6 nach 5:6-Rückstand) und gegen Italien (8:7) gelegt. Obwohl Pusch viermal verlor, entschied Gerull gegen Andrea Bermond beim 7:7 mit dem letzten Treffer zum 5:4 das Gefecht und sicherte die Medaille.

Alexander Pusch (oben, Vordergrund), im Gefecht mit dem Franzosen Olivier Lenglet, der mit seiner Mannschaft Gold entgegennehmen konnte. Aber Silber gereichte den Bundesdeutschen auch zur Freude: Elmar Borrmann, Volker Fischer, Thomas Gerull, Alexander Pusch und Arnd Schmitt.

Damen
Florett
Einzel

Tauberbischofsheim schreibt Sportgeschichte: Drei Mädchen – drei Floretts – ein Beck

Oben: Vereinsinternes Finale, Anja Fichtel (links) contra Sabine Bau. »Ich habe bereits vor einem Jahr gesagt, daß 1988 nur Seoul zählt«, so die gefeierte (Bild rechts) Florett-Dame Fichtel. Und dieses Selbstbewußtsein scheint den feinen, aber entscheidenden Unterschied zwischen Gold, Silber und Bronze ausgemacht zu haben.

Drei deutsche Damen lösten die Spannung und entschädigten das deutsche Team für die vielen Tiefschläge zuvor. Gold, Silber und Bronze für Anja Fichtel, Sabine Bau und Zita Funkenhauser. Ein totaler Triumph: Fast hätten die Superlative nicht ausgereicht, um den in der Sportgeschichte der Bundesrepublik bisher einmaligen Erfolg der drei Fechterinnen aus Tauberbischofsheim zu beschreiben. Alle drei Medaillen mit dem Florett an die ebenso hübschen wie reaktionsschnellen Schülerinnen von Emil Beck, dem ehemaligen Friseur, der jetzt wohl endgültig zu den internationalen Großmeistern unter den Trainern zu zählen ist.

Nach dem Sieg sang Patriot Beck gemeinsam mit »seinem« Minister Gerhard Mayer-Vorfelder, der Beck und den Stützpunkt Tauberbischofsheim stets unterstützt hatte, gerührt die Nationalhymne. Drei Mädchen aus einer Stadt, aus einem Verein, aus einer Fechter-Hochburg. »Olympia-Stützpunkt«, das ist die Zauberformel von Emil Beck, die er immer wieder auch den anderen Sportarten empfiehlt.

Drei Mädchen, im Erfolg vereint, aber mit höchst unterschiedlichen Charakteren. Zu Hause fechten sie fast täglich mit- und gegeneinander, und so siegte im internen (Vereins-)Finale denn auch das Mädchen mit den besten Nerven: Anja Fichtel, blond, blauäugig und unbekümmert, hatte gegen Sabine Bau zuerst leichtes Spiel, ehe diese aufdrehte, aber doch relativ klar verlor. Sabine Bau hatte wohl ihren überraschenden Sieg gegen die eigentliche Gold-Favoritin Zita Funkenhauser noch nicht verdaut. Zita war die tieftraurige Verliererin. Entnervt bereits, gewann sie zwar im Gefecht um Bronze hauchdünn gegen Susanna Janosi mit 10:9 Treffern, aber die Ungarin verweigerte der Ex-Rumänin gar noch den Handschlag auf der Planche. Bei der Siegerehrung weinten dann alle drei deutschen Mädchen – wieder vereint. Die Anspannung der harten Gefechte, in denen die starke Konkurrenz aus den Fechter-Hochburgen Ungarn und der Sowjetunion, aber auch die Chinesinnen, das Trio aus Tauberbischofsheim gewaltig auf die Probe gestellt hatten, entlud sich nach dem spontanen Freudentaumel erst jetzt.

Florett, Einzel	*22. 09. 1988*
1. Anja Fichtel (BR Deutschland)	
2. Sabine Bau (BR Deutschland)	
3. Zita Funkenhauser (BR Deutschland)	
4. Zsuzsanna Janosi (Ungarn)	
5. Tatiana Sadowskaja (UdSSR)	
6. Gertrud Stefanek (Ungarn)	

Chef-Bundestrainer Emil Beck war nach dem Dreifach-Sieg seiner Mädchen in höheren Sphären: »Es ist wie eine Reise in den Himmel. Nur im Paradies kann es noch schöner sein.«

Tränen bei der Siegerehrung. Die dreimalige Weltmeisterin Cornelia Hanisch über die Mädchen (von links): Sabine Bau »ist endlich mal wieder über sich hinausgewachsen«; Anja Fichtel »ist und bleibt für mich die nervenstärkste«; Zita Funkenhauser »war heute viel zu nervös«.

Damen, Florett
Mannschaft

Die vergoldeten Floretts oder die Mädchen vom anderen Stern

Die Spannung der olympischen Spiele aus bundesdeutscher Sicht lieferten die Fechterinnen, die schließlich einen triumphalen Sieg feiern konnten. Sabine Bau legte im Kampf gegen Dorina Vaccaroni den Grundstein dazu. Anja Fichtel, Zita Funkenhauser, Annette Klug und Christiane Weber waren die weiteren erfolgreichen Fecht-Damen.

»Die deutschen Mädchen fechten wie von einem anderen Stern.« Dieses Lob von Italiens Cheftrainer Maestro Atilio Fini war nicht geschmeichelt, es traf die Realität. Beim 9:4 über die Squadra Azzura zelebrierten Anja Fichtel, Sabine Bau, Zita Funkenhauser (alle Tauberbischofsheim) und Christiane Weber (Offenbach) am Mittwoch im Fechtgymnasium von Seoul im Kampf um die Goldmedaillen auch in der Mannschaft die hohe Schule der Fechtkunst und vergoldeten ihre Floretts. Wie schon im Viertelfinale gegen Frankreich (9:4) und im Halbfinale gegen die Sowjetunion (9:3) war das Team um Bundestrainer Paul Neckermann, zu dem auch Annette Klug (Tauberbischofsheim) gehört, der Konkurrenz haushoch überlegen. »Unsere Mädchen haben hier Geschichte geschrieben«, jubelte Fechtpräsidentin Erika Dienstl. DSB-Präsident Hans Hansen würdigte die zehnte Goldmedaille für die Bundesrepublik Deutschland mit den Worten: »Fechter und Reiter haben hier imponiert. Sie überstrahlten mit ihren Medaillen manche herben Enttäuschungen.« Emil Beck sei ein großer Trainer und Psychologe.

Als »Durchbruch für den Frauensport« bezeichnete Helmut Meyer den Erfolg. Kaum war der letzte Treffer gesetzt, ließen die »goldigen Fünf« keinen Mann in ihren Kreis. Kreischend tanzte das Quintett nach seinem Triumph auf der Planche, die Freudentränen kullerten und die vielen Schlachtenbummler auf der Tribüne, darunter Michael Groß und Peter-Michael Kolbe sowie weitere Athleten aus der Olympiamannschaft waren ins Fechtgymnasium gekommen und feierten die Mädchen mit »Deutschland, Deutschland«. Matchgewinnerin gegen die Italienerinnen war die hübsche Christiane Weber, die im Einzel hatte zuschauen müssen, mit drei Siegen. Die Leistung der Offenbacherin beflügelte die anderen. »Italien ist eigentlich unser Angstgegner, endlich haben wir die geschlagen.«

Florett, Mannschaft	*28.09.1988*
1. BR Deutschland (Sabine Bau/Anja Fichtel/Zita Funkenhauser/Annette Klug/Christiane Weber)	
2. Italien (Francesca Bortozzi/Annapia Gandolfi/Lucia Traversa/Dorina Vaccaroni/Margherita Zalaffi)	
3. Ungarn (Szuszanne Janosi/Gertrud Stefanek/Szuz Sanna Szocs/Katalin Tuschak/Edit Kovacs)	
4. UdSSR	
5. China	
6. USA	

Es war einmal

Vor unendlich langer Zeit einmal hatten die Herren Arbitres an der Planche die Damen wahrscheinlich zurechtgewiesen. Sie hatten streng darauf hingewiesen, das Quieken zu unterlassen, welches sie bei jedem gesetzten Treffer unter der Maske hören lassen. Heute quieken sie und keiner findet etwas dabei – übrigens: Die Herren brüllen oft wie die Stiere, wenn sie ihre Anspannung in Hieb und Stich entladen haben. Die gerade 20jährige Anja Fichtel, die schon alles gewonnen hat, was man gewinnen kann mit dem Florett, quiekte. Sie focht gegen die Vaccaroni, jene extravagante Italienerin. Das junge Fräulein Fichtel setzte den ersten, zweiten, dritten Treffer und jedes Mal quiekte sie ein Tönchen höher – als sie den vierten Treffer gesetzt hatte, quiekte sie in solchem Diskant, daß man befürchtete, sie würde sich nicht mehr steigern können. Sachlich: Beim Stande von 8:4 im Finale gegen Italien bedeutete die 4:0-Führung so etwas wie vier Match-Punkte zur Goldmedaille. Unsachlich: Man wird nie erfahren, ob Anja Fichtel tatsächlich noch höher quieken kann, denn als sie den fünften Treffer setzte, ging alles weitere unter in einem hüpfenden, umarmenden, küssenden und quiekenden Tohuwabohu. Niemand auf der Welt kann sich mehr freuen als eine Handvoll junger Mädchen.

Ulrich Kaiser

Reiten Fünfkampf

Schwarze Schafe

»Wir sind die einzige Sportart, die noch keine Silber- oder Bronzemedaille gewonnen hat«, Paul Schockemöhle, reitsportlicher Berater in Seoul, faßte bekannt westfälisch-trocken das überwältigende Ergebnis vor dem abschließenden Einzelspringen zusammen. Fast könnte man meinen: Deutschlands Reiter geben sich nur mit Gold zufrieden. Gold für die Military-Equipe, Gold für das Dressur-Quartett und gleich auch noch für Nicole Uphoff – und – von keinem erwartet, ja nicht einmal erträumt – Gold für die Springreitermannschaft.

Schwarze Schafe auf den Rücken der Pferde, auf denen doch das Glück der Erde liegen soll, waren allein die Modernen Fünfkämpfer, für die es bei ihrer Einzeldisziplin nur durch den Warendorfer Dirk Knappheide positive Meldungen gab. Doch: Die schwachen Vorführungen der Fünfkämpfer gerieten angesichts des Triumphs der Pferde-Spezialisten wenigstens in Sachen Reiterei schnell in Vergessenheit. Zu groß war die Freude über das Erreichte.

Während die Springreiter das unmöglich Geglaubte möglich machten, taten die Dressurreiter das, was allgemein von ihnen erwartet wurde – sie holten Gold – aber wie! Auch beim Reitsport macht halt der Ton die Musik.

Bocksprünge

Das Damentrio mit Ann-Kathrin Linsenhoff, Monica Theodoresco und Küken Nicole Uphoff, dazu der »Hahn im Korb«, Altmeister Dr. Reiner Klimke, lagen in der Endabrechnung 138 Punkte vor den Schweizern, 169 Zähler vor den drittplazierten Kanadiern. Spitzenreiterin: NN – Natürlich Nicole, und nicht zu vergessen ihr treuer vierbeiniger Weggefährte, der elfjährige Westfale Rembrandt. Dritte war Monica Theodorescu mit Ganimedes, sechste Ann-Kathrin Linsenhoff und nur siebter, wenn auch bester Mann in der Konkurrenz, Dr. Reiner Klimke. Sein Ahlerich, mit 17 Jahren, im Pferderentenalter, zeigte plötzlich ausgerechnet vor den gestrengen Richteraugen das Temperament eines Jungtieres. Die fröhlichen Bocksprünge kosteten ihn und seinen verdutzten Reiter die Teilnahme am Grand Prix Spezial.

Nach den vielen Erfolgen bundesdeutscher Reiter lag es am Ende an Karsten Huck, einen weiteren hinzuzufügen. Spannend war das Finale der Einzelkonkurrenz, in dem Huck auf seinem Nepomuk sich tapfer schlug, ein Flüchtigkeitsfehler und eine unkonzentrierte Aktion eingangs der »Zweifachen« im Stechen ergaben für ihn am Ende Bronze, er selbst freute sich sofort über Rang drei, die anderen Reiter aus dem Team um Paul Schockemöhle hatten bis zum fröhlichen Jubeln noch Anlaufzeit nötig.

Zu nah war ihrer Ansicht nach Huck an den Titel eines Olympiasiegers herangeritten.

Die Anlage »im Grünen« sah in der Dressur gute Wettbewerbe. Probleme aber hatten die Military-Reiter, die mit weiten Entfernungen zu ihren Einsatzorten belastet waren.

Nicole Uphoff ist die jüngste Goldreiterin in der Dressur

Der Weg für die Nachfolge Dr. Klimkes stand drei jungen Frauen offen. Ein Mann, der in jedem anderen Land als Medaillenhoffnung unbedingt nominiert worden wäre, stand plötzlich am Rand und drückte die Daumen. Mit Erfolg, denn zwar nicht einer, aber doch »eine« kam durch, Nicole Uphoff zeigte im Gegensatz zur weitaus erfahreneren Konkurrenz keinerlei Nerven. Altmeister Josef Neckermann spendete seltenes Lob: »So wunderschön kann Dressur sein.« Olympiasiegerin in der Dressur, Meisterin in der hohen Schule der Reitkunst, natürliche Anmut, Mühelosigkeit, Feinheit, alles resultierend aus einer erstaunlichen Ruhe. Die 21jährige Auszubildende hatte die Nerven, voll auf Risiko zu reiten. »Da kann man nicht hingucken, mein Gott ist die mutig«, Military-Bundestrainer Martin Plewa drehte sich lieber weg, derweil Bundestrainer Harry Boldt kommentierte: »Nur wer so reitet, darf Olympiasiegerin werden.«

Hahn im Korb bei den drei hübschen Mädchen der Dressurequipe war Dr. Reiner Klimke. Monica Theodorescu, Nicole Uphoff und Ann-Kathrin Linsenhoff »warfen« den Altmeister aus dem Grand Prix Spezial. Da aber gab's die Sensation. Nicole Uphoff wurde die jüngste Goldmedaillengewinnerin aller Zeiten in Sachen Reitkunst.

Dressur, Mannschaft	*25.09.1988*
1. BR Deutschland (Nicole Uphoff/Monica Theodorescu/ Ann-Kathrin Linsenhoff/Reiner Klimke)	**4 302**
2. Schweiz (Otto Hofer/Christine Stückelberger/ Daniel Ramseier/Samuel Schatzmann)	**4 164**
3. Kanada (Cynthia Ishoy/Eva Maria Pracht/ Gina Smith/Ashley Nicoll)	**3 969**
4. UdSSR	3 962
5. Niederlande	3 903
6. USA	3 883

Dressur, Einzel	*27.09.1988*
1. Nicole Uphoff (BR Deutschland)	**1 521**
2. Margitt Otto-Crepin (Frankreich)	**1 462**
3. Christine Stückelberger (Schweiz)	**1 417**
4. Cynthia Ishoy (Kanada)	1 401
5. Kyra Kyrklund (Finnland)	1 393
6. Monica Theodorescu (BR Deutschland)	1 385
7. Otto Hofer (Schweiz)	1 383
8. Ann-Kathrin Linsenhoff (BR Deutschl.)	1 374

Springreiten
Mannschaft
Einzel

Das Glück der Erde liegt auch bei Olympia auf dem Rücken der Pferde

Bronze für Karsten Huck und seinen mächtigen bayerischen Wallach Nepomuk (rechts). Mannschaftsgold für Wolfgang Brinkmann auf Bugatti Pedro für zwei Super-Ritte (unten). Der Parcours war schwer gestellt, zudem mit allerlei für Pferd und Reiter ungewohnten Verzierungen.

War er nun der große Sieger oder ein unglücklicher Verlierer? Als Karsten Huck am letzten Wettkampftag der olympischen Spiele den Parcours im Hauptstadion zum letzten Mal verließ, klopfte er glücklich den Hals seines treuen Nepomuk. Der Reiter aus Neumünster hatte Gold verloren – aber Bronze gewonnen, denn: Ursprünglich war er nach den Qualifikationsergebnisse in gleicher Situation wie Dressurreiter Klimke.

Weltklasse, aber nur viertbester eines Teams, aus dem drei die Startberechtigung haben dürfen. Da aber erwies sich der »Amateur« unter den bundesdeutschen Springreitern, die ansonsten als Beruf die Reiterei angeben, als einer, dem Fairneß kein Fremdwort ist. Brinkmann verzichtete ohne Murren auf den Start in der Einzeldisziplin, die Goldmedaille mit der Mannschaft war ihm, dem Textilunternehmer aus Herford für sich und Pferd Bugatti Pedro genug. Trainer Paul Schockemöhle, bei dem das Groß der deutschen Reiterelite beschäftigt ist: »Wolfgang hat sich großartig verhalten, genauso wie vorher Karsten.« Huck, der Einzelreiter, hatte vor dem Mannschaftsbewerb zugunsten von Ludger Beerbaum verzichtet. Teamgeist unter den samt und sonders der Weltklasse zuzurechnenden Mitgliedern der deutschen Equipe.

Huck hatte Gold vor Augen, als er in das riesige Stadion zum zweiten Umlauf anritt, vor ihm und seinem 12jährigen schwarzbraunen Wallach lag ein schwieriger Parcours, erst wenige Stunden zuvor von Olaf Petersen (»Ich werde einen Parcours bauen, wie es ihn noch nie gegeben hat«) aufgestellt. Er, der anerkannte Experte aus Norddeutschland, verwirklichte in Korea »seine Träume in Holz«, ließ Kreativität und Phantasie freien Lauf und sorgte so für ein ganz ungewohntes Bild im sonst so gleichförmigen Parcoursaufbau. Aber: »Petersens Gartentor« war eine Spielerei, die Huck und Nepomuk das Gold entriß. Dort nämlich passierte es, am vorletzten Hindernis unterlief dem bayrisch-norddeutschen Duo ein

Flüchtigkeitszähler. Aus war's in Sachen Gold. Außerhalb des Parcours hüpfte derweil der Franzose Pierre Durand, als wollte er ohne Pferd noch einmal alle Hindernisse überwinden, er war Olympiasieger, ohne Abwurf, lediglich mit eineinviertel Zeitfehler behaftet. Karsten Huck aber stand plötzlich vor einem Stechen, das er dann gegen den Amerikaner Greg Best auf dem bildschönen Schimmel Gem Twist verlor. Huck war, nachdem der Amerikaner eine rasante Zeit – und einen Springfehler – vorgelegt hatte, in ruhiger Beherrschtheit eingeritten, hatte besonnen die Hindernisse taxiert – und am gleichen Hindernis wie zuvor Best einen Abwurf, so blieb Bronze.

Während noch seine Teamkollegen stöhnten, erklärte Huck überglücklich: »Es war ein unwahrscheinlich schönes Gefühl, das kann man gar nicht beschreiben, als ich zum Stechen antreten mußte.«

Und: »Ich muß jetzt wohl Ehrenbürger von Bayern werden, zum ersten Mal hat ein bayrisches Pferd eine Olympiamedaille gewonnen«, sagte er, dessen Nepomuk in Sachen Abstammung ein Exot unter den ansonsten vorwiegend aus Westfalen stammenden Springpferden ist.

Karsten Huck konnte im großen Olympiastadion beruhigt antreten, die deutsche Springreiterei hatte ihren Triumph schon zuvor. Was niemand gedacht, niemand erhofft hatte, war eingetreten, die von Paul Schockemöhle geführte Equipe holte Gold. Ludger Beerbaum auf The Freak, Wolfgang Brinkmann auf Bugatti Pedro, Dirk Hafemeister auf Orchidee und Franke Slothaak auf Walzerkönig ließen die Teams aus den USA und Frankreich deutlich hinter sich.

Dabei hatte es nicht nur anhand der Ergebnisse aus vorherigen internationalen Wettkämpfen nicht nach einer Medaille ausgeschaut, sondern auch, weil Beerbaums Wallach Landlord verletzt war und der Mühlener Dirk Hafemeisters Ersatzpferd am Tag vor dem Wettkampf zum ersten Mal überhaupt ritt.

Umso mehr stand nachher die großartige Reiterleistung Beerbaums im Blickpunkt. Seit Hans-Günther Winklers denkwürdigem Sieg auf Halla 1956 waren deutsche Olympiareiter nicht mehr so umjubelt worden.

Paul Schockemöhle drückte höchstes Lob aus: »Ich hätte auch nicht besser reiten können als die vier.« Olympias Reitertage waren die Tage der Deutschen, Teamgeist, Fairneß und Erfolge, die Reiterei und gerade die der Sprungexperten hat enormen Aufschwung genommen, die Querelen des vergangenen Jahres sind endgültig vergessen.

Springreiten, Mannschaft	*27. 09. 1988*
1. BR Deutschland (Ludger Beerbaum/Wolfgang Brinkmann/ Dirk Hafemeister/Franke Sloothaak)	**17,25**
2. USA (Greg Best/Lisa Jacquin/ Anne Kursinski/Joe Fargis)	**20,50**
3. Frankreich (Hubert Bourdy/Frederic Cottier/ Michel Bobert/Pierre Durand)	**27,50**
4. Kanada	28,75
5. Niederlande	32,25
6. Großbritannien	40,00

Springreiten, Einzel	*02. 10. 1988*
1. Pierre Durand (Frankreich)	**1,25**
2. Greg Best (USA)	**4,00**
3. Karsten Huck (BR Deutschland)	**4,00**
4. Anne Kursinski (USA)	8,00
4. David Broome (Großbritannien)	8,00
6. Jaime Azcarraga (Mexiko)	8,25
7. Franke Slothaak (BR Deutschland)	12,00
7. Markus Fuchs (Schweiz)	12,00
7. Thomas Fuchs (Schweiz)	12,00

Reiter, Trainer, Betreuer und Pferde vereint, die Goldmedaille war eine Leistung aller Beteiligten. Auch Franke Slothaak auf Walzerkönig trug zum Erfolg bei.

Military
Einzel
Mannschaft

Gold für das deutsche Military-Quartett – Bronze für Britanniens Amazone

Ob sie nun Olympiasieger in der Military oder im Vielseitigkeitsreiten sind, das war ihnen hinterher herzlich egal: Nach 52 Jahren gewann wieder ein deutsches Reiter-Quartett Gold in der so anspruchsvollen Dreier-Prüfung mit Dressur, Geländeritt und Springen. Da fragte niemand mehr, ob denn der traditionelle, etwas militärisch anmutende Name wirklich geändert werden mußte.
Nach der Dressur hatten sich Chancen abgezeichnet, nach dem Geländeritt war es ein banger Traum, nach dem Springen dann Realität für Claus Erhorn, Matthias Baumann, Thies Kaspareit und Ralf Ehrenbrink.
Einzigartig war auch der Teamgeist: Claus Erhorn war als letzter bundesdeutscher Reiter ins Springen gegangen und brachte sicher den Sieg ins Ziel. Wäre er nur etwas schneller geritten, hätte er die Bronzemedaille in der Einzelwertung geholt. Ein bemerkenswertes Opfer für das Mannschaftsgold.
Die Military hat sich aus der englischen Jagdreiterei entwickelt

Oben: Mark Todd, 32jähriger Farmer aus Neuseeland, holte sich auf seiner halb so alten Rappstute Charisma vor den Briten Einzelgold. Vor Olympia hatte Todd sich als Prophet erwiesen: »Wer in Seoul gewinnen will, muß diesmal vor allem die Deutschen und die Engländer schlagen.« Das Resultat sprach Bände: Die deutsche Equipe (rechte Seite) mit Baumann, Kaspareit, Ehrenbrink und Erhorn. Unten: Claus Erhorn mit Justyn Thyme.

und dauert meist drei Tage. In der Wertung zählt vor allem der etwa sieben Kilometer lange, mit etlichen Hindernissen gespickte Geländeritt, bei dem es oft schon Unfälle für Pferd und Reiter gab. Auch in Seoul war die Strecke für viele Reiter zu schwierig.

Bei der Siegerehrung stand dann sogar ein adeliger Handschlag an: Prinzessin Anne, selbst eine sportlich in dieser Disziplin international bewährte Reiterin, überreichte die Medaillen, dabei im englischen Silber-Team auch an ihren Mann, Mark Phillips.

In der Einzelwertung wiederholte der 32jährige Neuseeländer Mark Todd mit seiner 16jährigen Rappstute Charisma seinen Olympiasieg von 1984. Die Engländer mußten sich mit Silber und Bronze zufriedengeben. Ian Stark auf Sir Wattie rettete dabei die Männer-Ehre auf der Insel vor der besten Amazone Virginia Leng auf Master Craftsman. Die Namen der Pferde sind ein eigenes Kapitel beim Reiten und erzählen oft manches über die Beziehungen zwischen Mensch und Tier. Ein Gewinner war in Seoul übrigens auch Bundestrainer Paul Neckermann, selbst ohne eigenen Start – die meisten Pferde kamen aus seinem Stall.

Military, Einzelwertung	*22.09.1988*
1. Mark Todd (Neuseeland)	**42,60**
2. Ian Stark (Großbritannien)	**52,80**
3. Virginia Leng (Großbritannien)	**62,00**
4. Claus Erhorn (BR Deutschland)	62,35
5. Tinks Pottinger (Neuseeland)	65,80
6. Matthias Baumann (BR Deutschland)	68,80
9. Thies Kaspareit (BR Deutschland)	94,80

Military, Mannschaftswertung	*22.09.1988*
1. BR Deutschland (Claus Erhorn/Matthias Baumann/ Thies Kaspareit/Ralf Ehrenbrink)	**225,95**
2. Großbritannien (Virginia Leng/Ian Stark/ Karen Straker/Mark Phillips)	**256,80**
3. Neuseeland (Mark Todd/Andrew Bennie/ Tinks Pottinger/Marges Knighton)	**271,20**
4. Polen	389,60
5. Australien	457,60
6. Frankreich	498,80

Moderner Fünfkampf
Einzel
Mannschaft

Vom Sattel über die Planche ins Wasser: Der Fünfkampf war eine Domäne der Ungarn

Nominierungsstreit, schwache Leistungen, Frust, Beschimpfungen und zum Schluß eine Disqualifikation – Deutschlands Moderne Fünfkämpfer ließen in Seoul kein Fettnäpfchen aus. Der blamable 16. Platz unter 19 Mannschaften bedeutete das schlechteste Ergebnis des Teams seit Olympia 1960 in Rom.

Beim abschließenden 4000-m-Geländelauf übertrat Dirk Knappheide (Warendorf) die Startlinie. Die Kampfrichter hielten ihn am Arm fest, wollten ihn zurückzerren. Doch Knappheide lief los, verausgabte sich total. Im Ziel wurde er disqualifiziert. »Ich bin wieder einen Schritt zurückgegangen und habe keinen Fehler gemacht«, beteuerte der 21jährige Schwimmeister zunächst vergeblich seine Unschuld. Später wurde das Urteil revidiert, aber da war schon alles vorbei.

Große Taten vollbrachten ohnehin andere Athleten, wie etwa die Briten, die im hügeligen Gelände des Olympiaparks die Bronzemedaille hinter den überragenden Ungarn und Italienern gewannen. Einzel-Olympiasieger wurde der 23jährige Sportlehrer Janos Martinek (Ungarn) vor Ex-Weltmeister Carlo Massullo (Italien) und Wachtang Jagoraschwili (UdSSR). Der 29jährige Michael Zimmermann (Warendorf) versagte mit Platz 42 im Gesamtklassement unter 65 Teilnehmern völlig. Nur der Berliner Marcus Marsollek war mit dem 25. Rang zufrieden. Er kritisierte jedoch wie auch die anderen Athleten das fehlende individuelle Training. »Bei Olympischen Spielen darf man sich aber nicht hängen lassen«, erkannte der 23jährige Architekturstudent, der die gestörte Atmosphäre zwischen Mannschaft und Trainer noch am besten wegsteckte.

Hatten die modernen Fünfkämpfer in Los Angeles sogar einige Tagessiege errungen, so hatten sie diesmal von Anfang an nichts zu bestellen. Schon in der ersten Disziplin, dem Reiten, landete die Mannschaft nur auf Rang sieben. Zahlreiche Stürze auf der extrem schwierigen Strecke, betroffen auch der sowjetische Mitfavorit Anatoli Audejew, prägten hier

Das Glück der Erde liegt nicht immer auf dem Rücken der Pferde – bittere Erfahrung für Marcus Marsollek aus dem Team der bundesdeutschen Fünfkämpfer, denn schon beim Reiten lief so gut wie nichts nach Plan (linke Seite, oben). Ganz anders der Ungar Janos Martinek (linke Seite unten). Er war in allen Disziplinen vorne dabei und gewann sowohl die Mannschafts- wie auch die Einzelgoldmedaille. Der Italiener Tiberti (links) beim Fechtkampf; nicht zuletzt auch er trug dazu bei, daß die Italiener sich am Ende über olympisches Silber freuen durften. Souveräner Schütze war Laszlo Fabian. Er (links unten) und Attila Mizser ergänzten das Gold-Trio, das mit über 300 Punkten Vorsprung gewann.

das Geschehen – die Pferde waren überfordert. Beim Fechten fegten die Ungarn die Deutschen gleich mit 9:0 von der Planche. Damit war die Moral der Truppe bereits gebrochen.

Beim Schwimmen ging es weiter bergab mit den Deutschen, während sich an der Spitze die Ungarn praktisch schon absetzten. Trotz einer Steigerung beim Schießen kam das deutsche Team nicht mehr ins Rollen, die Pleite im abschließenden Geländelauf war da nur noch das logische Resultat eines völlig verkorksten Auftritts. Vor dem 4000 m Lauf hatte allerdings Titelverteidiger Italien die Ungarn nochmals überholt, im Laufen jedoch waren die Magyaren, seit jeher unter den Stärksten im modernen Fünfkampf, nicht zu schlagen und überrannten die Italiener erneut.

Einzel	*22. 09. 1988*
1. Janos Martinek (Ungarn)	**5 404**
2. Carlo Massullo (Italien)	**5 379**
3. Wacht. Jagoraschwili (UdSSR)	**5 367**
4. Attila Mizser (Ungarn)	5 281
5. Christophe Ruer (Frankreich)	5 242
6. Richard Phelps (Großbritannien)	5 229
9. Peter Steinmann (Schweiz)	5 181
25. Marcus Marsollek (BR Deutschland)	4 964
37. Helmuth Spannagl (Österreich)	4 833

Mannschaft	*22. 09. 1988*
1. Ungarn (Janos Martinek/Attila Mizser/Laszlo Fabian)	**15 886**
2. Italien (Carlo Massullo/Daniele Masala/Gianluca Tiberti)	**15 571**
3. Großbritannien (Richard Phelps/Dominic Mahony/Graham Brookhouse)	**15 276**
4. Frankreich	15 268
5. UdSSR	15 214
6. CSSR	15 043

Ballsport

Eigenwerbung

Der Ballsport hat in Seoul gewonnen, gewonnen vor allem an Beliebtheit und Publikumsinteresse. Hockey und Wasserball, Volleyball natürlich, Handball, Basketball, Tischtennis, Fußball und vor allem Tennis fanden den ihnen gebührenden Zuspruch. Und sieht man einmal vom eher seichten Herren-Hockey-Endspiel ab, in dem die Briten sich mit ihrem Stil wenig Freunde machten, so betrieben die Sportler aller Herren Länder enorme Eigenwerbung. Spannende Spiele, knappe Ergebnisse – und vor allem auch einmal Außenseiter auf der Siegerstraße, da machte das Hinschauen wieder Spaß. Sportliche Höhen im tiefen Gewässer erlebten Deutschlands Wasserballer, die in ihren Vorrundenspielen so souverän gewannen und am Ende in die tiefsten Tiefen ihres Schwimmbeckens absackten. Unglücklich rutschten sie ab. Statt Silber oder Gold blieb der undankbare vierte Platz, ein paar Sekündchen nur fehlten ihnen zum großen Wurf.

Kickerkreislauf

Und dann die Fußballer, was waren sie im Vorfeld oft belächelt worden, mit welchen Schwierigkeiten hatte nicht Trainer Hannes Löhr zu kämpfen. Die späte Freigabe nach der Bundesliga, daraus resultierend eine späte Anreise, wenig Chance, den Kickerkreislauf noch auf den anderen Zeitrythmus einzustellen, und allem zum Trotz: Der Teamchef der A-Nationalmannschaft Franz Bekkenbauer mußte zuschauen, wie die Rumpfmannschaft der Olympiade seinen hochdotierten Fußballern den Rang ablief. Herzerfrischender Fußball mit vielen Toren, das gesamte olympische Turnier war eine gelungene Sache. Wären da nicht diese Dinger gewesen, die sich Elfmeter schimpfen und über die Psyche der deutschen Kicker Sperren in den Füßen auslösten, sie hätten gar um Gold gespielt. So war's am Ende Bronze, auch das ein nie erwartetes Ergebnis.

Den größten Triumph in den so vielseitigen Ballsportarten erlebte eine 19jährige Brühlerin. Tennis-Gräfin Steffi Graf, statt im Luxushotel endlich unter ihresgleichen, unter Sportkameradinnen und -kameraden im olympischen Dorf, setzte sich selbst ein Denkmal, gewann nach dem Grand-Slam nun das olympische Gold und endlich zeigte die nicht nur im Court sondern auch bei den anschließenden Feierzeremonien kühle Blonde Regung. »Das hat doch schon etwas Bewegendes, wenn die Fahne hochgezogen wird«, gab sie selbst zu, nachdem die Kameras es gezeigt hatten: Auch eine Steffi Graf kann bei einer Siegerehrung trotz aller Gewohnheit schlucken.

Olympische Ballspiele – an ihnen und bei ihnen haben alle gewonnen.

Die Koreaner investierten viel Geld in die Anlagen, modernste Sportstätten heben sie nun an die Spitze mittelasiatischer Länder, lassen für die sportliche Zukunft südkoreanischer Athleten viel erwarten. Auch die Basketballhalle sucht im weiten Umkreis ihresgleichen.

Nasse Augen nach nassem Sport denn die Medaille war verspielt

Hagen Stamm verkroch sich in die hinterste Ecke des Schwimmbades, weinte still vor sich hin, die anderen reagierten je nach Mentalität laut oder stumm, keiner war ansprechbar, der Schock über die in allerletzter Sekunde an die UdSSR verlorene Bronzemedaille hatte das Team schwer getroffen. Einen Tag nach dem klaren 10:14 im Halbfinale gegen Weltmeister Jugoslawien, der im Endspiel gegen die USA nach Verlängerung mit 9:7 die Goldmedaille von Los Angeles verteidigte, verlor die DSV-Auswahl in einem wahren Krimi gegen die Sowjets 13:14. Wasserballwart Eckart Bade sagte: »Die Spieler haben heute eine enorme Summe Geld verspielt.« Nur Medaillengewinner können mit der Optimal-Förderung rechnen, Seoul war vor allem ein finanzieller Rückschritt«. Sportlich nämlich gab es keinen Grund zur Klage. Das deutsche Team überzeugte mit den Vorrunden-Siegen über Italien und die UdSSR (9:8), gehörte damit zur erweiterten Weltspitze. Die Niederlage im Kampf um Bronze war erst in den letzten beiden Sekunden endgültig. Pechvogel dabei: Rainer Osselmann, der einen Paß von Fernandez erhielt, einen russischen Gegenspieler zu spät bemerkte und Dirk Jacoby den Ball zwar noch weitergeben konnte, doch da war der schon in der Zwei-Meter-Zone, der Treffer, mit dem Schlußpfiff erzielt, wurde nicht gegeben. Bodo Hollmann, Präsident des Deutschen Sportverbandes wertete: »Die Mannschaft hat gut gespielt und toll gekämpft.

Wasserball	*01. 10. 1988*
1. Jugoslawien	
2. USA	
3. UdSSR	
4. BR Deutschland	
5. Ungarn	
6. Spanien	

Größe zeigt sich nicht nur im Sieg, sondern in der Niederlage, darin waren die deutschen Wasserballer Meister. Zunächst auf Goldkurs, blieb am Ende unglücklich Platz vier, doch Krach und Streit kamen nicht auf. Schließlich – die Olympiasieger aus Jugoslawien stoppten das Team.

Damen, Hockey
Herren, Hockey

Hockey-Herren holten Silber – »Lahme« Hockey-Frauen nur Fünfte

Triumph für die Hockeynation Australien bei den Frauen, und eine neuerliche Sensation durch das Gastgeberland. Wie schon in anderen Sportarten preschten Aktive aus Südkorea ganz nach vorn. Silber nämlich für die wieselflinken Spielerinnen, die sich allein der Kraft der Frauen aus dem fünften Kontinent beugen mußten (rechts oben). Die Bundesdeutschen hatten ihre eigene Art, sich per »Kreisel« zu motivieren (rechts), am Abschlußtag blieb noch der fünfte Platz, derweil sich die Australierinnen ihr Gold abholten (rechts außen).

»Einfach lahm« seien sie beim ersten Spiel gewesen, bezeichnete Gaby Appel das, was sich bereits beim ersten Auftreten der deutschen Hockeydamen abzeichnete. Ein 1:4 gegen Südkorea ließ schon früh die Medaillenträume – und (überzogenen?) Erwartungen der Rekordnationalspielerin und ihrer Teamgefährtinnen zusammensinken. Und als nach dem Gruppenspiel gegen Australien, den späteren Olympiasieger, bereits die zweite Niederlage (0:1) zu Buche stand, war für die Mädchen Olympia gelaufen, sie rehabilitierten sich zwar mit ihrem 4:2-Sieg im Spiel gegen die Kanadier um Platz fünf, aber der bundesdeutsche Hockeysport steht bei den Frauen vor einem Neubeginn. Gaby Appel tritt nur noch zu einem Abschiedsspiel im März 1989 im Londoner Wembley-Stadion an, Susi Schmid und Gaby Schöwe hören gleichfalls auf. Bänderrisse an der rechten Schulter erlitt die unglückliche Susi Schmid zudem beim olympischen Turnier im Spiel um Rang fünf.
Anders dagegen die deutschen Herren, sie, ebenso vorbelastet durch die Silbermedaille von Los Angeles wie die Frauen, machten's einfach besser. Auch wenn im Finale Angstgegner Großbritannien die Schlagkraft der deutschen Herren lähmte, war das Team von Bundestrainer Klaus Kleiter am Ende doch zufrieden. Die Briten hatten von Anfang an die Initiative ergriffen. Im Sturm wurde der verletzte Stefan Blöcher, er schied im Halbfinale mit einer schweren Gehirnerschütterung aus, schmerzlich vermißt, umgekehrt waren die englischen Stürmer zu schnell für die Abwehrrecken Michael Metz und Uli Hänel. Ekkhard Schmidt-Opper nach dem Spiel: »Die Briten waren einfach besser, doch für das Welthockey ist es eine

»Völlig von der Rolle« waren Deutschlands Hockey-Jungs im Endspiel gegen Großbritannien (links oben) In der Vorrunde hatten sie die Mannen von der Insel noch geschlagen, im Endspiel aber war der Wurm drin. Bundestrainer Klaus Kleiter schaute dennoch zufrieden drein, Silber war mehr (links unten), als vor dem Turnier erwartet wurde. Zudem hatten die Hockey-Cracks in allen vorhergehenden den Spielen überzeugt und: sie mußten im Endspiel auf den verletzten Stefan Blöcher verzichten.

Hockey, Damen	*30. 09. 1988*
1. Australien	
2. Südkorea	
3. Niederlande	
4. Großbritannien	
5. BR Deutschland	
6. Kanada	

Hockey, Herren	*01. 10. 1988*
1. Großbritannien	
2. BR Deutschland	
3. Niederlande	
4. Australien	
5. Pakistan	
6. Indien	

Schande, daß ein Team mit einem so unattraktiven Stil Olympiasieger geworden ist.« Blöcher sah's zunächst so: »Wir haben Gold verloren.«
Schon wenige Stunden nach dem Finale aber konnten sich die gestandenen Hockeycracks freuen, nicht nur über Silber, sondern auch darüber, daß sie aus Seoul die Fair-Play-Trophäe mitnehmen durften. Tobias Frank, Ulrich Hänel, Carsten Fischer, Andreas Mollandin, Ekkhard Schmidt-Opper, Dirk Brinkmann, Heiner Dopp, Andreas Keller, Thomas Reck, Thomas Brinkmann, Michael Hilgers, Volker Fried und Michael Metz bildeten das Silberteam, aus dem nun Heiner Dopp und Uli Hänel ausgeschieden sind. Auch Dirk Brinkmann und Tobias Frank wollen aufhören. Der 28jährige Unglücksrabe der Spiele, Stefan Blöcher, dagegen will noch zwei Jahre anhängen.
Hinter dem Erfolg der Nationalmannschaft steht seit Jahren Bundestrainer Klaus Kleiter. 1974 bereits, zwei Jahre nach der Goldmedaille in München, übernahm er die Aufgabe, aus einer Gruppe von Individualisten ein geschlossenes Team zusammenzustellen. In der langen Erfolgsbilanz fehlte ihm nur das olympische Gold, Silber gab es bereits vor vier Jahren. Daß es nun doch nicht das glänzende Metall wurde, davon macht Kleiter seine weitere Karriere als Hockey-Bundestrainer nicht abhängig. „So lange es Spaß macht", bleibe er dabei.

Volleyball
Damen
Herren

Eine UdSSR resigniert doch nicht – Niederlage für Sensationsteam Peru

Die Sensation schien perfekt: Der Volleyball-Zwerg hatte den Riesen UdSSR fast in die Knie gezwungen, die entfesselten südamerikanischen Frauen mit ihrem südkoreanischen Trainer Park Man Bok führten bereits mit 2:0 Sätzen und mit 12:6 im dritten Satz. Dann jedoch wendete sich das Blatt trotz der Zuschauergunst, die die Peruanerinnen genießen konnten. Eine UdSSR gibt sich nie geschlagen, so schien die Devise zu sein. Wo andere Teams bei solchem, fast aussichtlosen Rückstand resignieren, fuhr es wie ein Ruck durch das sowjetische Team, der dritte Satz ging an die UdSSR. Danach war die Begegnung ausgeglichen, die Spannung hatte die gesamte Halle erfaßt. Und dann flossen die Tränen, auf beiden Seiten versteht sich. Die Russinnen hatten es wieder einmal geschafft, sie gewannen nach 1968, 1972 und 1980 erneut olympisches Gold, den Mädchen aus Peru, die so überraschend aufgespielt hatten, galten die Sympathien des Publikums.

Nach 118 Spielminuten endete aber auch die Vorherrschaft der Chinesinnen im Frauen-Volleyball. Die Asiatinnen, zuletzt zweimal Weltmeister und Olympiasieger, hatten acht Jahre lang die Hauptrolle gespielt, nach einem 3:0 über das Team aus Japan blieb nur die Bronzemedaille für die erfolgsgewohnten Mädchen aus der Volksrepublik.

»Ich bin so unglücklich, weil ich in dem Land, in dem ich geboren bin, gern gewonnen hätte«, meinte nach dem Ende der Konkurrenz ein trauriger Trainer Man Bok, der in den 14 Jahren seiner Trainertätigkeit in Peru aus dem »Rohmaterial« wirkliche Volleyball-Diamanten geschliffen hat.

Bei den Herren blieben Finalüberraschungen aus. Was sich bereits nach dem ersten Vorrundenspieltag abgezeichnet hatte, wurde Wirklichkeit. Die USA und die UdSSR rückten ins Endspiel ein. Am ersten Spieltag führten beide in ihren Gruppen mit deutlichen 3:0 Siegen. Die UdSSR mußte auf dem langen Weg ins Endspiel jedoch eine bittere Pille schlucken. Das Team aus Brasilien, im Endklassement vierter,

Hochklassig verlief das Volleyballturnier, die US-Boys kämpften sich fast ohne Gegenwehr ins Finale vor, nur einen Satz gaben sie darin an die Sowjets ab (linke Seite). Kouznetsov und Vilde blocken einen Angriff von Buck und Kiraly ab. Gigant UdSSR traf im Finale auf die Turniersensation bei den Frauen, die Mannschaft aus Peru. Die Peruanerinnen unterlagen zwar den übermächtigen Russinnen unglücklich mit 2:3, aber sie hatten die Sympathien der Zuschauer erobert.

brachte den Russen eine 2:3 Niederlage bei. Die US-Boys dagegen zogen ohne Verlust in die Endrunde ein. Sie machten auch mit den Brasilianern im Halbfinale kurzen Prozeß, der Weltmeister und Titelverteidiger hatte beim 3:0 keinerlei Mühe. Gegen die Kontrahenten aus der UdSSR gaben sie im Finale einen Satz ab, anschließend waren die Russen chancenlos, 3:1 für die USA in einer hochklassigen Partie.

Volleyball, Damen	*29. 09. 1988*
1. UDSSR	
2. Peru	
3. China	
4. Japan	
5. DDR	
6. Brasilien	

Volleyball, Herren	*02. 10. 1988*
1. USA	
2. UdSSR	
3. Argentinien	
4. Brasilien	
5. Niederlande	
6. Bulgarien	

Handball
Damen/Herren

Handball-Zwerge schrieben ein neues Kapitel Olympiageschichte

Die Gastgeber taten sich vor eigenem Publikum in den Ballsportarten hervor. Die Handballer lieferten sich mit dem Team der UdSSR einen packenden Finalkampf, die langen Kerls von der Wolga aber waren übermächtig (rechte Seite). Bei den Frauen gelang den Koreanerinnen der Sprung nach oben, sensationell Zweiter: die Norwegerinnen (rechts).

Die Mannschaften aus Südkorea waren die Sensation des olympischen Handballturniers. Bei den olympischen Spielen 1984 noch nicht unter den sechs Weltbesten zu finden, heimsten sie bei den Herren Silber, bei den Frauen gar die Goldmedaille ein. Unbeschreiblicher Jubel herrschte unter den Zuschauern in der ausverkauften Halle, als im Finale die Mädchen aus dem Land der Gastgeber die körperlich weit überlegenen Russinnen mit 21:19 besiegten. Kim Myung Soon hatte knapp zwei Minuten vor Schluß mit dem 21. Treffer die Vorentscheidung gefällt.
Die Russinnen kassierten durch die kleinen, flinken, kombinationssicheren und technisch ausgezeichneten Koreanerinnen böse Dämpfer, waren sie doch zuvor als die hohen Favoritinnen gehandelt worden. Am Ende landeten sie nur auf Platz drei, vor ihnen waren noch die tüchtigen Norwegerinnen plaziert. Beeindruckende Bilder eröffneten sich den 5000 Zuschauern, die Einlaß zum Finalspiel gefunden hatten. Die Spielerinnen aus dem Fernen Osten fielen mit der Schlußsirene

auf die Knie, beteten. Atemlos. Die Hände gefaltet. Beeindrukkend und anders auch in der Freude.
»Die Flinken aus dem Fernen Osten haben sehr viel für den Handballsport getan«, jubelten die Fachleute über jenes Team, das in ganz Südkorea große Freude auslöste.
Das zweite Gold bei olympischen Spielen gab es für das russische Herrenteam. Im Finale besiegten die kräftigen Kerle um Trainer Anatoli Jewtuschenko Südkorea mit 32:25. Die Gastgeber waren gegen die Spieler aus der UdSSR (noch) überfordert, die Stimulanz von 15000 frenetisch klatschenden Fans half nicht. In der zweiten Hälfte zeigten die Sowjets Nerven, die Südkoreaner holten Tor für Tor bis zum 20:21 auf, einmal mehr war Olympia-Torschützenkönig Khang Jae Won (49 Zähler) großer Star seiner Mannschaft.
Dann aber: Konter der UdSSR, ein schnell herausgespielter Vier-Tore-Vorsprung, die kleinen Koreaner resignierten, wurden aber wie die Sieger gefeiert. Der Handball-Zwerg Korea hatte gezeigt, daß mit ihm in Zukunft zu rechnen sein wird. Statistischen Wert hatte da nur noch die Entscheidung um Platz 3, nach der mit 27:21 Jugoslawien vor Ungarn als Bronzemedaillengewinner feststand.
Und die bundesdeutsche Mannschaft: Nach Silber und Bronze in Los Angeles waren sie dieses Mal gar nicht erst qualifiziert, stecken bereits im Wiederaufbau für neue Aufgaben.

Handball, Damen *29. 09. 1988*

1. Südkorea
2. Norwegen
3. UdSSR

4. Jugoslawien
5. CSSR
6. China

Handball, Herren *01. 10. 1988*

1. UdSSR
2. Südkorea
3. Jugoslawien

4. Ungarn
5. Schweden
6. CSSR

Basketball
Damen, Herren

Ein Koloß aus Kaunas war Garant für russisches Gold im Westsport

Gold für das Basketball-Mutterland USA – aber nicht dort, wo es die Spezialisten erwartet hatten. Die hoch favorisierten Herren nämlich standen schon im Halbfinale den langen Kerlen aus der UdSSR gegenüber und erlebten ein 76:82 Debakel. Einen Tag später waren die Damen um Trainerin Kay Yow voll motiviert und sicherten sich mit dem 77:70 gegen die Jugoslawinnen den Siegertitel. »Das ist für unsere Männermannschaft sicher ein schwacher Trost, die uns trotz ihrer Niedergeschlagenheit für dieses Finale Mut gemacht hat«, erklärte die zu Freudentränen gerührte Trainerin. Für den weiblichen Coach der Universität von North Carolina State ist der Goldgewinn ein großes Stück Lebensglück. Sie verriet nach dem Sieg, daß sie an Brustkrebs erkrankt sei und kommentierte zur plötzlich im Raum stehenden Rührung hartgesottener Journalisten: »Ich danke Gott, daß ich diesen Tag erleben durfte.« Das USA-Frauen-Team wiederholte damit seinen Erfolg von Los Angeles und stellt erneut unter Beweis, daß in den Staaten immer wieder ein schier unerschöpfliches Potential an guten Spielerinnen heranwächst.
Die Männermannschaft der UdSSR war dagegen schon nach dem Halbfinale wunschlos glücklich. Die sowjetischen Riesen stellten mit ihrem 82:76 Erfolg die Basketballwelt auf den Kopf. Der Abonnements-Olympiasieger aus den Vereinigten Staaten mußte sich am Ende mit Platz drei begnügen. Damit aber nicht genug: Im Endspiel nahmen die Korbjä-

Basketball, Damen	*29.09.1988*
1. USA	
2. Jugoslawien	
3. UdSSR	
4. Australien	
5. Bulgarien	
6. China	

Basketball, Herren	*29.09.1988*
1. UdSSR	
2. Jugoslawien	
3. USA	
4. Australien	
5. Brasilien	
6. Kanada	

Hart und schnell waren sie, die Basketballspiele von Seoul. Und Amerikas Frauenwelt wollte einmal mehr zeigen, daß »Frauen genauso gut spielen können, wie Männer«. Die Goldmedaille für die hochaufgeschossenen US-Girls bewies zumindest: Sie bleiben die Korbball-Expertinnen Nummer eins (oben, Stojna Vangelowska, 4, wird von Teresa Weatherspoon im Endspiel gebremst). Bei den Herren legten die UdSSR Korb um Korb bis zum Gewinn des olympischen Turniers (linke Seite).

ger um Coach Alexander »Sascha« Gomelski (»Das ist der schönste Tag in meinem Trainerleben«) auch Revanche für die bittere Niederlage gleich zu Beginn des Turniers, als sie gegen Weltmeister Jugoslawien beim 79:92 Punkte untergingen. Diese Schmach sollte nicht ungetilgt bleiben. Ein 76:63 im Finale brachte ihnen »das Höchste im Basketball« (Sascha Gomelski). Die 12700 Zuschauer im ausverkauften Chamsill-Sportpalast sahen keine überragende Partie, zu groß war die Nervosität auf beiden Seiten, stärkster Spieler im russischen Team: Arvidas Sabonis, 2,23 m groß und stolze 122 Kilogramm schwer, der Koloß aus Kaunas war der Garant für Gold.

Harte Fußballwelt: Ungeliebtes Elfmeterschießen brachte das Aus

Die brasilianischen Ballkünstler rissen selbst die kühlen Koreaner zu Beifallsausbrüchen hin. Hamilton Souza sah auch gegen Defensivspieler Alexej Mikhailitschenko (oben) gut aus, Thomas Häßler hatte Mühe (rechts).

»Diese tolle Truppe hat Bronze verdient«, war Hannes Löhr, Trainer der Olympiakicker voll des Lobes. Mit herzerfrischendem Offensivfußball in torreichen Partien hat sich seine Truppe in die Herzen aller Fußball-Fans gespielt. Olympia-Fußball, im Vorfeld eher belächelt, wurde zum Hit, die Mannen um ihren Kaiserslauterner Spielmacher Wolfram Wuttke liefen der A-Nationalmannschaft den Rang ab. Selbst Italiens Presse, kriegerisch wie stets, lobte die Deutschen nach dem 3:0 im Spiel um Bronze und zerriß ihre »Azzuri« in der Luft: »Die Panzer überrollen uns, Deutschland stößt Italien vom Siegerpodest, im Konterangriff geschlagen, ausgerechnet wir.«
Sie waren schön – und spannend – die Spiele der Kicker aus aller Welt, vor Überraschungen war niemand gefeit und auch nicht davor, länger als die üblichen 90 Minuten spielen zu müssen. Bezeichnend für die Leistungsdichte und Gleichheit der Olympiabesten: Beide Halbfinals und auch das Finale gingen in die Verlängerung. Das von den Kickern eher ungeliebte, der Öffentlichkeit ob der Spannung allerdings geliebte, Elfmeterschießen – dieser schwierigen Aufgabe mußten sich die deutschen Kicker im Halbfinale unterziehen. Das Tor zum Endspiel hatte offengestanden, elf Meter vor dem Ziel ging den Jungs um »Nian Weisi« (so die Betitelung von Hannes Löhr im ersten Spiel per Texteinblendung auf der Mattscheibe) die Luft aus. Vier verschossene Elfer, die Brasilianer jubelten, zogen ins Endspiel. Vorwürfe allerdings gab's keine. Löhr: »Wir können stolz auf das Ereichte sein."
Gleiches gilt auch für Silbermedaillengewinner Brasilien, das sich im Finale nach langen, kraftraubenden 122 Minuten den knallhart kalkulierenden und kühl aufspielenden Sowjets mit 1:2 beugen mußte. An Dramatik war das Endspiel dabei kaum zu überbieten. Chancen über Chancen für die Pele-Nachfolger, seiner in Sachen Ballführung erstaunlich oft erinnernd, aber im Abschluß waren sie mal zu schwach, mal zeigte Torwart Kharine sein ganzes Können. Zählten Chancen, Ecken und Freistöße, die »Gelb-Grünen«, die auch das 85 000köpfige koreanische Publikum verzauberten, hätten Gold geholt. Olympiasieger in diesem denkwürdigen Spiel, das gewürzt war mit allem, was Fußball zu bieten hat, einschließlich der Negativaspekte (sieben gelbe, zwei rote Karten) wurde aber die UdSSR. Der französische Schiedsrichter Biquet hatte die gesamten 122 Minuten die Partie im Griff. Olympiafußball – seit Seoul weitaus mehr als ein von A-Teams milde belächeltes Abseits-Turnier.

Fußball	*01. 10. 1988*
1. UdSSR	
2. Brasilien	
3. BR Deutschland	
4. Italien	

Medaillenmacher Hannes Löhr und seine Truppe – ein prima Team, ausgelassen in der Freude (oben), diszipliniert bei offiziellen Terminen (links).

Tischtennis
Damen/Herren
Einzel/Doppel

Ping-Pong-Pluralismus läßt Chinesen von Revanche träumen

Tischtennis der Meisterklasse, aber Chinas Vormachtstellung ist vorbei. Beim Frauen-Einzel holte man alle Medaillen (rechts), doch Yoo Nam Kyu aus Südkorea gewann bei den Herren (unten). Rechte Seite: Yang Young Ja war mit Hyung Jung Hwa Doppel-Siegerin (oben), Longcan Chen und Qingguang Wei aus China gewannen das Herren-Doppel (unten).

Damen, Einzel *01. 10. 1988*

1. Jing Chen (China)
2. Huifeng Li (China)
3. Zhimin Jiao (China)

4. Marie Hrachova (CSSR)

Damen, Doppel *30. 09. 1988*

1. Hyun Jung Hwa/Yang Young Ja (Südkorea)
2. Jing Chen/Zhimin Jiao (China)
3. Jasna Fazlic/Gordana Perkucin (Jugoslawien)

4. Mika Hoshino/Kiyomi Ishida (Japan)
5. Marie Hrachova/Renata Kasalova (CSSR)
6. Fliura Bulatowa/Elena Kovtun (UdSSR)

Herren, Einzel *01. 10. 1988*

1. Yoo Nam Kyu (Südkorea)
2. Kim Ki Taik (Südkorea)
3. Erik Lindh (Schweden)

4. Tibor Klampar (Ungarn)

Herren, Doppel *30. 09. 1988*

1. Longcan Chen/Qingguang Wei (China)
2. Ilija Lupulesku/Zoran Primorac (Jugoslawien)
3. Hyung Ahn Jae/Yoo Nam Kyu (Südkorea)

4. Kim Ki Taik/Kim Wan (Südkorea)
5. Jiang Jiliang/Xu Zengcai (China)
6. Andrzej Grubba/Leszek Kucharski (Polen)

Die Tischtennis-Hegemonie von China ist gebrochen. Bei der olympischen Premiere mußten die Chinesen die vier Goldmedaillen mit der zweiten asiatischen Großmacht Südkorea teilen. »Nächstes Jahr in Dortmund sieht alles anders aus. Ich bin zuversichtlich, daß ich zum dritten Mal Weltmeister werden kann. Auf jeden Fall bin ich dabei«, kündigte Weltmeister Jiang Jialing nach seinem fünften Platz in Seoul eine Revanche für das chinesische Debakel im Herren-Einzel für die WM 1989 im März in Dortmund an.
Yoo Nam Kyu, ein 20jähriger Linkshänder aus Pusan, krönte seine überragende Leistung mit dem 3:1 Endspielsieg gegen seinen südkoreanischen Landsmann Kim Ki Taik. Während des gesamten Turniers gab der von 5000 Zuschauern gefeierte und wegen seines Erfolges stark gerührte Nam Kyu nur drei Sätze ab. Der schwedische Vizeweltmeister Jan-Ove Waldner über den neuen Ping-Pong-Pluralismus: »Für unseren Sport ist es nur gut, wenn die Chinesen nicht alles gewinnen.«
Der Schwede Erik Lindh, der fünf Jahre in der Bundesliga gespielt hatte und in Seoul Weltmeister Jialiang ausschaltete, erkämpfte sich die Bronzemedaille. Außer ihm konnten nur die jugoslawischen Doppel Ilija Lupulesku/Zoran Primorac als zweite sowie Jasna Fazlic/Gordana Perkucin mit Bronze bei den Damen in die asiatische Phalanx einbrechen.
China schaffte im Damen-Einzel durch Jing Chen vor Huifen Li und Zhimin Jiao einen Hattrick. Das zweite Gold für das Reich der Mitte holten die Weltmeister Longcan Chen/Quingguang Wei im Herren-Doppel, während die Doppel-Konkurrenz der Damen Yang Young Ja und Hyun Jung Hwa aus Südkorea dominierten. Olga Nemes aus Saarbrücken war als beste Spielerin des Deutschen Tischtennis-Bundes im Achtelfinale gescheitert. Katja Nolten aus Soest unterlag schon in der ersten Runde Jasna Fazlic. Auch »Chinesenschreck« Jörg Roßkopf fehlte es an genügend internationaler Erfahrung, er kam nicht ins Achtelfinale.

Tennis, Damen
Einzel/Doppel
Tennis, Herren
Einzel/Doppel

»Gräfliche Tenniskaiserin hat alle sportlichen Gipfel erklommen«

Steffi-Superstar, Startschwierigkeiten machten der Brühlerin nichts, im Einzel krönte sie ihre Saison 1988 mit Gold, im Doppel gab es für sie und Claudia Kohde-Kilsch Bronze. Unerwarteter Sieger bei den Männern: Miloslav Mecir.

Adel verpflichtet – von der Gräfin zur Kaiserin stieg ein blondes deutsches Mädchen in Seoul auf. Nach dem Grand Slam setzte »Unser Steffi« sich an die Spitze der ungekrönten Häupter durch ihren souveränen Sieg im olympischen Finale gegen Gabriela Sabatini. In den ersten Wettkampfrunden entweder müde – oder einfach bestrebt, es dem Publikum recht zu machen und nicht weiter unten rangierende Spielerinnen mit 6:0, 6:1 zu deklassieren, verhalf sie der Nation zu Nervenkitzel und wundgedrückten Daumen. Im Finale aber drehte die Brühlerin auf, schlug die aparte Argentinierin 6:3 und 6:3 und hat damit bereits mit ihren 19 Jahren alle Tennisgipfel erreicht, die es überhaupt auf dieser Welt zu erklettern gibt. Mehr geht nicht – neue Gipfel müssen erst gefunden werden.

NOK-Präsident Willi Daume hängte selbst dem Nationalidol

Steffi die Medaille um den Hals: »Was für eine Leistung! Es ist kaum vorstellbar, daß eine Tennisspielerin gleiches noch einmal schafft.« Bronze teilten sich, sie verblassten angesichts der außergewöhnlichen Leistung der Brühlerin, die farbige Zina Garrison (USA) und Manuela Malejewa aus Bulgarien.
Übrigens: Die Bronzemedaille errang die gräfliche Tenniskaiserin zusammen mit Claudia Kohde-Kilsch im Doppel. Zina Garrison/Pam Shriver gewannen das Finale gegen Jana Novotna/Helena Sukowa aus der CSSR.
Nach dem vorzeitigen Verletzungsaus für den Leimener Boris Becker trat Carl-Uwe Steeb aus dem Schatten des einst so siegreichen Rotschopfs. Charly Steeb mußte sich nach Siegen gegen Wolkow und Anders Jarryd erst im Viertelfinale geschlagen geben. Ihn bezwang in vier Sätzen der spätere Silbermedaillengewinner Tim Mayotte, Olympiasieger aber, eine Überraschung – wurde der Tscheche Miloslaw Mecir, ehemaliger Trainingspartner von Boris Becker.
Das Herren-Doppel gewannen nach einem hochklassigen Match die Amerikaner Ken Flach/Robert Seguso gegen die Spanier Sergio Casal/Emilio Sanchez.
Mecir belegte mit seinem Doppelpartner Milan Srejber Steffi nach: Bronze und Gold im olympischen Profi-Turnier. Tennis im Spiele-Programm: Ein Novum mit Reiz.

Tennis: Damen-Einzel	*01. 10. 1988*
1. Steffi Graf (BR Deutschland)	
2. Gabriela Sabatini (Argentinien)	
3. Zina Garrison (USA)	
3. Manuela Malejewa (Bulgarien)	
Tennis Damen-Doppel	*30. 09. 1988*
1. Zina Garrison/Pam Shirver (USA)	
2. Jana Novotna/Helena Sukova (CCR)	
3. Steffi Graf/Claudia Kohde-Kilsch (BR Deutschland)	
3. Elizabeth Smylie/Wendy Turnbull (Australien)	
Tennis Herren Einzel	*30. 09. 1988*
1. Miloslav Mecir (CSSR)	
2. Tim Mayotte (USA)	
3. Brad Gilbert (USA)	
3. Stefan Edberg (Schweden)	
Tennis: Herren-Doppel	*01. 10. 1988*
1. Ken Flach/Robert Seguso (USA)	
2. Sergio Casal/Emilio Sanchez (Spanien)	
3. Stefan Edberg/Anders Jarryd (Schweden)	
3. Miloslav Mecir/Milan Srejber (CSSR)	

Labortest

Warten auf Nr. 0520, Nummer null–fünf–zwo–null soll etwas tun, was sie gerade nicht kann, aber unbedingt erforderlich ist, denn – Bedürfnis hin, Bedürfnis her – es muß kontrolliert werden. Die Geräte für die Laboratorien nebst Personal kosten ungefähr 10 Millionen Dollar – das ist sehr viel Aufwand, um eine zwar menschliche, aber nichtsdestoweniger unappetitliche Sache daraufhin zu untersuchen, ob da vielleicht etwas drin ist, was nicht drin sein sollte. Nummer 0520 ist nach dem Match aus dem Tennisplatz gelaufen und wurde am Ausgang gleich von einem streng blikkenden Mann in Empfang genommen, der ihr bedeutete, daß sie jetzt zu müssen hat, auch wenn sie nicht müssen kann. Nun warten 30 erwachsene Männer darauf, daß die 19jährige 0520 gekonnt hat, damit man sie befragen kann, wie sie sich fühlt. Als sie endlich gekonnt hat und kommt, heißt es, daß der streng blickende Mann das Glas mit der Flüssigkeit fallen ließ, so daß 0520 gleich anschließend noch einmal müssen soll. Die Nummer 0520 findet das überhaupt nicht komisch, weil sie müde ist und weil sie wegen der Schusseligkeit des strengen Herrn gleich zweimal müssen soll, was ihr schwerfällt auf Kommando. Die Nummer 0520 sagt, daß sie froh ist, wenn sie wieder in Brühl bei Heidelberg sein kann, wo sie von jedermann als Steffi angesprochen wird.
Ulrich Kaiser

Von der Wehmut des Abschieds, vom Glück und vom Pech

Großer Moment im Leben der Anja Fichtel – als die bundesdeutsche Olympiamannschaft zur Schlußfeier ins Stadion einzieht, darf sie die Fahne tragen (rechts).

Mitspracherecht

Niemand wird diese Spiele später einmal danach beurteilen, daß eine knappe Autostunde entfernt eine Grenze war, die mehr von Waffen starrte, als jede andere auf der Welt. Höchstens in Korea selbst wird man vielleicht sagen, daß die großartige Darstellung des Landes zu einem wirtschaftlichen Aufschwung führte, wie man ihn sich in den kühnsten Träumen nicht erwartete oder doch erwartete. Nur die Tennisfans werden darauf hingewiesen, daß es in Seoul war, wo sie nach 64 Jahren wieder um richtige Medaillen kämpfen durften – aber über diese Tatsache wird man schnell auf die Kommerzialisierung zu sprechen kommen, auf das gar nicht einmal so unberechtigte Mitspracherecht der großen amerikanischen Fernsehstation, die einen Haufen Geld für die Lizenzen bezahlen. Es war auch das erste Mal, daß man offen über Prämien und Renten sprach. Südkoreas Regierung hatte jedem Medaillengewinner eine lebenslange Pension zugesagt – andere Staaten gaben Häuser und Privilegien und wogen ihre Stars nicht mehr aus Jux mit Süßigkeiten auf, sondern mit Kostbarem, es war keine Rede mehr davon, daß man honorierte – nur über das »wie« gab es unterschiedliche Auslegungen, was ja auch natürlich ist: die Bedürfnisse sind überall anders.

Aber das Merkmal dieser Spiele der XXIV. Olympiade wird ein »Fall« sein. Man wird immer sagen, das es hier war, wo man den Sieger im Hundertmeterlauf disqualifizierte – wo man ihm die Medaille wieder abnahm und aus dem Lande jagte, weil er mit Pulver oder Pillen seinen Körper zu einem Muskelberg manipulierte, dem sonst niemand gewachsen

Ganz und gar nicht im steifen Zeremoniell verlief der Ein- und Durchmarsch der Ahtleten. Nur Südkoreas eigenes Team ging gemessenen Schrittes in Reih und Glied durch das Stadion und verbeugte sich sogar vor den Zuschauern, derweil die anderen Aktiven aus Ost und West in wildem Durcheinander Verbrüderung feierten, die Teams sich ineinander mischten und in fröhlicher Gemeinsamkeit Unordnung in die sonst so geordnete koreanische Welt brachten. Buntes Spektakel zum Schluß: Lasershow und Feuerwerk: »Auf Wiedersehn in Barcelona«.

war. Nie zuvor hat sich Popularität so als Teufelszeug erwiesen, denn es zogen ja auch Ringer und Gewichtheber aus genau den gleichen Gründen erwischt und beschämt nach Hause – von ihnen redet kein Mensch. Aber der Hundertmeterlauf, der das schnellste menschliche Wesen kürt, ist populärer weil einfacher: Jeder kann sich das vorstellen – leichter als beispielsweise das komplizierte Dressurreiten. Der Kanadier Ben Johnson tat einen tiefen Fall. Man redete später davon, daß er Millionen Dollar verloren habe bei großen Firmen, die nun nicht mehr mit ihm werben möchten. Da ist die Vermutung nicht unberechtigt, daß es diese Verlokkung ist, die einen zum Betrüger werden läßt, um jeden Preis. Dann waren jene nicht ohne Schuld, die ihn richteten: Sie haben die kommerziellen Geister gerufen, deren Versuchung junge Menschen leicht unterliegen können. Jedermann sieht, daß es gar nicht einfach ist, ein Urteil zu fällen.

Natürlich hat man auch von anderen Dingen gesprochen, von den Chinesen beispielsweise – von den Amerikanern mit ihrem Schwimmstar Biondi, oder der DDR mit dem weiblichen Pendant Kirstin Otto – von den Athleten aus der Sowjetunion, die erstmals unter dem Zeichen von Glasnost antraten – auch von den Bundesdeutschen, bei denen es die jungen Damen waren, deren Erfolg diese leidige Medaillen-Bilanz schönten: Fechterinnen, Reiterinnen, Radfahrerinnen, Tennisspielerinnen. Es war vom Glück die Rede und auch vom Pech, von Freude und Tränen. Von Enttäuschungen und Hoffnungen – Hoffnungen auf das nächste Mal. Das nächste Mal ist 1992 in Barcelona. *Ulrich Kaiser*

Schwungvolle Ouvertüre zu den XV. Olympischen Winterspielen in Calgary.

Die XV. Olympischen

Winterspiele in Calgary

Calgary-Ambiente: Die Stadt ohne Gesicht, aber mit strahlenden Gesichtern

Alt und neu, eine Stadt im Zeichen der fünf Ringe. Calgary ist neben Edmonton das zweite dominierende städtische Zentrum der kanadischen Provinz Alberta. Der Name stammt von Louise Caroline Alberta, Tochter der Queen Victoria von England. Sie besuchte die Provinz im Jahr 1881.

Eine einladende Parkbank, natürliche Gelassenheit, dazu ein warmer Chinook und die olympische Hektik geht spurlos vorüber.

Ambiente, sagt der gallig-giftige Satire-Autor Ludwig Fienhold, Ambiente ist ein beliebtes Modewort in der Feinschmeckerei, meist benutzt von denen, die das Wort Niveau ständig auf der Zunge tragen. Deshalb auch gerne: niveauvolles Ambiente! Umfaßt: Atmosphäre und Stil, Dekor und Design. Calgary, einst Öl-Dorado und wichtiger Bahnknotenpunkt der kanadischen Provinz Alberta, hatte nach meinem, zugegeben flüchtigen, Eindruck während der Olympischen Winterspiele 1988 nur da und dort etwas von alledem. Leider.

Die Atmosphäre einer Winter-Stadt verschwamm im Wechselbad zwischen 23 Grad minus am Abend und 11 Grad plus am nächsten Tag. Sie vertrocknete unter schmutzig-grauem Grün, infolge dauerhaften Schneemangels. Und im »Chinook«, jenem lauwarmen Föhnsturm des Pazifik, der sich alle Jahre wieder im Februar von den Rocky Mountains über die Weiten Albertas hermacht, dabei verzehrend, was auf Schnee und Eis gebaut ist.

Ein eigener Stil, der Städte mit mehr als 600 000 Einwohnern für gewöhnlich prägt, ist mir in Calgary verborgen geblieben. Schon während des Landeanflugs springen sie ins Auge, die paar Dutzend Bürostengel des ehemals brodelnden Öl- und Finanzzentrums ganz Westkanadas. Von dort zerfließt eine Ansammlung von Hoch- und Flachbauten über Vorstadtsiedlungen in die baumlose Prärie, wo westlich zu den Bergen hin die Indianerreservate beginnen.

Calgary, 1875 am Zusammenfluß des Bow und des Elbow-River von der North-West-Mounted-Police gegründet, Name für schnellfließendes klares Wasser, eine Stadt ohne Gesicht. Aber mit strahlenden Gesichtern!

Das hat Calgary 1988 für mich so liebenswürdig gemacht: Seine Menschen.

Menschen mit kindlicher Offenheit. Hilfswillig bis zum Geht-

An klaren Tagen sind die Rocky Mountains, das Felsengebirge, von Calgary aus am Horizont zu erkennen. Sie erstrecken sich rund 4 500 km in Nord-Süd-Richtung durch den Westen der USA und Kanadas.

In Calgary waren die (weißen) Bären los: Hidy und Howdy, die Olympia-Maskottchen. »Howdy« ist ein gängiger Cowboy-Gruß.

nichtmehr. Buchstäblich zuvorkommend, vertrauensvoll, immer froh, immer bester Laune, stets darauf aus, sich von der allerbesten Seite zu zeigen. »Enjoy the Olympics!« Genieße Olympia! Genieß' unsere *steaks*, die besten der Welt! Und versäum' nicht »French maid«, wo leicht- oder auch un-geschürzte Damen zwischen Suppe und Kartoffeln sich auf dem Tische räkeln. Montags zu Einsfünfundneunzig (Einstiegspreis), und von dienstags bis freitags dann für ein paar Dollar mehr. –

Calgary die Spröde, sehr üppig, wenn's zum Fleische drängt. – »Enjoy the Olympics!« – »Besuch' uns doch mal im Sommer«, hat mir zum Schluß ein alter Freund gesagt, der seit mehr als zwanzig Jahren dort lebt. »Beim ›Stampede‹, dem größten Cowboyfest der Welt, ist es hier wirklich schön.«

Wer weiß, vielleicht hat Calgary dann auch sein Ambiente...

Dieter Kürten

Heiße Wildwest-Show in Kälte und Wind: Die Eröffnungsfeier

Kurzbeschreibung der Eröffnungsfeier aus ›The Calgary Sun‹: »Ein stolzer Tag für Kanada, go Canada go! Die Welt stand einen Augenblick still. Es war eine Explosion von Farben, ein Meer von Farben, die 62 000 Zuschauer ließen eine Welle der Begeisterung durch das McMahon-Stadion wogen.«

Zuvor war alles geheim. Die Kanadier hatten nur dürre Daten verraten über das Programm der großen Einweihungs-Show: 6000 Teilnehmer, 200 Pferde und neun Flugzeuge ... Dann aber begeisterte eine perfekt inszenierte Show das weltweite Fernsehpublikum. Auch Wind und Kälte in Calgary konnten den Spaß nicht dämpfen, der da sichtlich alle Anwesenden im McMahon-Stadion gepackt hatte.

Nach Los Angeles, der Eröffnungsgala von 1984 mit wahrlich unbegrenztem, amerikanischem Zuschnitt, stand ja die Frage offen, ob das Ritual solcher Eröffnungsfeiern überhaupt noch zu steigern sei. Die Kanadier fanden den Ausweg: Nicht weiter in die Gigantomanie, lieber ein sprudelndes Feuerwerk statt »großer Oper«. Und endlich waren auch die Sportler mal voll einbezogen, waren Hauptdarsteller und Zuschauer zugleich, nicht nur notwendige Staffage.

Und natürlich der Wilde Westen: Der große Mythos war der Hintergrund für viele Show-Elemente,

Sie war das bestgehütete Geheimnis der Eröffnungsfeier, die geheimnisvolle Person, die das olympische Feuer entzünden sollte: Die Kanadierin Robyn Perry (links). Die Zwölfjährige hatte ihren Auftritt mit einem Hammer aus der Autowerkstatt ihres Vaters geübt.

für Cowboy-Ritte und eine leibhaftige Stampede, für die Indianer aus den nahen Stämmen der Blackfoot, Peigan, Blood, Sarcee und Stoney, die den Rummel ganz locker mitmachten, während andere Stammesvettern sich widerspenstig zeigten und den »barbarischen Auftrieb« boykottierten.
Indianer und Olympia, noch öfter während der Spiele leuchtete diese Spannung auf: Halb zivilisiert sind viele geworden, suchen nach neuer Identität in einer bürgerlichen Welt, die in Calgary, in der großen Fernseh-Vermarktung natürlich auch kritisierbare Seiten zeigte. Gerade in der Eröffnungsfeier Olympischer Spiele verschmelzen Kommerz, Show und Pathos ja zu seltenen Höhen und da blitzte mit dem alternativen Federschmuck der Indianer doch ein kleiner Widerspruch ins große schöne Bild: Vielleicht sollte der Sport ganz anders laufen, indianischer werden?
Ein Anstoß, ein denkwürdiges Symbol in dieser Richtung war jedenfalls Daniel Tier, ein Inuit, wie sich die Eskimos selber nennen, der die kanadische Nationalhymne im Tutone-Dialekt sang. Das war ein großer Moment eines großen Festes, für kurze Zeit schienen alle im Stadion – und vielleicht sogar vor den Bildschirmen – den Atem anzuhalten. Versöhnung lag in der Luft, einen Moment lang zeigte sich der wahre Sinn Olympischer Spiele.
Vor allem aber Begeisterung: Ein Fest der Sportler im Rund und der Menschen auf den Rängen. Country-Atmosphäre und Musik, besungen auch von Gordon Lightfoot. Sein Name war Programm: Ein »leichtfüßiges«, ein lockeres Fest.

Unten: Winnetous Erbe bei der Eröffnungsfeier, mit Fernglas und Federschmuck.

Als die olympische Flamme brannte, begannen Calgarys Kirchenglocken zu läuten. Mehr als 6 500 Fackelläufer hatten das Feuer, das Mitte November 1987 im Hain von Olympia entzündet worden war, ins McMahon-Stadion gebracht.

Ski alpin

Duelle der Stars

Hatte es in Sarajevo 1984 vielleicht ein wenig an den großen Namen in den alpinen Wettkämpfen gefehlt, gab es keinen Sportler, der zwei Goldmedaillen holte oder wenigstens einen Namen in großen Buchstaben in die olympische Geschichte hätte schreiben können, so bot sich in Calgary 1988 ein ganz anderes Bild, kämpften viele Stars mit großen Namen um die absolute Ski-Krone.

In Sarajevo hatte Ingemar Stenmark als Halbprofi nicht starten dürfen, blieb der klare Favorit draußen vor der Tür wie einst Karl Schranz in Sapporo 1972. In Calgary war Stenmark dabei, jetzt aber war es zu spät für ihn: Hoffnungslos unterlegen im Riesenslalom, ließ der Doppel-Olympiasieger von 1980 wenigstens im Slalom nochmals die alte Größe aufblitzen, fuhr einsame Bestzeit im zweiten Durchgang und wurde Fünfter.

Aber das registrierten bereits nur noch die Indsider, denn Stenmarks Abgesang wurde überstrahlt von einem dramatischen Slalom-Duell zwischen dem Italiener Alberto Tomba und Frank Wörndl aus dem Allgäu. Der deutsche Weltmeister von 1987, oft als Eintagsfliege verkannt und von seinen Trainern des Phlegmatismus geziehen, war wieder mal auf die Stunde topfit und verlor denkbar knapp, mit einem Rückstand, der in Zentimetern schon gar nicht mehr zu messen gewesen wäre. Überhaupt war Calgary, die Stadt im Wilden Westen, Schauplatz erbitterter Duelle auf den alpinen Pisten: Tomba gegen Wörndl, Tomba gegen Zurbriggen, Zurbriggen gegen Müller und so fort. Wer würde die dominierende Persönlichkeit dieser Spiele werden – der Skikönig?

Die Spiele der Spannung

Pirmin Zurbriggen, der seit Jahren der perfekteste Fahrer war, fähig zu Spitzenleistungen in allen Disziplinen, in dieser Kunst sogar an einen Jean-Claude Killy erinnernd? Oder dieser Alberto Tomba, dieser ungestüme Newcomer, der sich wenig um sportliche Lebensregeln scherte, im Feiern so gut war wie zwischen den Stangen, die ihm nicht die ganze Welt bedeuteten? Tomba holte zweimal Gold, Zurbriggen »nur« Gold und Bronze, nachdem er den Sieg in der Kombination selbst verschenkt hatte. So war der Fall klar, ein Lebemann als Meister der Pisten – fast eine symbolische Entwicklung für den Lebensstil der 80er Jahre.

Aber wenn auch Tomba wie geschaffen war für die Schlagzeilen, so waren die anderen doch keineswegs Statisten: Zweimal Gold auch für die Schweizerin Vreni Schneider, in den gleichen Disziplinen wie Alberto Tomba, zweimal Gold für einen ganz anderen Menschen, ein Mädchen mit harter Kindheit, dem kein Ferrari für den Olympiasieg versprochen war wie Tomba von seinem reichen Vater; Gold und Bronze überraschend für den Franzosen Franck Piccard, zwei Medaillen auch nach langer Talfahrt für Christa Kinshofer, für Brigitte Oertli oder Hubert Strolz. Und noch viele große Namen wie Figini und Walliser, manchmal nur knapp geschlagen. Die Spiele der großen Spannung.

Zielraum in Nakiska am Mount Allan. Das eigens für die Winterspiele für 35,2 Millionen Mark angelegte alpine Skigebiet liegt 88 km westlich von Calgary in einer Höhe zwischen 1 500 und 2 400 Metern. Die stärkste Neigung beträgt 79 Prozent.

Das Schweizer Duell: Zurbriggen vor Altmeister Müller

Links: Pirmin Zurbriggen bei seinem Siegeslauf: Selbstsicher, elegant und vor allem schnell. »Ich habe einige Fehler gemacht«, sagte er nach dem Sieg, »und so war der erste Platz für mich unfaßbar.«
Unten, von links: Die Kombinationssieger Gstrein, Strolz, Accola.

Im Ziel stand ein trauriger Held: Peter Müller, einer der ganz Großen in der alpinen Königsdisziplin, dem Abfahrtslauf, mit 30 Jahren schon einer der Alten im Skizirkus, war wieder einmal knapp am großen Sieg vorbeigefahren. Das hat Tradition: Schon 1980 Vierter, 1984 in Sarajevo Silber hinter Bill Johnson, zweimal Zweiter auch bei Weltmeisterschaften, dann doch der WM-Titel 1987 in Crans-Montana. Eine große Fahrt hatte er jetzt auch in Calgary geboten, obwohl er als Nummer eins auf die Piste mußte. Dann aber war sein fünf Jahre jüngerer Landsmann Pirmin Zurbriggen eine halbe Sekunde schneller. Das war nicht nur der Schnee: Pirmin Zurbriggen war auf der mörderischen Piste, die nach den »Autobahn-Rennen« bei den Spielen 1980 und 1984 endlich wieder die große Herausforderung darstellte, einfach nicht zu schlagen. Ganz im Stil der großen Sieger, von Toni Sailer über Jean-Claude Killy und Franz Klammer, ließ er sich von der Favoritenrolle nicht beirren, spielte mit dem Berg, der die anderen fast abwarf und gewann verdient. Vor dem großen Schweizer Duell verblaßte die Konkurrenz. Dann schien es nach Plan weiterzugehen für Zurbriggen: Auch in der kürzeren Abfahrt der Kombination lag er klar vorn. Den sicheren Sieg vor Augen rutschte er jedoch im zweiten Durchgang des Slaloms aus – ein Traum war geplatzt. So holte Hubert Strolz mit viel Glück die ersehnte Goldmedaille für Österreich.

Abfahrt	*15. 02. 1988*
1. Pirmin Zurbriggen (Schweiz)	**1:59,63**
2. Peter Müller (Schweiz)	**2:00,14**
3. Franck Piccard (Frankreich)	**2:01,24**
4. Leonhard Stock (Österreich)	2:01,56
5. Gerhard Pfaffenbichler (Österreich)	2:02,02
6. Markus Wasmeier (BR Deutschland)	2:02,03
7. Anton Steiner (Österreich)	2:02,19
12. Daniel Mahrer (Schweiz)	2:03,18
13. Hannes Zehenter (BR Deutschland)	2:03,23

Kombination	*17. 02. 1988*
1. Hubert Strolz (Österreich)	**36,55**
2. Bernhard Gstrein (Österreich)	**43,45**
3. Paul Accola (Schweiz)	**48,24**
4. Luc Alphand (Frankreich)	57,73
5. Peter Jurko (CSSR)	58,56
6. Jean-Luc Cretier (Frankreich)	62,98
7. Markus Wasmeier (BR Deutschland)	65,44
13. Thomas Stangassinger (Österreich)	107,87
15. Bernhard Fahner (Schweiz)	120,45

Herren
Slalom
Riesenslalom
Super-G

Frankreichs Comeback auf Ski: Franck Piccards großer Triumph

Alberto Tomba beim Riesenslalom (rechts). Seine Fans halten ihn für Dynamit auf Ski, für einen Slalom-Techniker mit dem Antrieb eines Abfahrtspiloten. Unten: »Es ist unheimlich schwer, einen Alberto Tomba zu schlagen«, erklärte Frank Wörndl nach seinem Spezialslalom-Silber und gratulierte dem Italiener (rechte Seite, Mitte). Rechte Seite, oben: Der Franzose Franck Piccard, Gewinner des Super-Riesenslaloms.

Markus Wasmeier, der blonde Vorzeigebayer aus Schliersee, der schmale Mann, der sonst so musikalisch Ski fährt und in der neuen olympischen Disziplin des Super-Riesenslaloms hätte Gold holen sollen, fiel in Calgary tief und war auch noch selbst schuld: Wie ein blutiger Anfänger stürzte er sich in die Piste und blieb am ersten Tor schon hängen. Dafür hatten nach vielen traurigen Jahren die Franzosen, einst die großen alpinen Stars, wieder Grund zum Jubeln. Franck Piccard, bereits Dritter in der Abfahrt, gewann hoch überlegen. Den anderen Großen ging es nicht viel besser als Wasmeier: Auch Marc Girardelli schied aus, Pirmin Zurbriggen wurde nur Fünfter.
Während Wasmeier völlig versagte und Zurbriggen zweimal ausrutschte, ließ ein massiger Italiener großen Sprüchen dann auch große Taten folgen: Alberto Tomba, 21jähriger Millionärssohn und Sonnyboy, war als Senkrechtstarter der Saison an den alpinen Himmel gerast und hatte praktisch alle Rennen in den

technischen Disziplinen nach Belieben beherrscht. Jetzt wollte er die olympische Krone und er holte sie sich zunächst im Riesenslalom mit wahrlich königlicher Unbekümmertheit: Hoch überlegen im ersten Durchgang, brauchte er im zweiten Lauf nicht mehr voll aufzudrehen. Mindestens wie Tomba freute sich jedoch Hubert Strolz als Zweiter: Der Österreicher bestätigte damit sein Kombinations-Gold.
Aber dann wurde es doch noch sehr spannend, geradezu dramatisch: Plötzlich war der Allgäuer Frank Wörndl, der Slalomweltmeister von 1987 wieder da: Im ersten Durchgang des Slaloms legte er mit Nummer eins eine derart bildsaubere Fahrt in absoluter technischer Perfektion zwischen die Stangen, daß kein Konkurrent seiner Zeit auch nur halbwegs nahe kam: 63 Hundertstel Rückstand für Tomba, den großen Favoriten. Der Allgäuer und der Italiener, wieder eines der großen Duelle im Wilden Westen. Und mit Pistolen hätte »High noon« auf der Piste auch nicht härter werden können. Zuerst zauberte Stenmark, fuhr Bestzeit im zweiten Durchgang und wurde noch Fünfter. Dann sah der große alte Mann zu, wie Tomba in vollem Risiko durch die Stangen brach, mehr donnernd als skifahrend. Schließlich das Finale mit Wörndl: Zwei winzige Fehler, fast nur für Kenner sichtbar, und schon fehlten zwei Hundertstel Sekunden zum Sieg. Wieder triumphierte der Italiener.

Spezialslalom	*27. 02. 1988*
1. Alberto Tomba (Italien)	**1:39,47**
2. Frank Wörndl (BR Deutschl.)	**1:39,53**
3. Paul Frommelt (Liechtenstein)	**1:39,84**
4. Bernhard Gstrein (Österreich)	1:40,08
5. Ingemar Stenmark (Schweden)	1:40,22
6. Jonas Nilson (Schweden)	1:40,23
7. Pirmin Zurbriggen (Schweiz)	1:40,48
10. Florian Beck (BR Deutschland)	1:41,44

Riesenslalom	*25. 02. 1988*
1. Alberto Tomba (Italien)	**2:06,37**
2. Hubert Strolz (Österreich)	**2:07,41**
3. Pirmin Zurbriggen (Schweiz)	**2:08,39**
4. Ivano Camozzi (Italien)	2:08,77
5. Rudolf Nierlich (Österreich)	2:08,92
6. Andreas Wenzel (Liechtenstein)	2:09,03
7. Helmut Mayer (Österreich)	2:09,09
8. Frank Wörndl (BR Deutschland)	2:09,22
10. Joel Gaspoz (Schweiz)	2:09,57

Super-G	*21. 02. 1988*
1. Franck Piccard (Frankreich)	**1:39,66**
2. Helmut Mayer (Österreich)	**1:40,96**
3. Lars-B. Eriksson (Schweden)	**1:41,08**
4. Hubert Strolz (Österreich)	1:41,11
5. Günther Mader (Österreich)	1:41,96
5. Pirmin Zurbriggen (Schweiz)	1:41,96
8. Leonhard Stock (Österreich)	1:42,36
15. Franz Heinzer (Schweiz)	1:43,32

Seltsame Sieger

Bei manchen Siegern können einem schon die seltsamsten Gedanken kommen. Beispielsweise bei diesem Alberto Tomba, der das Bogenlaufen auf Skiern so gut beherrschte wie sonst keiner. Oder auch bei diesem Matti Nykänen, von dem man manchmal den Eindruck hatte, er könne selbst von einem sanft geschrägten Garagendach weiter springen als die anderen. Von letzterem war bekannt, daß er seine Siege auf eine Art feiern würde, bei der schon einmal eine Bar zu Bruch gehen kann – oder daß er auf die Trainer pfeife und mit seinem Mädchen auf die Malediven düse, wenn ihm die weiße Pracht des Winters auf die Nerven geht. Und dem Tomba, der ja bereits kein Unbekannter war, als noch niemand den schrecklichen Reim ›Bomba‹ auf ihn fand: Er kam aus einem Großstadthaus, aus dem sonst keine Ski-Olympiasieger kommen – er lebte überhaupt nicht nach den strengen Diät-Regeln – und er war fröhlich mit jedem Kilo Spaghetti, welches er zuviel auf seinen Rippen herumschleppte. Seltsame Gedanken: Gesetzt den Fall, auf einmal würden alle großen Sieger auf jene Regeln pfeifen, die ihnen von Trainern, Ärzten, Masseuren, Funktionären, Diät-Experten und Erbsenzählern vorgeschrieben werden, und gesetzt den Fall, alle anderen würden es ihnen gleichtun! Was würde dann mit dem gewaltigen Troß werden, der heute mit ihnen herumzieht? Für alle diese Leute muß das eine schlimme Vorstellung sein. Wahrscheinlich warnen sie vor dem schlechten Beispiel Tomba.
Ulrich Kaiser

Damen
Abfahrt
Alpine Kombination

Medaille für ein Münchner Madl: Die Glücksfahrt der Marina Kiehl

Diesmal kam alles ganz anders: Den Abfahrtslauf der Damen vom Mount Allan, der mal wieder böse vom Wind gebeutelt wurde, gewann eine Läuferin, mit der eigentlich niemand mehr gerechnet hatte. Nicht die Schweizer und österreichischen Favoritinnen setzten sich durch, nicht Markus Wasmeier holte Gold für Deutschland, nein, ein sommersprossiges sprödes Madl aus München landete eine der größten Sensationen der Spiele von Calgary.

Marina Kiehl wollte jahrelang den großen Erfolg mit Gewalt erzwingen, war schon gut in der Abfahrt, sehr gut im Super-G, ordentlich im Riesenslalom gewesen, aber in dieser Saison 1988 fuhr sie meist hinterher. Der fehlende Erfolg ließ sie verkrampfen, machte sie noch widerspenstiger, selbst ihr Startplatz in Calgary für eine andere Disziplin war in Gefahr. Und dann paßte einfach alles zusammen: Die Wut im Bauch, die schwere, harte Strecke, der kurz nachlassende Wind, eine fast fehlerfreie Fahrt. All das hätte aber nicht gereicht.

Zum Sieg getragen wurde Marina Kiehl vor allem von ihren superschnellen Ski. Im flachen Gleitstück verloren die sonst wesentlich besser gleitenden Schweizerinnen viel Zeit auf die Technikerin Kiehl. Maria Walliser und Michaela Figini standen geschlagen im Ziel, ließen die Köpfe hängen oder schimpften auf das irreguläre Rennen, das bei diesem Wind gar nicht hätte gestartet werden dürfen. Aber: Glück muß man eben auch mal haben, und allzu oft war Marina Kiehl bisher davon nicht verwöhnt worden, sie hatte sich ihre Karriere hart erarbeiten müssen.

Immerhin: Nicht nur die deutschen Fans hoben ab, die Schweizer durften sich wenigstens über Silber durch Brigitte Oertli freuen, die noch häufiger als Kiehl in ihrer Karriere Pech gehabt hatte. Ein Fest von italienischer Lebensfreude starteten jedoch die Kanadier selbst, denn für sie hatte endlich Karen Percy mit Bronze das erste Edelmetall gewonnen. Da war es wieder, das etwas andere kanadische Lebens-

gefühl – Schweigen über Gold, Reden über Silber, Feiern für Bronze.

Für Österreich, die Ski-Nation Nummer eins, für die eine Annemarie Moser-Pröll so lange die Abfahrt beherrscht hatte, bei Olympia aber auch schon unglücklich geschlagen worden war, blieb wieder nur der Trost in der alpinen Kombination. Nach Hubert Strolz bei den Männern siegte diesmal die Vorarlbergerin Anita Wachter, eines der großen jungen Talente in der internationalen Szene. Nach Rang drei in der Kombinations-Abfahrt setzte sich das selbstbewußte Mädchen glücklich durch. Und wieder ging es dramatisch knapp zu: Mit Bestzeit im Slalom verpaßte Brigitte Oertli nur um drei Hundertstel den Gesamtsieg. Zweites Silber für die Schweizerin.

»Nobody is perfect«, lautet der Wahlspruch der Marina Kiehl. Doch ihr Abfahrtslauf war so perfekt (linke Seite), daß er ihr das heißersehnte Gold brachte.

Zweimal Marina Kiehl (links oben, oben): Einmal als Leuchtschrift-Name, einmal mit Service-Mann Heribert Huber. Vier Monate nach ihrem Erfolgs-Tag verkündete sie: »Ich höre auf. Mich reizt es einfach, etwas Neues anzufangen.«

Links: Hübsch, selbstbewußt, Anita Wachter. »Wenn ich normal runterkomme, dann werde ich Olympiasiegerin.« Einen Tag nach der Kombinations-Abfahrt löste die Österreicherin ihre Vorhersage ein und besiegte die Schweizer Elite.

Abfahrt	*19. 02. 1988*
1. Marina Kiehl (BR Deutschland)	**1:25,86**
2. Brigitte Oertli (Schweiz)	**1:26,61**
3. Karen Percy (Kanada)	**1:26,62**
4. Maria Walliser (Schweiz)	1:26,89
5. Laurie Graham (Kanada)	1:26,99
6. Petra Kronberger (Österreich)	1:27,03
7. Regine Mösenlechner (BR Deutschl.)	1:27,16
8. Elisabeth Kirchler (Österreich)	1:27,19
9. Michela Figini (Schweiz)	1:27,26

Kombination	*21. 02. 1988*
1. Anita Wachter (Österreich)	**29,25**
2. Brigitte Oertli (Schweiz)	**29,48**
3. Maria Walliser (Schweiz)	**51,28**
4. Karen Percy (Kanada)	54,47
5. Lenka Kebrlova (CSSR)	60,87
6. Lucia Medzihradska (CSSR)	63,56
9. Ulrike Stangassinger (BR Deutschland)	71,51
11. Petra Kronberger (Österreich)	88,01

Damen
Slalom
Riesenslalom
Super-G

Die Rückkehr der Christa Kinshofer: Zwei Medaillen für die verlorene Tochter

Sie wurde die alpine Ski-Königin: Die Schweizerin Vreni Schneider (rechts), hier bei ihrem Siegeslauf im Spezialslalom.

Unten: Die Blumenkinder des Riesenslaloms waren (von links) Christa Kinshofer, Vreni Schneider und Maria Walliser. Christa Kinshofer: »Ich habe mir eine Medaille gewünscht. Wahrscheinlich war mein Wille ausschlaggebend und mein Kampfgeist.«

Jahrelang wurde sie belächelt, ja sogar verhöhnt. Wer einmal ganz oben war, der darf nach allen Regeln des großen Sports nicht mehr hinterherfahren. Christa Kinshofer-Güthlein hat sich nicht darum geschert, verließ gar den deutschen Skiverband und fuhr Rennen für Holland. Von ganz unten kämpfte sie sich zäh wieder hoch und war dann 1988 überraschend wieder voll da und damit in den Schlagzeilen. Spitzenplazierungen im Weltcup, sogar ein Sieg im Slalom. Plötzlich war sie eine Topfavoritin in einem zuletzt arg gebeutelten deutschen Frauen-Team. Aus dem jungen Talent war eine erfahrene Frau geworden, »gereift, geläutert und positiv denkend« wie ein Reporter schrieb, die mit ruhiger Hand nach den Medaillen griff.
Zunächst jedoch reichte es nur zu Rang zehn im Super-Riesenslalom, gemeinsam mit der später so unglücklich gestürzten Michaela Gerg. Und Christa Kinshofer mußte Regine Mösenlechner trösten, ihre alte Rivalin schon aus Jugendrennen, die ebenfalls nach Verletzungen wieder den An-

Nach ihrer Goldfahrt im Super-Riesenslalom über die 2 238 Meter lange Kunstschneestrecke am Mount Allan weinte Sigrid Wolf vor Freude. »Das ist mein Tag gewesen und mein Wetter, Wedel-Wetter. Da fahr ich immer am besten«, erzählte die hübsche Österreicherin.

schluß geschafft hatte und jetzt die Bronzemedaille um lächerliche vier Hundertstel an die Kanadierin Karen Percy verlor. Um so mehr konnte sich die hübsche Österreicherin Sigrid Wolf freuen. Mit ihr setzte sich eine Favoritin durch, während für die so hoch eingeschätzten Schweizerinnen wieder nur Silber blieb, und zwar durch die trotz Plazierung unglückliche Michaela Figini, die in Calgary auf zwei Goldmedaillen gehofft hatte.
Erst im Riesenslalom, der alten schweizerischen Domäne, reichte es dann wieder zu Gold: Vreni Schneider, das Mädchen aus Elm, dem hintersten Dorf im Kanton Glarus, lag nach dem ersten Durchgang nur auf Rang fünf, legte dann aber einen Traumlauf hin und überflügelte die vor ihr liegenden Läuferinnen. Auch Christa Kinshofer, für die aber auch die Silbermedaille ein unvergleichlicher persönlicher Triumph war. Erst abgeschrieben – jetzt gefeiert. Aber Vreni Schneider, im Schweizer Team bisher hinter den dominierenden Maria Walliser und Michaela Figini eher das »Aschenputtel«, hatte auch Glück, da mit Blanca Fernandez-Ochoa, dem jüngsten Sproß aus der großen spanischen Ski-Familie, die Führende des ersten Durchgangs stürzte.
So kam Maria Walliser noch zur Bronzemedaille, vor der technisch vielleicht besten Fahrerin dieser Spiele, Mateja Svet aus Jugoslawien und einem frechen deutschen Mädchen namens Christine Meier, die sich sensationell weit nach vorne schob. Vreni Schneider jedoch war nun nicht mehr zu stoppen und rettete zum Ausklang der alpinen Wettbewerbe doch noch die angeschlagene Ehre der großen Schweizer Ski-Nation: Mit klaren Laufbestzeiten in beiden Durchgängen des Spezialslaloms sicherte sie sich die zweite Goldmedaille.
Mehr als verdient war die Silbermedaille für Mateja Svet, während die ebenfalls aussichtsreich plazierte Schwedin Camilla Nilson unglücklich ausschied. So war der Weg frei für die zweite Medaille von Christa Kinshofer, die sich auch von einem Hexenschuß nicht beirren ließ.

Spezialslalom	*26. 02. 1988*
1. Vreni Schneider (Schweiz)	**1:36,69**
2. Mateja Svet (Jugoslawien)	**1:38,37**
3. Chr. Kinshofer (BR Deutschl.)	**1:38,40**
4. Roswitha Steiner (Österreich)	1:38,77
5. Blanca Fernandez-Ochoa (Spanien)	1:39,44
6. Ida Ladstätter (Österreich)	1:39,59
10. Ulrike Maier (Österreich)	1:40,54

Riesenslalom	*24. 02. 1988*
1. Vreni Schneider (Schweiz)	**2:06,49**
2. Chr. Kinshofer (BR Deutschl.)	**2:07,42**
3. Maria Walliser (Schweiz)	**2:07,72**
4. Mateja Svet (Jugoslawien)	2:07,80
5. Christine Meier (BR Deutschland)	2:07,88
6. Ulrike Maier (Österreich)	2:08,10
7. Anita Wachter (Österreich)	2:08,38
14. Petra Kronberger (Österreich)	2:12,31

Super-G	*22. 02. 1988*
1. Sigrid Wolf (Österreich)	**1:19,03**
2. Michela Figini (Schweiz)	**1:20,03**
3. Karen Percy (Kanada)	**1:20,29**
4. Regine Mösenlechner (BR Deutsch.)	1:20,33
5. Anita Wachter (Österreich)	1:20,36
6. Maria Walliser (Schweiz)	1:20,48
7. Zoe Haas (Schweiz)	1:20,91
10. Michaela Gerg (BR Deutschland)	1:20,98
10. Christa Kinshofer (BR Deutschland)	1:20,98
13. Marina Kiehl (BR Deutschland)	1:21,11
15. Elisabeth Kirchler (Österreich)	1:21,16

Ski nordisch

Menschliche Höhepunkte

Manches an den nordischen Wettbewerben in Calgary erinnerte an die letzten Spiele 1984 in Sarajevo: Wieder waren die Langlaufstrecken umstritten, selbst für die Weltklasse zu hart, ganz zu schweigen von den »olympischen Touristen«, die hier schlicht überfordert waren. Auch der Wind spielte den Organisatoren wieder manches Schnippchen, vor allem die Sprungwettbewerbe litten unter ständigen Verschiebungen.

Immer wieder steht beim Bau olympischer Anlagen offensichtlich das Prestigedenken im Vordergrund, weniger der sportliche Sachverstand. Manches aber war auch neu in Calgary: Nicht nur die daran gewöhnten Alpinen durften auf Kunstschnee ihre Schwünge ziehen, auch die Langläufer mußten ihre Wachskünste an der mehligen Konsistenz der synthetischen Unterlage erproben. Dabei gab es natürlichen Schnee zuhauf in Calgary, aber die Verantwortlichen gingen lieber auf Nummer sicher. Das hätten sie auch beim Springen tun können, doch da waren die Interessen der allgewaltigen amerikanischen Fernsehstationen dagegen. Calgary war ein Marketingspektakel mit sportlicher Ware, nie wurde die Fernsehmacht deutlicher. Und dennoch: Die menschlichen Höhepunkte, die mitrissen und unter die Haut gingen, setzten doch die Sportler selbst, gerade in den nordischen Disziplinen. So hatten die Russen etwa, die das Langlaufgelände von Calgary zu Hause sogar kopiert hatten, keine Probleme mit dem Wachs für Kunstschnee. Sie beherrschten die klassischen Disziplinen fast nach Belieben, bei Frauen wie Männern. Erst als die schwedischen Favoriten über 50 km und in der Staffel skaten durften, revanchierten sie sich, zeigte sich vor allem Gunde Svan seinem Ruf gewachsen, der stärkste Langläufer der Gegenwart zu sein. Mit der Sammlung seiner Medaillen hat er jetzt seinen väterlichen Freund und Berater, den unvergessenen Schweden Sixten Jernberg fast eingeholt.

König von Calgary

Aber die olympischen Meriten wurden in den nordischen Wettbewerben halbwegs gerecht verteilt: Die Finnen, die im Langlauf maßlos enttäuschten, konnten wenigstens noch über Matti Nykänen jubeln, der schon so oft ihre ganze Nation in Höhen und Tiefen mitgerissen hatte. Als Ehemann und Vater blieb Nykänen diesmal solide und zeigte sich sportlich der Konkurrenz weit überlegen. Er wurde zum König von Calgary.

Für die bundesdeutschen Sportler fiel Edelmetall nur an die Mannschaften: Silber für das Biathlon-Team um Peter Angerer, eine kaum erhoffte Goldmedaille aber nach einem grandiosen Wettkampf an die nordischen Kombinierer. Das Trio Schwarz, Pohl und Müller siegte sogar ohne Weltmeister Hermann Weinbuch. Überraschend stark jedoch präsentierten sich die Schweizer, die nicht länger allein bei den Alpinen zur Weltspitze zählen: Hippolyt Kempf als Einzelsieger in der Kombination oder Andy Grünenfelder mit Bronze im 50-km-Langlauf sind nur die markantesten Beispiele.

Etwa 15 Autominuten vom Zentrum Calgarys entfernt liegt in rund 1 200 Meter Höhe der Canada Olympic Park mit der kombinierten Bob- und Rodelbahn und den zwei, häufig vom Winde verwehten Skisprung-Schanzen.

Herren
Langlauf
15 km
30 km

So schnell die Füße tragen: Russen sind die stärksten Klassiker

Stets ist das Rennen über 30 km der Auftakt zu den Langlaufentscheidungen der Männer. Und immer waren die Russen auf dieser Distanz bei den Spielen vorne. Sogar zweimal, in Lake Placid und in Sarajevo, hatte Nikolai Simjatow gewonnen. In Calgary jedoch diskutierten die Insider fast nur über die Schweden: Was macht Gunde Svan? Wird Thomas Wassberg gewinnen, gegen Ende seiner großen Karriere noch die fehlende Goldmedaille in seiner Sammlung über 30 km holen? Was ist mit dem Sieger der Saison, dem Schweden Torgny Mogren. Ist er krank oder fit?
Doch dann marschierte die russische Langlaufarmee wieder los wie gewohnt bei Olympia: Mit immenser Kraft wuchteten sich die russischen Bären durch den mörderischen Kurs, eine Berg- und Talbahn, die keinerlei Erholung zuließ und dem Deutschen Jochen Behle nur noch den Kommentar »Wahnsinn« einfallen ließ.
Acht Sekunden Vorsprung schließlich bescherten Alexej Prokurorow Gold vor Wladimir Smirnow. Die Schweden waren klar geschlagen, Opfer eines glatten Fehlgriffs in die Wachskiste. Weit stärker die Norweger und die Italiener mit sogar drei Mann unter den ersten Zehn. Fast dasselbe Bild bot sich vier Tage später über 15 km: Gold für Michail Dewjatjarow, Bronze an Wladimir Smirnow. Mit Pal-Gunnar Mikkelsplass störte wieder lediglich ein Norweger die russischen Kreise.

15 Kilometer	*19. 02. 1988*
1. Michail Dewjatjarow (UdSSR)	**41:18,9**
2. Pal-G. Mikkelsplass (Norw.)	**41:33,4**
3. Wladimir Smirnow (UdSSR)	**41:48,5**
4. Oddvar Braa (Norwegen)	42:17,3
5. Uwe Bellmann (DDR)	42:17,8
6. Maurilio de Zolt (Italien)	42:31,2
22. Jürg Capol (Schweiz)	43:59,5
23. Jochen Behle (BR Deutschland)	43:59,7
31. Alois Schwarz (Österreich)	45:06,9

30 Kilometer	*15. 02. 1988*
1. Alexej Prokurorow (UdSSR)	**1:24:26,3**
2. Wladimir Smirnow (UdSSR)	**1:24:35,1**
3. Vegard Ulvang (Norwegen)	**1:25:11,6**
4. Michail Dewjatjarow (UdSSR)	1:25:31,3
5. Giorgio Vanzetta (Italien)	1:25:37,2
6. Pal-Gunnar Mikkelsplass (Norw.)	1:25:44,6
13. Giachem Guidon (Schweiz)	1:28:05,9
18. Alois Schwarz (Österreich)	1:29:34,4
23. Jochen Behle (BR Deutschland)	1:30:08,3

Michail Dewjatjarow (oben links) profitierte bei seinem Sieg von den Tricks seiner Trainer: Sie hatten einen Landsmann mit der Startnummer 1 als Wachs-Tester vorgeschickt. Nach seinen Erfahrungen konnte Dewjatjarow umwachsen. Oben: Alexej Prokurorow auf der 30-km-Loipe.

Herren
Langlauf
50 km
4 x 10-km-Staffel

Die große Revanche: Schweden schlägt zurück

Mit vier Gold- sowie je einer Silber- und Bronzemedaille rückte Schwedens Langlaufstar Gunde Svan (rechts, beim 50-km-Langlauf) auf Platz 7 der erfolgreichsten Winter-Olympioniken.

Unten: Nicht einmal die Schweden selbst hatten bei der Langlauf-Staffel mit Gold gerechnet.

Rechte Seite: Maurilio de Zolt auf der 50-km-Strecke (»Leider bin ich etwas zu langsam angegangen«).

Die Niederlagen müssen ihn sehr geschmerzt haben, denn über die Königsdisziplin der Skilangläufer, die 50 km, die jetzt aber im freien Stil mehr gefahren denn gelaufen werden, war Gunde Svan wieder der alte König der Loipe. War der schwedische Modellathlet bis zu seiner Viruserkrankung 1987 eh kaum zu bezwingen, so schien er inzwischen doch recht verwundbar und über 15 und 30 km hatte er in Calgary den Russen auch nichts entgegenzusetzen. Waren dort die Schweden hinterhergelaufen, so traf es im Skating jetzt die Russen. Michail Dewjatjarow war auf Rang 25 noch der Stärkste in einem Team, dessen plötzlicher Leistungsabfall zu mancherlei Spekulationen Anlaß gab.
An der Spitze jedoch demonstrierte ein höchst unterschiedliches Athleten-Trio, welch dynamische Ästhetik der neue, freie Langlaufstil inzwischen schuf. Maurilio de Zolt, der 36jährige, kleine italienische Feuerwehrmann, rannte wahrlich wie die Feuerwehr, fast unfaßbar, wie er seinen Stakkato-Stil über die lange Distanz durchhielt. Silber für den lustigen Italiener und Bronze für einen weiteren Mitteleuropäer, Andy Grünenfelder. Der Schweizer, schon in Sarajevo über 50 km Sechster, lief im Stil eines Eisschnelläufers und brannte vor Motivation. Optisch ruhig dagegen, athletisch kontrolliert rollte Gunde Svan das große Feld von hinten auf. Sicher hatte er die Konkurrenz im Griff, eine gute Minute Vorsprung sind für die Langläufer auch bei einer Gesamtzeit von gut zwei Stunden ein deutlicher Abstand.
Während die Schweizer Nordischen einmal mehr jubeln durften, waren die 50 km für die Deutschen wieder derselbe Abgesang wie in Sarajevo. Jochen Behle, enttäuschend bereits auf den kürzeren Strecken, startete erst gar nicht, genau wie Stefan Dotzler. Walter Kuß aus dem Schwarzwald stieg aus, und so mußten die Biathleten Fritzenwenger und Fischer auf den Plätzen 29 und 30 wenigstens den Rest der deutschen Ehre retten.
Selten war die Spannung mehr

auf dem Siedepunkt als in Calgary: Würden die Russen nochmals alles in Grund und Boden laufen, oder haben die Schweden mit ihren klingenden Namen, die in der internationalen Szene weit bekannter sind, die Nerven zur großen Revanche? Und natürlich wurde es dramatisch, waren die beiden Favoriten von Beginn an in Front.
Am Schluß jedoch fehlte der letzte Kitzel. Torgny Mogren hatte bereits einen kleinen Vorsprung, als der russische Schlußläufer noch unglücklich stürzte und damit alle Chancen begraben mußte. Fast sensationell jedoch holten sich die Tschechen mit nur wenig Rückstand die Bronzemedaille, deutlich vor den stärker eingeschätzten Schweizern, bei denen Andy Grünenfelder einen packenden Endspurt der Stakkato-Skater gegen de Zolt gewann. Hinter Italien erst die Norweger und als Siebte mit einer versöhnlichen Leistung das bundesdeutsche Quartett, das immerhin die in Calgary völlig enttäuschenden Finnen hinter sich ließ.

50 Kilometer	*27. 02. 1988*
1. Gunde Svan (Schweden)	**2:04:30,9**
2. Maurilio de Zolt (Italien)	**2:05:36,4**
3. A. Grünenfelder (Schweiz)	**2:06:01,9**
4. Vegard Ulvang (Norwegen)	2:06:32,3
5. Holger Bauroth (DDR)	2:07:02,4
6. Jan Ottoson (Schweden)	2:07:34,8
13. Giachem Guidon (Schweiz)	2:09:02,2
14. Jeremias Wigger (Schweiz)	2:09:05,3
19. Andre Blatter (Österreich)	2:10:43,6
33. H. Fritzenwenger (BR Deutschland)	2:13:27,6

4 x 10-km-Staffel	*22.02.1988*
1. Schweden (Jan Ottoson/Thomas Wassberg/ Gunde Svan/Torgny Mogren)	**1:43:58,6**
2. UdSSR (Wladimir Smirnow/Wladimir Sachnow/ Michail Dewjatjarow/Alexej Prokurorow)	**1:44:11,3**
3. CSSR (Radim Nyc/Vaclav Korunka/ Pavel Benc/Ladislav Svanda)	**1:45:22,7**
4. Schweiz (Andy Grünenfelder/Jürg Capol/ Giachem Guidon/Jeremias Wigger)	1:46:16,3
5. Italien (Silvano Barco/Albert Walder/ Giorgio Vanzetta/Maurilio de Zolt)	1:46:16,7
6. Norwegen (Pal-Gunnar Mikkelsplass/Oddvar Braa/ Vegard Ulvang/Terje Langli)	1:46:48,7

Pawah

Sonderbar: Wir wissen mehr über Indianer, als über alle anderen Urvölker. Das kann seine Gründe nur bei Karl May, bei Lederstrumpf und bei den vielen Filmen haben. Mit Pierre Brice als Winnetou. Man erfährt da nichts über die vom Stamme der Lubicon, die sie in Hütten gestopft haben, die so aussehen wie Durchgangslager – und auf deren Jagdgründen nun die Weißen nach Öl jagen. Der Indianer, der da stand und schaute, wie die Fremden durch den Wald auf ihren schmalen Latten zu einem Ziel hasteten, an dem sie weiter nichts erreichten, als eine auf die tausendstel Sekunde genaue Zeit, sah aus wie ein großer Häuptling. Er stand nur da und schaute ohne sich zu rühren – eine, zwei Stunden lang. Er schien zu sich selbst zu sprechen: »Wir wissen, es ist ein großes Pawah, das hier stattfindet, aber es ist ein Pawah, das uns fremd ist, und wir wissen nicht, wie wir daran teilnehmen sollen. Wenn man uns gefragt hätte, hätten unsere jungen Menschen vielleicht auch bei diesem Pawah ihr Talent zeigen können, aber man hat uns nicht gefragt. Vielleicht ist es gut so, denn die Fremden werden wieder gehen, wenn ihr Pawah vorbei ist, und wir werden bleiben.« So, oder so ähnlich sprach der große Häuptling unbewegten Gesichtes, während man aus der Ferne den Lautsprecher hörte, der am Ziel die Zeiten bekanntgab. Er sah fremd aus, obgleich er hier zu Hause war, und erst viel später fiel einem ein, daß er eine Brille trug. Winnetou trägt nie eine Brille.

Ulrich Kaiser

Nordische Kombination Mannschaft Einzel

Das deutsche Erfolgs-Trio: Gold für die Mannschafts-Kombinierer

Das Drama von Canmore endete mit einem triumphalen Happy-End für das deutsche Kombinations-Trio Hubert Schwarz, Thomas Müller und Hans Pohl (rechts). Sie holten in einem »Herzschlag«-Finale die Goldmedaille in der Mannschaftswertung.

Unten: Thomas Müller, der Held des Staffel-Dramas. »Ich war mir erst 50 Meter vor dem Ziel sicher, daß wir gewinnen.«

Wieder war Dramatik angesagt, aber diesmal waren die deutschen Nordischen vorn dabei: Mit einer enormen kämpferischen Leistung holte sich das deutsche Team die Goldmedaille im Mannschaftswettbewerb der Nordischen Kombination und wahrte damit die große Tradition in dieser Disziplin, vom Weltmeister 1939, Gustl Berauer, über die Goldmedaillengewinner Georg Thoma (1960) und Franz Keller (1968). Und dies ohne den amtierenden Weltmeister Hermann Weinbuch, der nach monatelanger Erkrankung seine volle Form nicht mehr rechtzeitig gefunden hatte.
Stattdessen trat ein perfekt gemischtes deutsches Team an, mit dem Bayern Hubert Schwarz, dem Allgäuer Thomas Müller und dem Schwarzwälder Hans-Peter Pohl. So unterschiedlich wie die Herkunft sind auch die Charaktere: Kämpfer Müller, Künstler Schwarz und Sonnyboy Pohl. So gut kannte Trainer Hartmut Döpp seine Jungs und so gut stellte er sie auch ein. Bereits nach dem Springen lag das Trio vorn, obwohl Hubert Schwarz nach nur einem Trainingssprung wegen des ständigen Winds nicht einmal ganz an seine Grenzen heransprang.
In der Mannschaft zählt jedoch die Konstanz und die war da. Auch dann in der Loipe: 16 Sekunden vor Österreich, 2:46 Minuten vor den favorisierten Norwegern, gar 4:52 vor den gefährlichen Schweizern. Eine Medaille war sicher, aber die drei wollten mehr: Alle konzentrierten sich taktisch jeweils auf die zweite 5-km-Schleife und hatten Erfolg damit. Pohl fällt zuerst zurück, holt so aber wieder auf, Schwarz schließt zu dem führenden Österreicher wieder auf und Thomas Müller, nach der ersten Runde fast eingeholt, kontert in der zweiten und rettet drei Sekunden Vorsprung ins Ziel vor den unglaublich starken Schweizern mit Schlußmann Fredy Glanzmann.
Müller kämpfte wie ein angeschlagener Boxer. Der Biologie-Student, an dessen Nervenstärke

Hippolyt Kempf aus Luzern wurde der letzte Olympiasieger der XV. Olympischen Winterspiele. Die Grundlage legte er mit überraschend guten Sprungleistungen (oben). Beim Langlauf (oben links) holte er 19 Sekunden Vorsprung auf den Zweiten heraus. Seine Landsleute feierten ihn mit stürmischem Kuhglockengeläut.

in einer solchen Prüfung viele gezweifelt hatten, strafte alle Kritiker Lügen. »Ich bin sehr froh«, so Müller nach dem Rennen, »daß der Hubert Schwarz mir einen Vorsprung mitgegeben hat. Bei mir ging es nicht so gut wie gehofft. Als der Schweizer und der Österreicher so schnell rankamen, habe ich doch ein bißchen die Düse gekriegt. Zum Schluß wußte ich nicht genau, wie weit der Schweizer zurücklag.« Zulegen zum Schluß, eine Tugend, die die deutschen Kombinierer auch ihrem medizinischen Betreuer, Professor Heinz Liesen verdanken. Mit täglichen Blutuntersuchungen und Vertrauen auf ein bewußt langsames Training waren die Kombinierer genau im richtigen Moment topfit. Gelegentlich klappt es mit der »Kombination« von Wissenschaft und Leistungssport.

Nach dem Mannschafts-Erfolg war aber bei den Gold-Jungs die Luft wohl raus, denn im Einzelwettbewerb spielten sie samt Hermann Weinbuch keine Rolle mehr. Nach den ewigen Problemen mit dem Wind mußte die Nordische Kombination an nur einem Tag, dem Schlußtag der Spiele, abgewickelt werden. Springen früh um acht, ruckzuck über 120 Kilometer hinaus nach Canmore zum Langlauf am späten Nachmittag.

Gewinnen konnte diesen Härtetest nur ein Athlet mit guten Nerven, Reserven und absolutem Siegeswillen. Ein Mann wie Hippolyt Kempf, ein Schweizer, der mit seinem trockenen Humor an Karl Valentin erinnerte, in der Loipe aber seine Schlitzohrigkeit mit enormer Kondition verbindet. »Locker angehen und dann stark nachlassen«, hatte er auf die journalistische Frage nach seiner Taktik spitzbübisch geantwortet. Im Rennen jedoch, das mit der Gundersen-Methode jetzt auch bei Olympia neue Dramatik gewann, holte er 1:10 Minute Rückstand auf den Österreicher Klaus Sulzenbacher auf und gewann. Sieg für die neue Generation der Kombinierer.

Nordische Kombination, Einzel	*28. 02. 1988*
1. Hippolyt Kempf (Schweiz)	
2. Klaus Sulzenbacher (Österr.)	**+0:19,0**
3. Allar Lewandi (UdSSR)	**+1:04,3**
4. Uwe Prenzel (DDR)	+1:10,7
5. Andreas Schaad (Schweiz)	+1:12,5
6. Torbjorn Loekken (Norwegen)	+1:25,5
13. Hubert Schwarz (BR Deutschland)	+3:08,3
22. Klaus Ofner (Österreich)	+3:58,1
35. Fredy Glanzmann (Schweiz)	+6:11,3

Nordische Kombination, Mannschaft	*24. 02. 1988*
1. BR Deutschland (Hans Pohl/Hubert Schwarz/Thomas Müller)	
2. Schweiz (Andreas Schaad/Hippolyt Kempf/Fredy Glanzmann)	**+0:03,4**
3. Österreich (Günther Csar/Hansjörg Aschenwald/Klaus Sulzenbacher)	**+0:30,9**
4. Norwegen (Hallstein Bogseth/Trond Bredesen/Torbjorn Loekken)	+0:48,4
5. DDR (Thomas Prenzel/Marko Frank/Uwe Prenzel)	+2:18,5
6. CSSR (Ladislav Patras/Jan Klimko/Miroslav Kopal)	+2:57,7

Biathlon
10 km
20 km
4 x 7-km-Staffel

Doppelsieger im Biathlon: Frank-Peter Roetsch überragt

Frank-Peter Roetsch zeigte zwar Schieß-Unsicherheiten im 10-km-Biathlon (oben), aber er holte die Strafrunden spielend auf. Rechts: Nach seinem Sieg über die 20 km sagte der 23jährige Athlet: »Ich war super drauf. Und als ich den vor mir gestarteten Fritz Fischer überholte, wußte ich, ich würde ganz vorn sein.«

Am Anfang sah es noch gut aus: Nach den ersten Kilometern und dem Liegendschießen lag Peter Angerer, der Olympiasieger von Sarajevo, im 20-km-Biathlon wieder in Front. Aber dann folgten zwei Fehlschüsse im stehenden Anschlag und aus war der Traum des Peter Angerer, mit einem Sieg sein einst so strahlendes, nach einer Dopingaffäre aber angeschlagenes Image neu zu beleben. Am Ende wurde Angerer noch Zehnter, mit drei Strafminuten, aber auch läuferisch klar geschlagen von vier gleich schlechten Schützen.

Ebenfalls drei Fahrkarten konnten dagegen Frank-Peter Roetsch aus der DDR nicht umwerfen, denn auch seine beiden schärfsten Konkurrenten, Waleri Medwetsew (UdSSR) und der Südtiroler Johann Passler zielten zweimal daneben, keiner aber war auch nur annähernd so schnell wie Roetsch. Mehr als zwei Minuten lief der DDR-Athlet auf Peter Angerer heraus und auch das starke russische Trio Medwetsew, Tschepikow und Kaschkarow hatte da nichts zu bestellen. Fritz Fischer, der zweite bundesdeutsche Athlet mit Medaillenambitionen, wurde von Roetsch mühelos überlaufen, verlor die Motivation und landete abgeschlagen auf Rang 23. Das Ziel, zwei Leute unter die ersten Zehn zu bringen, war glatt verfehlt, immerhin aber suchte niemand im bundesdeutschen Team nach Ausreden. Der böige Wind, der beim Schießen manchmal gewaltig störte, sollte nicht der Sündenbock sein, zumal er in diesem Wettbewerb, anders als beim Springen, alle Athleten ziemlich gleich traf.

Frank-Peter Roetsch hatte mit einer Goldmedaille noch nicht genug. Der 23jährige rannte auch im 10-km-Sprint die Konkurrenz praktisch in Grund und Boden. Wieder nicht hundertprozentig sicher im Schießen, konnte er sich sogar eine Strafrunde leisten und hielt dennoch die Russen erneut sicher in Schach. Zweites Silber für Medwetsew, Bronze diesmal für den Juniorenweltmeister Tschepikow, da der freche Italiener Johann Passler aus der Südtiroler Biathlon-Hochburg Antholz

als Achter diesmal nicht ganz mithielt. Aber er war immer noch stark genug um die bundesdeutschen Mitfavoriten zu schlagen: Wieder büßte Angerer alle Chancen beim Schießen ein.
Wenige Tage später war die Schmach vergessen, gaben vor allem Angerer und Fritz Fischer zum Abschluß ihrer Karriere nochmals alles: Nach zweimal Bronze bei Olympischen Spielen gelang dem Quartett mit Ernst Reiter und Stefan Höck ein kaum noch erwarteter Sturmlauf zur Silbermedaille. Mit seiner fünften Medaille insgesamt ein versöhnlicher Abschluß für Peter Angerer aus Hammer, den Fahnenträger der deutschen Olympiamannschaft. Diesmal spielten die Nerven den DDR-Leuten einen Streich, während die Sowjets bald uneinholbar davoneilten.
So kam es zum spektakulären Duell mit den Italienern respektive Südtirolern um Johann Passler. Peter Angerer übergab in zweiter Position an Schlußläufer Fischer und diesmal hielt der Führende im Weltcup endlich, was sich alle von ihm versprochen hatten: Von Andreas Zingerle bereits überholt, drehte Fischer am letzten Schießstand den Spieß nochmals um und entschied endgültig einen wahren Staffelkrimi zwischen Bayern und Südtirol. Noch knapper wurden die Österreicher Vierte vor dem enttäuschten DDR-Team. Frank-Peter Roetsch blieb seine dritte Medaille versagt, er wurde so nicht zum König von Calgary.

10 Kilometer	*23. 02. 1988*
1. Frank-Peter Roetsch (DDR)	**25:08,1**
2. Waleri Medwetsew (UdSSR)	**25:23,7**
3. Sergej Tschepikow (UdSSR)	**25:29,4**
4. Birk Anders (DDR)	25:51,8
5. Andre Sehmisch (DDR)	25:52,3
6. Frank Luck (DDR)	25:57,6
10. Peter Angerer (BR Deutschland)	26:13,2
17. Franz Schuler (Österreich)	26:45,0

20 Kilometer	*20. 02. 1988*
1. Frank-Peter Roetsch (DDR)	**56:33,3**
2. Waleri Medwetsew (UdSSR)	**56:54,6**
3. Johann Passler (Italien)	**57:10,1**
4. Sergej Tschepikow (UdSSR)	57:17,5
5. Juri Kaschkarow (UdSSR)	57:43,1
6. Eirik Kvalfoss (Norwegen)	57:54,6
10. Peter Angerer (BR Deutschland)	58:46,7
24. Bruno Hofstätter (Österreich)	1:01:05,1

4 x 7,5-km-Staffel	*26. 02. 1988*
1. UdSSR (Dimitri Wassiljew/Sergej Tschepikow/ Alexander Popow/Waleri Medwetsew)	**1:22:30,0**
2. BR Deutschland (Ernst Reiter/Stefan Höck/Peter Angerer/ Fritz Fischer)	**1:23:37,4**
3. Italien (Werner Kiem/Gottlieb Taschler/ Johann Passler/Andreas Zingerle)	**1:23:51,5**
4. Österreich (Anton Lengauer-Stockner/Franz Schuler/ Bruno Hofstätter/Alfred Eder)	1:24:17,6
5. DDR (Jürgen Wirth/Frank-Peter Roetsch/ Matthias Jacob/ Andre Sehmisch)	1:24:28,4
6. Norwegen (Geir Einang/Frode Loberg/Gisle Fenne/ Eirik Kvalfoss)	1:25:57,0

Das Biathlon-Quartett des deutschen Skiverbandes, das seit Sarajevo auf Bronze abonniert zu sein schien, holte in Calgary endlich einmal Silber.

Das Bild unten zeigt die siegreichen Mannschaften: Die Bundesrepublik mit Ernst Reiter (»Beim Stehend-Schießen hatte ich überraschend nur vier Patronen im Magazin.«); Stefan Höck (»Hier fällt die Entscheidung beim Schießen, im Laufen kann man kaum etwas herausholen.«); Peter Angerer (»Ich bin im Moment der glücklichste Mensch auf der Welt.«) und Fritz Fischer (»Das ist für mich der größte Erfolg«.). In der Mitte die Biathleten der UdSSR und daneben die Bronze-Gewinner Italiens (stehend und kniend).

Skispringen
70-m-Schanze
90-m-Schanze
Mannschaft

Der König ist ein Luftikus: Matti Nykänen springt in unerreichte Höhen

Nach dem Desaster auf der Normalschanze wollten sich die bundesdeutschen Skispringer beim Mannschaftsspringen von der 90-m-Großschanze rehabilitieren. »Mit großen Anlagen«, verkündete Bundestrainer Ewald Roscher, »kommen wir besser zurecht«. Es ging daneben. Für Matti Nykänen nicht. Trotz Wind-Chaos am Olympic Park und trotz Verschiebungen holte er auf der Normalschanze, auf der 90-m-Schanze (rechts) und mit der finnischen Mannschaft (rechte Seite, unten) je eine Goldmedaille.

70 Meter	*14. 02. 1988*
1. Matti Nykänen (Finnland)	**229,1 (89,5/89,5)**
2. Pavel Ploc (CSSR)	**212,1 (84,5/87,0)**
3. Jiri Malec (CSSR)	**211,8 (88,0/85,5)**
4. Miran Tepes (Jugoslawien)	211,2 (84,0/83,5)
5. Jiri Parma (CSSR)	203,8 (83,5/82,5)
6. Heinz Kuttin (Österreich)	199,7 (87,0/80,5)
12. Andreas Felder (Österreich)	192,1 (80,5/81,5)
17. Fabrice Piazzini (Schweiz)	188,8 (83,0/78,0)
29. Andreas Bauer (BR Deutschland)	177,5 (78,5/79,5)

90 Meter	*23. 02. 1988*
1. Matti Nykänen (Finnland)	**224,0 (118,5/107,0)**
2. Erik Johnsen (Norwegen)	**207,9 (114,5/102,0)**
3. Matjaz Debelak (Jugoslawien)	**207,7 (113,0/108,0)**
4. Thomas Klauser (BR Deutschland)	205,1 (114,5/102,5)
5. Pavel Ploc (CSSR)	204,1 (114,5/102,5)
6. Andreas Felder (Österreich)	203,9 (113,5/103,0)
12. Heinz Kuttin (Österreich)	193,5 (112,0/98,5)
25. Peter Rohwein (BR Deutschland)	177,6 (106,0/96,0)
27. Christian Hauswirth (Schweiz)	177,1 (105,0/97,0)

Calgary sah viele große Sieger, Athleten mit zwei und mehr Medaillen, aber an seinen souveränen Triumph reichten alle anderen Leistungen doch nicht heran: In unvergleichlicher Manier beherrschte Matti Nykänen, der blasse, schmale Finne, die Konkurrenzen der Springer. Aus dem einstigen Kind und Leichtgewicht, das so respektlos in die Schanzenwelt eingebrochen war, ist inzwischen ein gereifter Mann geworden, aber ein wahrer Luftikus ist Matti Nykänen doch geblieben – ebenso locker im Wettkampf wie im täglichen Leben. Und dabei hatte es zunächst fast so ausgesehen, als würde in Calgary überhaupt niemand über den Backen gehen.
Ohne Rücksicht auf Wind und Wetter waren die Olympiaschanzen als Statussymbole an den Ortsrand von Calgary gebaut worden. Aus Rücksicht auf die in Kanada alles beherrschenden Interessen des Fernsehens konnte zudem in den windstillen Morgenstunden nicht gesprungen werden, und so jagte eine Verschiebung im Springen die andere. Während die Trainer jammerten, die Funktionäre stritten und die Fernsehleute im Regen standen, ließ sich Matti Nykänen nicht aus der Ruhe bringen – er war zu jeder Stunde topfit.
Und die Zuschauer blieben begeistert: 50 000 Menschen waren dabei, als Nykänen auf der 70-m-Schanze erstmals den Ikarus mimte. Dabei war diese Sportart in Kanada zuvor gewiß nicht po-

pulär, aber die »fliegenden Menschen« faszinierten das Publikum einmal mehr.
Siebeneinhalb Meter Abstand legte Nykänen bereits auf der kleinen Schanze zwischen sich und den Rest der Springwelt. Und dieser Rest war noch überglücklich, denn hinter ihm tummelten sich an diesem Tag vorwiegend Tschechen: Pavel Ploc, einer der wenigen, der Nykänen zuletzt noch hatte schlagen können, mit Silber, dann Jiri Malec und Altmeister Jiri Parma als Fünfter.
So richtig frei wie ein Vogel fühlte sich Matti Nykänen dann wohl erst auf der Großschanze: In überragender Manier sprang er auch hier zu Gold, sprang praktisch außer Konkurrenz, denn die Gegner konzentrierten sich bereits nur noch auf den Kampf um die restlichen Plätze. Zweiter wurde diesmal der Norweger Erik Johnsen vor dem Jugoslawen Matjaz Debelak. Großes Pech hatte Thomas Klauser aus dem bayerischen Reit im Winkl: Er sprang wie entfesselt und mußte sich nur denkbar knapp mit dem undankbaren vierten Platz zufrieden geben.
Und noch einmal Nykänen: Auch beim Mannschaftswettbewerb der Springer segelte der Finne »mit der Leichtigkeit eines Indianerpfeils«, wie ein Journalist überschwenglich kommentierte, in die Tiefe und zog sein Team mit zum Sieg, zu seiner dritten Goldmedaille. Auf den Plätzen blieben die Jugoslawen und Norweger ebenso wie die starken Tschechen und Österreichs einstmals dominierende Adler. Immerhin Rang sechs für das bundesdeutsche Team unter Trainer Ewald Roscher.
Kaum hatte Nykänen seine Ski geschultert, begannen die Fachleute bereits tief nachzudenken. Professor Paul Ganzenhuber, österreichischer Trainer, versuchte die erste Erklärung: Für ihn sei Nykänen kein Springer mehr, sondern ein Flieger, der instinktiv mit Wind und Luft spiele. Nur: Wie soll man das den anderen auch beibringen?

90 Meter, Mannschaft	*24. 02. 1988*
1. Finnland	**634,4**
(Matti Nykänen/Ari Pekka Nikkola/ Tuomo Ylipulli/Jari Puikkonen)	
2. Jugoslawien	**625,5**
(Matjaz Debelak/Matjaz Zupan/ Primoz Ulaga/Miran Tepes)	
3. Norwegen	**596,1**
(Ole Eidhammer/Jon Kjorum/ Ole Fidjestol/Erik Johnsen)	
4. CSSR	586,8
(Ladislav Dluhos/Jiri Malec/ Pavel Ploc/Jiri Parma)	
5. Österreich	577,6
(Ernst Vettori/Heinz Kuttin/ Günter Stranner/Andreas Felder)	
6. BR Deutschland	559,0
(Thomas Klauser/Andreas Bauer/ Peter Rohwein/Josef Heumann)	

Oh Eddy

Ein Kanadier namens Robert McCormack, Mitglied der Jury beim Skispringen, hat sich aufgeregt. Mr. McCormack meinte, dieser Eddy Edwards würde dem Ansehen dieses Sports schaden, weil er ja immer hinterherhüpft – ungefähr halb so weit wie Matti Nykänen. Mr. McCormack äußerte sich nicht über die Inderin, die beim Riesenslalom hinterherfuhr, und auch nicht über Raul Muniz aus Puerto Rico, der beim Rodeln beim Kampf mit der Bahn seine Gegner vergaß. Mr. McCormack war ja auch nur für's Skispringen zuständig. Nein – hier soll nicht die Sache von der Teilnahme strapaziert werden, die angeblich so wertvoll wie der Sieg ist; sie ist weiter nichts als ein Trost für Verlierer. Aber Eddy, der Tapezierer aus dem englischen Cheltenham, wurde in Calgary das, was man in Nordamerika als Star bezeichnet – ein schüchterner, bleicher, junger Mann, der sich 'was traute, was andere sich nicht getrauen. Ein Eulenspiegel? Ein olympischer Hofnarr – ein Weiser also? Wunderbar, wenn es so gewesen wäre! Nein – so war es nicht. Eddy, der Adler, war einer von jenen, denen man auf die Schulter klopft – und wenn er sich abwandte, grinsten die Schulterklopfer und tippten sich mit dem Finger an die Stirn. Das Schlimme daran war nur, daß Eddy es nicht merkte. Schade. Denn wenn es so gewesen wäre, hätte wahrscheinlich dieser Mr. McCormack mit seiner Befürchtung doch Recht behalten. Aber so blieb das Skispringen unbefleckt – nur Eddy nicht.
Ulrich Kaiser

Damen
Langlauf
5 km
10 km

Doppelsieg zum Auftakt: Erstes Gold für bärenstarke Russin

Marjo Matikainen hatte nach ihrem Sieg über 5 km allen Grund zum Jubeln (rechts): Ihr gelang es als einziger Läuferin, in die Phalanx der Russinnen einzubrechen. »Ich habe mich vor dem Rennen überhaupt nicht gut gefühlt«, berichtete die Siegerin aus Finnland »Ich wurde schon nach einem Kilometer richtig müde, doch dann bin ich um alles gerannt.« Bis zum Umfallen (unten).

Über die ersten Medaillen überhaupt in Calgary entschieden die Ski-Langläuferinnen in der Loipe: Und schon vor ihren starken Männern demonstrierten hier die Russinnen, daß sie ihre jahrelange Vormacht auch im Wilden Westen keineswegs abgeben wollten. Mit einem Doppelsieg im Rennen über 10 km setzten sie ein deutliches Zeichen für die Konkurrenz. Das erste Gold der Spiele ging an die 24 Jahre alte Biologie-Studentin Wida Wentsene, die allerdings mit nur neun Sekunden Vorsprung die große alte Dame im Frauen-Langlauf, die schon legendäre Raissa Smetanina, gerade noch abfing. Fast 36 Jahre alt, unterstrich Smetanina, daß auch im Skilanglauf Alter nicht vor Leistung schützt. Für den »grauen Panther« aus der UdSSR war es seit den Olympischen Winterspielen 1976 in Innsbruck bereits die achte olympische Medaille.

Wida Wentsene stöhnte nach ihrem Sieg allerdings über die brutale Strecke. Die frühere Leichtathletin mit großen Ambitionen über die 400-m-Distanz hatte sich

Wida Wentsene (40) aus der UdSSR holte im 10-km-Langlauf auf der schwierigen Strecke im Canmore Nordic Center das erste olympische Gold in Calgary. Hier zieht sie an der Schwedin Anna-Lena Fritzon (38) vorbei.

vor allem beim letzten Anstieg total verausgabt und sich hier die Goldmedaille erst im Endspurt gesichert. Lehrerin Smetanina freute sich für ihre jüngere Teamkameradin, der ohnehin die Zukunft gehöre. Es war ein Tag der sowjetischen Damen, denn den UdSSR-Triumph bei Temperaturen um minus fünf Grad vervollständigten Svetlana Nagueikina und Tamara Tichonowa auf den Plätzen vier und fünf.

Die skandinavische Konkurrenz dagegen mußte sich trotz ihrer großen Fan-Kolonien, die ins verwandte Kanada gepilgert waren, erstmals geschlagen geben: Vor allem die nur auf Platz neun gelandete Marja-Liisa Kirvesniemi, die unter ihrem wunderschönen Mädchennamen Hämäläinen mit drei Goldmedaillen noch die ungekrönte Königin von Sarajevo gewesen war. In Calgary wurden es nicht ihre Spiele, konnte sie nicht an ihre ganz große Form anknüpfen.

Dafür rettete im Sprint-Wettbewerb über die 5 km nur drei Tage später eine andere Finnin mit malerischem Namen die fast schon verlorene skandinavische Ehre: Marjo Matikainen. Sie war mit Bronze über 10 km bereits in die sowjetische Phalanx eingebrochen. Jetzt lief sie, obwohl sie sich vor dem Rennen noch unwohl gefühlt hatte, »um ihr Leben« und unterbot in fast exakt einer Viertelstunde die Bestmarke der Russin Tichonowa um nicht ganz eine Sekunde. Weitere sechs Sekunden zurück lag Wida Wentsene als Dritte.

Fünf Kilometer im Langlauf sind so etwas wie die 400 m in der Leichtathletik, und nicht zufällig kommen auch bei den Skilangläuferinnen mehr und mehr Sportlerinnen aus dem Lager der Leichtathletik. Nur 15 Minuten etwa unterwegs, volle läuferische Belastung, dazu aber auch extremer Krafteinsatz mit Oberkörper und Armen – da ist kein Seitenblick mehr drin. Das mußte auch Finnlands Marja-Liisa Kirvesniemi schmerzlich erfahren, die noch bis Kilometer drei in Front lag, dann kurz den Rhythmus verlor und so hinter der Norwegerin Jahren »nur« Fünfte wurde.

Und die Mitteleuropäerinnen? Allein Simone Opitz aus der DDR hielt als Zehnte über 10 km und mit Rang 13 über 5 km vor den Schweizerinnen Evi Kratzer und Christine Gilli-Brügger halbwegs Anschluß, während die bundesdeutsche Langlauf-Hoffnung Karin Jäger mit einem 28. und einem 24. Platz nur »ferner mitlief«.

5 Kilometer	*17. 02. 1988*
1. Marjo Matikainen (Finnland)	**15:04,0**
2. Tamara Tichonowa (UdSSR)	**15:05,3**
3. Wida Wentsene (UdSSR)	**15:11,1**
4. Anne Jahren (Norwegen)	15:12,6
5. Marja-Liisa Kirvesniemi (Finnland)	15:16,7
6. Inger Helene Nybraten (Norwegen)	15:17,7
14. Evi Kratzer (Schweiz)	15:42,8
20. Cornelia Sulzer (Österreich)	16:09,7
28. Karin Jäger (BR Deutschland)	16:28,0

10 Kilometer	*14. 02. 1988*
1. Wida Wentsene (UdSSR)	**30:08,3**
2. Raissa Smetanina (UdSSR)	**30:17,0**
3. Marjo Matikainen (Finnland)	**30:20,5**
4. Svetlana Nagueikina (UdSSR)	30:26,5
5. Tamara Tichonowa (UdSSR)	30:38,9
6. Inger Helene Nybraten (Norwegen)	30:51,7
11. Evi Kratzer (Schweiz)	31:16,7
24. Karin Jäger (BR Deutschland)	32:09,5
26. Cornelia Sulzer (Österreich)	32:17,1

Damen
Langlauf
20 km
4 x 5-km-Staffel

Russinnen beherrschen die Szene: Triumph über 20 km und in der Staffel

Rechts: Raissa Smetanina war die große Überraschung der Olympia-Loipe. Die große alte (37 Jahre) Dame des Langlaufs zeigte es der Weltelite noch einmal und holte sich auf der 20-km-Strecke die Bronzemedaille. Unten: Die UdSSR-Läuferinnen waren in Calgary ohne Konkurrenz und holten sich auch in der Staffel Gold: Svetlana Nagueikina, Nina Gawriliuk, Tamara Tichonowa und Anfissa Reztsowa.

Die Altmeisterin durfte sich ausruhen: Die russische Damen-Staffel hatte über die 4x5 km auch ohne Raissa Smetanina keinerlei Probleme mit der Konkurrenz aus Skandinavien und Mitteleuropa. Bei einer Gesamtzeit von knapp einer Stunde lag das sowjetische Quartett fast zwei Minuten in Front – das sind Welten im Langlaufsport, in dem die internationale Konkurrenz sich sonst so dicht auf den Pelz gerückt ist. Auch Wida Wentsene, die Siegerin über 10 km durfte oder mußte bei diesem Skating-Rennen zusehen, da sie eine absolute Spezialistin im klassischen Stil ist. Pech für die Reporter im Fernsehen, die allerlei Probleme beim anerkennenden Zungenschlag mit den Namen der anderen Russinnen Svetlana Nagueikina, Nina Gawriliuk, Tamara Tichonowa und Anfissa Reztsowa hatten.
So wurde es nur beim Kampf um die restlichen Medaillen einigermaßen spannend. Überraschend setzten sich dabei die Norwegerinnen mit 20 Sekunden Vor-

sprung gegen Finnland durch, das mit Kirvesniemi-Hämäläinen und 5 km-Siegerin Matikainen den Russinnen eigentlich hatte Paroli bieten wollen. Dabei hatten die Finninnen sogar noch Glück, daß sie die ungemein starken Schweizerinnen gerade noch mit fünf Sekunden Vorsprung in Schach halten konnten. Die Schweizerinnen demonstrierten, daß es nicht unmöglich ist, im Reigen der Großen aus Skandinavien und der UdSSR mitzuhalten.

In der Schweiz schlägt seit Jahren in vielen Sportarten ein konsequentes Training zu Buche, das einen gesunden Kompromiß zwischen wissenschaftlicher Kompetenz und immenser subjektiver Motivation geschaffen hat. Davon können die bundesdeutschen Langläuferinnen nur träumen: Weit abgeschlagen landete ihre Staffel auf Rang elf und wieder einmal wußte keiner, warum. Dabei war die Misere bei den deutschen Langläufern seit Jahren offenkundig.

Ungeheure Kondition, das ist die schlichte Erfolgsformel der russischen Läufer und Läuferinnen, daran kann auch der wohl mehr von Neid diktierte Vorwurf aus Kreisen der Konkurrenz nichts ändern, die UdSSR würde mit Blutdoping arbeiten. Am Thema frisches Blut mag da schon was Wahres sein, denn neben manch langlaufender Institution wie der Smetanina bringen die Sowjets eben auch ständig neue Leute zu den großen *events* und verheizen sie nicht vorher in allzuvielen Weltcup-Rennen, die bald wieder vergessen sind.

Und so konnten Gegnerinnen und Publikum nur voller Staunen den totalen Triumph der Russinnen im abschließenden Rennen über die Langstrecke der 20 km registrieren. Gold ging an die Ukrainerin Tichonowa, die in allen Wettbewerben startete und sich drei Medaillen holte. Silber für Anfissa Reztsowa – fast schien es, als würden die UdSSR-Läuferinnen die Medaillen auch noch halbwegs gerecht untereinander verteilen. Und als Krönung einer im Damen-Sport wohl unvergleichlichen Karriere die Bronzemedaille für Raissa Smetanina.

Pech hatte Nina Gawriliuk, die als Achte durchs Ziel gegangen war. Sie wurde nachträglich disqualifiziert, weil sie ein Stirnband mit einer unzulässig großen Werbeaufschrift hatte. Derartige Stirn-Werbung ist im normalen Weltcup zwar durchaus üblich und erlaubt, für die Olympischen Winterspiele aber hatte das Internationale Olympische Komitee auf kleineren und dezenteren Werbe-Botschaften bestanden.

Die Skandinavierinnen erlitten mit der freien Technik einen vollständigen Einbruch: Weder die amtierende Weltmeisterin Marie Helene Westin noch Titelverteidigerin Kirvesniemi hatten als Zehnte und Elfte etwas mit der Entscheidung zu tun. Dafür landete die Schweizerin Christina Gilli-Brügger, auch schon über 30 Jahre alt, als Vierte eine kleine Sensation und die DDR-Läuferin Opitz schob sich diesmal bis auf Rang fünf vor, während für das ewige Talent Karin Jäger nur Rang 35 blieb – mit fast sieben Minuten Rückstand.

20 Kilometer	*25. 02. 1988*
1. Tamara Tichonowa (UdSSR)	**55:53,6**
2. Anfissa Reztsowa (UdSSR)	**56:12,8**
3. Raissa Smetanina (UdSSR)	**57:22,1**
4. Christina Gilli-Brügger (Schweiz)	57:37,4
5. Simone Opitz (DDR)	57:54,3
6. Manuela di Centa (Italien)	57:55,2
14. Evi Kratzer (Schweiz)	58:56,1
35. Karin Jäger (BR Deutschland)	1:02:34,6
37. Cornelia Sulzer (Österreich)	1:03:01,2

4 x 5-km-Staffel	*21. 02. 1988*
1. UdSSR (Svetlana Nagueikina/Nina Gawriliuk/ Tamara Tichonowa/Anfissa Reztsowa)	**59:51,1**
2. Norwegen (Trude Dybendahl/Marit Wold/Anne Jahren/ Marianne Dahlmo)	**1:01:33,0**
3. Finnland (Pirkko Määttä/Marja-Liisa Kirvesniemi/ Marjo Matikainen/Jaana Savolainen)	**1:01:53,8**
4. Schweiz (Karin Thomas/Sandra Parpan/Evi Kratzer/ Christina Gilli-Brügger)	1:01:59,4
5. DDR (Kerstin Moring/Simone Opitz/Silke Braun/ Simone Greiner-Petter)	1:02:19,9
6. Schweden (Lis Frost/Anna-Lena Fritzon/ Karin Lamberg-Skog/Maria Helene Westin)	1:02:24,9

Auftakt zur 4x5-km-Staffel der Damen. Kurz nach dem Start lag die deutsche Läuferin Stefanie Birkelbach (12) noch auf dem 2. Rang, an der Spitze lief die Rumänin Illeana Hangan (10). Am Ende landete die deutsche Staffel auf Platz 11 und Rumänien war das Schlußlicht.

Eislauf

Hallenbahnen und Rekorde

Eine revolutionäre Entwicklung kündigte sich in Calgary im Eisschnellauf an. Nachdem sich fast hundert Jahre lang in diesem Sport nichts verändert hatte, werden in Zukunft die Hallenbahnen das neue Gesicht der Eis-Rennen formen. Es war kein Zufall, daß ausgerechnet die Länder das Niveau im Olympic Oval bestimmt haben, die über die ersten 400-Meter-Hallenbahnen der Welt verfügen konnten: Die DDR mit Ost-Berlin und die Niederlande mit Heerenveen. Der große Sieger war die DDR – und sie fühlte sich dennoch als Verlierer. Das elfköpfige Eisschnellauf-Team aus dem anderen Deutschland hatte mehr Medaillen gewonnen als die 93köpfige Gesamtcrew der Bundesrepublik. Aber es waren die »falschen« Medaillen: Karin Kania sollte und wollte wenigstens vier Medaillen holen, mindestens dreimal sollte es eine goldene sein. Am Ende sprangen nur zweimal Silber und einmal Bronze heraus, weil das schnelle US-Girl Bonnie Blair und auch das niederländische »Meisje« Yvonne van Gennip über sich hinauswuchsen.

Auf dem Eis nichts Neues

Im Eis-Kunstlauf blieb hingegen (fast) alles beim alten. Die erfolgsgewohnten Läuferinnen und Läufer prägten auch in Calgary das Geschehen. So wiederholte Katarina Witt aus der DDR mit Glück und Glamour ihren Olympiasieg von Sarajevo 1984. Und wenig Neues gab es ergo im BRD-Team: Ein potentieller Olympiasieger war weit und breit nicht zu sehen. In gewohnter Rolle übten sich auch die Preisrichter im gnadenlosen Interessenausgleich. Sie gaben einmal mehr schlechte Noten zur guten Kür. Beispiel: Eistanz der Paare.

Calgary hatte das Eishockey-Turnier der Kanadier werden sollen, aber es wurde ein weiterer Triumph des grandiosen UdSSR-Teams und zugleich eine unübersehbare Bestätigung des zuletzt auch in der UdSSR geschmähten Trainers Viktor Tichonow. Kanadas Profi-Klubs hielten ihre Stars wegen eines mangelnden Finanzausgleichs unter Verschluß. Die werbeeinnahmen-trächtige USA-Mannschaft wurde zum Entsetzen der US-Fernsehgewaltigen frühzeitig vom deutschen Team vom Eis geschossen.

Mit 4 000 Sitzplätzen und Gesamtkosten von fast 52 Millionen Mark bot das Olympic Oval, das Eisschnelllauf-Stadion im Universitätsgelände von Calgary, den Teilnehmern erstmals bei Olympischen Spielen ein Dach über dem Kopf. Schon die ersten Tests hatten bewiesen, daß eine Verbesserung einiger Weltrekorde in der Luft lag.

Favorit, Bösewicht und Unglücksrabe: Drei Männer im Eisschnellauf

Nikolai Guljajew, UdSSR, sorgte für Schlagzeilen: Vor den Winterspielen wegen eines Anabolika-Päckchens und während der Spiele als 1 000-m-Olympiasieger (links).

Der Favorit erfüllte die Erwartungen: Jens-Uwe Mey aus der DDR läutete in der ersten Disziplin im Eisschnellauf die prophezeite Weltrekordflut ein. Er gewann die 500 m in 36,45 Sekunden und einer Durchschnittsgeschwindigkeit von 49,4 Stundenkilometern. In den Kurven erreichte er sogar Tempo 55. Die Standfestigkeit und Technik Meys ließen seine Konkurrenten vermissen, auch wenn Silbermedaillengewinner und Ex-Profi Jan Ykema (Niederlande) ebenfalls eine gute Zeit erreichte. Dritter wurde der Japaner und Studentenweltmeister Akiya Kuroiwa.

Sprint-Weltmeister Dan Jansen stürzte in der ersten Kurve nach dem Start. Der 22jährige Amerikaner war die tragische Figur dieses Wettbewerbs. Seine Schwester, die wenige Stunden vor dem Rennen an Leukämie starb, hatte ihn gebeten, auf jeden Fall in Calgary anzutreten.

Im Rennen über 1 000 m antwortete Nikolai Guljajew mit der Goldmedaille auf massive Doping-Gerüchte, die vor den Spielen laut geworden waren, weil er einem norwegischen Läufer ein Päckchen mit einschlägigen Präparaten übergeben hatte. Der Moskauer bezwang Jens-Uwe Mey und seinen Landsmann Igor Shelesowski.

Der Landshuter Uwe Streb erreichte knapp seinen Deutschen Vorjahres-Rekord, wurde aber nachträglich disqualifiziert.

500 Meter	*14. 02. 1988*
1. Jens-Uwe Mey (DDR)	**WR 36,45**
2. Jan Ykema (Niederlande)	**36,76**
3. Akiya Kuroiwa (Japan)	**36,77**
4. Sergej Fokitschew (UdSSR)	36,82
5. Tae Bae (Südkorea)	36,90
6. Igor Shelesowski (UdSSR)	36,94
20. Hans-Peter Oberhuber (BR Deutschl.)	37,73
26. Michael Hadschieff (Österreich)	37,90

1 000 Meter	*18. 02. 1988*
1. Nikolai Guljajew (UdSSR)	**OR 1:13,03**
2. Jens-Uwe Mey (DDR)	**1:13,11**
3. Igor Shelesowski (UdSSR)	**1:13,19**
4. Eric Flaim (USA)	1:13,53
5. Gaetan Boucher (Kanada)	1:13,77
6. Michael Hadschieff (Österreich)	1:13,84
32. Hans-Peter Oberhuber (BR Deutschl.)	1:16,62

Unten: Jens Uwe Mey aus Ost-Berlin war auf die Minute topfit und stellte den Weltrekord über 500 m ein.

Herren
Eisschnellauf
1 500 m; 5 000 m
10 000 m

DDR-Läufer auf schnellen Kufen: Stärkstes Herrenteam bei den Spielen

Sven Tomas Gustafson, »der Mann, der alle paar Jahre zuschlägt«, verdarb den Niederländern die Feier und holte Gold über 5 000 (rechts) und 10 000 m.

Andre Hoffmann raste mit 48,18 Stundenkilometern der Goldmedaille über 1 500 m entgegen (rechte Seite, oben).

Rechte Seite, Mitte: Michael Hadschieff, der Mann mit dem künstlichen Stromlinien-Buckel, gewann nach 10 000 Eisbahn-Metern Silber.

Knapp fünf Minuten konnte sich der Amerikaner Eric Flaim seines Weltrekords über 1 500 Meter erfreuen. Dann stellte Andre Hoffmann aus der DDR eine neue Bestmarke auf und sicherte sich die Goldmedaille. Auch der Österreicher Michael Hadschieff blieb als Dritter noch unter dem vorolympischen Weltrekord. Jahrzehntelang standen die DDR-Läufer im Schatten der Eislauf-Damen, jahrzehntelang blieben sie medaillenlos. 1984 in Sarajevo wurde der Bann gebrochen, nun avancierten sie sogar zum erfolgreichsten Herren-Team in Calgary. Selbst so erfolgsgewohnte Nationen wie die Niederlande, die UdSSR und Schweden konnten da nicht mithalten.
Der Schwede Sven Tomas Gustafson wiederholte seinen Olympiasieg von Sarajevo, zu einem Zeitpunkt, als die Niederländer Leo Visser und Gerard Kemkers von ihren Landsleuten schon als Doppelsieger im 5 000-Meter-Wettbewerb gefeiert wurden. Die erwartete Flut neuer Rekorde blieb jedoch im Olympic Oval aus. Das Eis in der Halle war nicht annähernd so gut wie beim Weltcup

1 500 Meter	*20. 02. 1988*
1. André Hoffmann (DDR)	**WR 1:52,06**
2. Eric Flaim (USA)	**1:52,12**
3. Michael Hadschieff (Österreich)	**1:52,31**
4. Igor Shelesowski (UdSSR)	1:52,63
5. Toru Aoyanagi (Japan)	1:52,85
6. Alexander Klimow (UdSSR)	1:52,97
30. Hansjörg Baltes (BR Deutschland)	1:57,08
5 000 Meter	*17. 02. 1988*
1. Sven Tomas Gustafson (Schweden)	**WR 6:44,63**
2. Leo Visser (Niederlande)	**6:44,98**
3. Gerard Kemkers (Niederlande)	**6:45,92**
4. Eric Flaim (USA)	6:47,09
5. Michael Hadschieff (Österreich)	6:48,72
6. David Silk (USA)	6:49,95
20. C. Eminger (Österreich)	6:57,22
22. Hansjörg Baltes (BR Deutschland)	6:59,45
10 000 Meter	*21. 02. 1988*
1. Sven Tomas Gustafson (Schweden)	**WR 13:48,20**
2. Michael Hadschieff (Österreich)	**13:56,11**
3. Leo Visser (Niederlande)	**14:00,55**
4. Eric Flaim (USA)	14:05,57
5. Gerard Kemkers (Niederlande)	14:08,34
6. Juri Klujew (UdSSR)	14:09,68
19. C. Eminger (Österreich)	14:30,21
27. Hansjörg Baltes (BR Deutschland)	14:45,41

1987, als Gustafson und der Norweger Geir Karlstad binnen weniger Minuten Weltrekorde aufstellten. Es war zu warm geworden in der Halle und die Luftfeuchtigkeit war zu hoch. Ursache: Beim Weltcup waren wesentlich weniger Zuschauer in der »schnellsten Halle der Welt«. Der Stimmung unter den 4000 Zuschauern tat's keinen Abbruch: Zwei Stunden lang sorgten – vor allem 300 niederländische – Fans für überschäumende Begeisterung und einen Krach als wären es 10000 Besucher.
Sven Tomas Gustafson hieß der erste Doppel-Olympiasieger in Calgary. Vier Tage nach seinem Erfolg über 5000 Meter gewann der Schwede auch über 10000 Meter – mit einer Verbesserung des Weltrekords. Die Silbermedaille holte der überraschend starke Österreicher Michael Hadschieff vor dem Niederländer Leo Visser. Hadschieff, Student in Innsbruck, hatte zusammen mit seinem deutschen Trainer Günter Schumacher einen aerodynamischen Kniff ausgeheckt: Ein unter dem Trikot getragener, sich vom Rücken nach oben zum Nacken verstärkender Kunststoffbügel, der die Strömungsverhältnisse am ganzen Körper verbessern sollte.

Eine Käseglocke

Einstmals wird es irgendjemand seinen staunenden Enkeln erzählen, wie es früher war bei den winterlichen Olympiaspielen: Stell Dir vor, so wird der Uropa berichten, damals liefen die Eiskunstläufer unter freiem Himmel, und die Eisschnelläufer sowieso, und auch die Eishockeyspieler betrieben ihre Spiele an der frischen Luft. Natürlich taten sie das alles auf richtigem Eis, das nur fror, wenn es richtig kalt war. Dann kamen die Menschen drauf, daß künstliches Eis viel zuverlässiger war, und daß man den Zuschauern nicht zumuten konnte, sich einen Schnupfen zu holen – man baute also Dächer drüber und geheizte Tribünen rundherum. Anno 1988 taten sie das erstmals auch für die Eisschnelläufer – so wird der Uropa erzählen – und alle waren sehr glücklich darüber, weil nun kein Lüftchen mehr den Lauf stören konnte. Klar, wird der Enkel sagen, wegen der Rekorde. Der Uropa wird fortfahren: Damals hatten sie noch nicht die durchlaufende Röhre über der Bob-und Rodelbahn, die Wind, Sand und Sonne abhielt – sie hatten noch nicht einmal das gewaltige Dach über dem Slalomhang und auch nicht die Käseglocke über dem Berg für die Abfahrt, obgleich man bereits den Kunstschnee verwendete, der ja viel haltbarer ist. Was, wird der Enkel fragen, sie rasten bei dem Tempo bei Wind und Wetter dort herab? Und der Uropa wird nicken – ja, das waren noch Kerle! Der Urenkel indessen wird sagen, daß die Wilden damals eben keine Zivilisation hatten; und eine Pille gegen Frischluft-Allergie schlucken.
Ulrich Kaiser

Damen
Eisschnellauf
500 m; 1 000 m
1 500 m

Bonnie war die Schnellste: US-Girl überflügelt DDR-Damen

Mehr als 4000 Zuschauer im Olympic Oval auf dem Gelände der Universität von Calgary gerieten aus dem Häuschen, als die Amerikanerin Bonnie Blair ihrer Konkurrentin Christa Rothenburger Weltrekord und Gold abjagte. Drei Minuten nachdem die DDR-Läuferin ihren eigenen Weltrekord verbessert hatte, lief Bonnie Blair noch schneller. Auch Karin Kania aus der DDR blieb als Bronzemedaillengewinnerin noch deutlich unter der Weltrekordmarke, die vor Beginn des Wettkampfes gegolten hatte.

Die Olympiasiegerin war wenige Wochen zuvor in West Allis hinter Christa Rothenburger Vize-Weltmeisterin im Sprint-Vierkampf geworden. Sie verdankte ihren Aufstieg vor allem der Vereinigung der Polizisten von Champaign, die die nur 1,61 Meter große Läuferin ebenso sponserte wie ein bekannter Basketball-Profi.

Eine grandiose Leistung vollbrachte bei ihren fünften und letzten Winterspielen die 33jährige Monika Holzner-Gawenus aus Inzell. Die 1 000-Meter-Olympia-

siegerin von Sapporo 1972 stellte einen neuen deutschen Rekord auf und ließ als Siebte alle UdSSR-Läuferinnen hinter sich. Und das, obwohl sich die Mutter von zwei Kindern in der Vorbereitungsphase noch mit Verletzungen hatte herumplagen müssen.
Über die 1 000-m-Distanz vermochte Bonnie Blair die Mädchen aus der DDR nicht nochmals zu stoppen. Nur zwei Minuten lang lag sie in Führung. Dann kam Karin Kania, sah und verlor – trotz neuer Weltrekordzeit – doch noch. Die Doppel-Olympiasiegerin von 1984 hatte die Rechnung ohne ihre Teamgefährtin Christa Rothenburger gemacht. Die setzte eine neue Bestmarke und gewann Gold. Karin Kanias Silber war schon die siebte olympische Medaille ihrer Laufbahn.
Beide DDR-Athletinnen liefen übrigens schneller als Erhard Keller bei seinem berühmten Weltrekordlauf im März 1972 in Inzell mit 1:18,5 Minuten. Und Christa Rothenburger ist nicht nur die schnellste Frau der Welt, sondern wohl auch eine der vielseitigsten Sportlerinnen der Welt. Von 1965 bis 1970 war die 1,63 Meter große Dresdnerin Eiskunstläuferin, ehe Trainer und Physiologen ihre eigentliche Begabung erkannten. In Seoul will sie ihre ungewöhnliche Karriere krönen und als erste Sportlerin nach Gold bei Winterspielen auch Gold bei Sommerspielen gewinnen. Im Radfahren.
Eine Enttäuschung setzte es für die DDR dagegen über die 1 500 m: Völlig überraschend, selbst für Insider, setzte sich hier die Niederländerin Yvonne van Gennip durch. 0,14 Sekunden zurück lag Karin Kania aus der DDR auf Platz zwei, während die Bronzemedaille an Andrea Ehrig (ebenfalls DDR) ging. Überraschend auch die relativ schwache Siegerzeit, die deutlich über dem Weltrekord lag. Vor dem Rennen war erwartet worden, daß einige Läuferinnen die Zwei-Minuten-Grenze brechen würden. Überraschung Nummer drei lieferte Karin Kania, die vor Calgary als der große Star gehandelt worden war. Doch nach der erneuten Niederlage über 1 500 Meter gingen die Spiele für sie ohne Goldmedaille zu Ende.

500 Meter	*22. 02. 1988*
1. Bonnie Blair (USA)	**WR 39,10**
2. Christa Rothenburger (DDR)	**39,12**
3. Karin Kania (DDR)	**39,24**
4. Angela Stahnke (DDR)	39,68
5. Seiko Hashimoto (Japan)	39,74
6. Shelley Rhead (Kanada)	40,36
7. Monika Holzner-Gawenus (BR Deutschland)	40,53
10. Andrea Ehrig (DDR)	40,71
19. Emese Nemeth-Hunyadi (Österreich)	41,38
1 000 Meter	*26. 02. 1988*
1. Christa Rothenburger (DDR)	**WR 1:17,65**
2. Karin Kania (DDR)	**1:17,70**
3. Bonnie Blair (USA)	**1:18,31**
4. Andrea Ehrig (DDR)	1:19,32
5. Seiko Hashimoto (Japan)	1:19,75
6. Angela Stahnke (DDR)	1:20,05
16. Emese Nemeth-Hunyadi (Österreich)	1:22,22
21. I. Haringa (Niederlande)	1:23,15
1 500 Meter	*27. 02. 1988*
1. Yvonne van Gennip (Niederlande)	**OR 2:00,68**
2. Karin Kania (DDR)	**2:00,82**
3. Andrea Ehrig (DDR)	**2:01,49**
4. Bonnie Blair (USA)	2:04,02
5. Elena Lapuga (UdSSR)	2:04,24
6. Seiko Hashimoto (Japan)	2:04,38
7. Gunda Kleemann (DDR)	2:04,68
16. Anja Mischke (BR Deutschland)	2:08,52

Linke Seite, oben: Sie schlug im 500-m-Sprint die Eislauf-Asse der DDR: Bonnie Blair aus den Vereinigten Staaten.

Linke Seite, unten: Auf der 500-m-Strecke erlebte sie eine Enttäuschung, über 1 000 m holte sie Gold: Christa Rothenburger, DDR.

Links: Sie wurde die stille Königin der Winterspiele: Yvonne van Gennip nach ihrem Siegeslauf über 1 500 m.

Damen
Eisschnellauf
3 000 m
5 000 m

Ein Meisje war die stille Königin: Yvonne van Gennip holt drei Goldmedaillen

300 niederländische Fans hatten beim 3 000-m-Rennen im Olympic Oval ihren großen Tag– die favorisierten DDR-Läuferinnen aber erlebten eine schockierende Niederlage. Die 23jährige Yvonne van Gennip aus Haarlem holte wieder olympisches Gold. 20 Minuten nach Andrea Ehrigs Fabelweltrekord von 4:12,09 war das dunkelblonde Mädchen sensationell noch 0,15 Sekunden schneller. Die Bronzemedaille ging dagegen wieder in die DDR: an Gabi Zange.

Der Triumph Yvonne van Gennips war zugleich das Waterloo der dreimaligen Olympiasiegerin und zehnmaligen Weltmeisterin Karin Kania. Sie scheiterte im nervenaufreibenden Duell mit ihrer Vereinskollegin Andrea Ehrig. Karin Kania ging die 3 000 Meter in geradezu mörderischem Tempo an und brach deswegen auf den letzten 800 Metern ein.

Noch 20 Minuten nach dem Rennen lag die große Verliererin vollkommen erschöpft in der Halle, ihre Muskulatur war völlig übersäuert.

Enttäuscht war auch die 20jährige Berlinerin Anja Mischke, sie landete nur auf Platz zwölf. Das war weniger als sie erhofft hatte. Yvonne van Gennip, die strahlende Siegerin, hatte in der Vorbereitung auf Calgary sogar für ein Jahr ihr Medizinstudium unterbrochen. Sie konzentrierte sich voll auf ihren Sport. Der Lohn: Gold. Das fröhliche »Meisje« setzte damit eine niederländische Tradition fort: 1968 in Grenoble

3 000 Meter	*23. 02. 1988*
1. Yvonne v. Gennip (Nied.)	**WR 4:11,94**
2. Andrea Ehrig (DDR)	**4:12,09**
3. Gabi Zange (DDR)	**4:16,92**
4. Karin Kania (DDR)	4:18,80
5. Erwina Rys-Ferens (Polen)	4:22,59
6. Swetlana Boiko (UdSSR)	4:22,90
12. Anja Mischke (BR Deutschland)	4:26,30
14. Emese Nemeth-Hunyadi (Österreich)	4:27,56

5 000 Meter	*28. 02. 1988*
1. Yvonne v. Gennip (Niederl.)	**WR 7:14,13**
2. Andrea Ehrig (DDR)	**7:17,12**
3. Gabi Zange (DDR)	**7:21,61**
4. Swetlana Boiko (UdSSR)	7:28,39
5. Elena Lapuga (UdSSR)	7:28,65
6. Seiko Hashimoto (Japan)	7:34,43

Seit dem Eisschnellauf der Damen in Calgary hat das Königreich Niederlande zwei Königinnen und drei Goldmedaillen. Eine der beiden Königinnen heißt Yvonne van Gennip. Das Bild auf der linken Seite zeigt Königin Yvonne beim 3000-m-Lauf. Unten lüftet sie das Geheimnis ihres Fuß-Werkzeugs. Links huldigen die königlichen Untertanen ihren Kufen-Stars mit dem Transparent »Calgary hat das Oval, Holland hat die Eisschnelläufer«.

und 1972 in Sapporo gewannen Ans Schut und Stien Baas-Kaiser auf dieser Strecke ebenfalls Gold.
Der größte niederländische Eisschnelläufer und damit ein Volksheld war Ard Schenk: Der Eiskönig gewann 1972 in Sapporo dreimal Gold. In Calgary hatten die Niederlande wieder ein große Eiskönigin mit Yvonne van Gennip. Sie versetzte die 300 niederländischen Schlachtenbummler, die von Tag zu Tag lauter wurden und mehr lärmten als 4000 Nordamerikaner, regelrecht in Entzükken. Yvonne – DDR 2:0 stand auf einem großen Plakat der Fans. Als die letzte Runde beim letzten Rennen, den 5000 Meter, eingeläutet wurden, änderten sie schnell ihren Text: Yvonne – DDR 3:0.
Nicht nur die Niederländer waren von dieser Sportlerin begeistert, zumal Yvonne van Gennip ein Mädchen ist, das just dem Bild entspricht, das man sich von einem liebenswerten Meisje macht: Lieb, nett, immer lachend und von herzerfrischender Fröhlichkeit. Genauso locker, wie sie in den Jahren vor Calgary die Niederlagen gegen DDR-Läuferinnen hingenommen hatte, triumphierte sie diesmal über Kania, Rothenburger, Ehrig und Co.
Dabei hatte Andrea Ehrig den Medaillenkampf gleich im ersten Lauf mit neuer Weltrekordzeit eröffnet. Doch die Niederländerin eroberte sich im fünften Rennen den Weltrekord zurück. Wie in den vorhergegangenen Rennen hatte sie den Vorteil, nach den DDR-Stars laufen zu können. Yvonne van Gennip holte sich damit die dritte Goldmedaille nach den Siegen über 1500 und 3000 Meter. Die Niederländerin wurde dadurch zur erfolgreichsten Sportlerin bei den 15. Olympischen Winterspielen, während die DDR-Stars im fünften Rennen zum vierten Mal das Nachsehen hatten. Trotz einer weiteren Bronzemedaille für Gabi Zange.

Eiskunstlauf
Herren
Damen

»Carmen« reißt alle vom Hocker: Katarina Witt siegt mit viel Charme

Katarina Witt (großes Bild) und Debie Thomas (kleines Bild), Gewinnerin und Verliererin eines spannungsgeladenen Wettkampfs, bei dem die besseren Nerven entschieden. Witt: »Ich habe eine gute Leistung gebracht.« Thomas: »Ich bin traurig. Ich habe alles versucht, doch es ging nicht.«

Kanadas Traum vom olympischen Gold erfüllte sich auch in der Herren-Konkurrenz des Eiskunstlaufens nicht. Vor 20 000 Zuschauern im Saddledome blieb für den 26 Jahre alten Brian Orser wie schon in Sarajevo lediglich die Silbermedaille übrig. Der Olympiasieg ging an den Amerikaner Brian Boitano, der seinen Freund, Rivalen und Namensvetter knapp auf den zweiten Platz verwies. Dritter wurde der erst 18jährige Viktor Petrenko (UdSSR) vor seinem Landsmann und Europameister Alexander Fadejew. Heiko Fischer gewann das interne deutsche Duell gegen Richard Zander (Wiehl). Der Deutsche Meister wurde Neunter, Zander belegte Platz elf.
Auch ein Brian Orser konnte jedoch nicht verhindern, daß beim

Das zweite Eis-Duell lieferten sich die Herren Brian: Orser contra Boitano (rechte Seite). Nachdem die Musik verklungen war, hielt Brian Boitano nur mit Mühe die Freudentränen zurück. Doch nach der Siegerehrung gab er sich schon wieder cool: »Für mich war es im Grunde egal, ob ich hier Gold, Silber oder Bronze holte, und so hatte ich einen wundervollen Wettkampf.«

Eiskunstlauf ständig über eine Frau geredet wurde: Katarina Witt. Dabei schien die Sportlerin mit dem größten Sex-Appeal in Calgary schon besiegt zu sein. Nach ihrer Kür lief Elizabeth Manley aus Kanada wie ein energiegeladener Kugelblitz und legte eine furiose Darbietung aufs Eis. Sie brachte es fertig, Katarina Witt als erste Läuferin in der Kür zu besiegen. Und die DDR-Vertreterin glaubte selbst, weit von einer Wiederholung ihres Olympiasieges von Sarajevo 1984 entfernt zu sein. Doch 30 Sekunden nach dem Beginn der Kür ihrer schärfsten Widersacherin, Debi Thomas, war Katarina Witt am Ziel ihrer Träume.

Die 20 Jahre alte schwarze Kalifornierin hatte bei ihrem Paradestück gepatzt, der schwierigen Kombination zweier Dreifachsprünge. Glückliches Gold für Katarina. Womit der Karl-Marx-Städterin als erster Läuferin seit der berühmten Norwegerin Sonja Henie das Kunststück gelang, ihren Titel erfolgreich zu verteidigen. Sonja Henie gewann olympisches Gold in den Jahren 1928, 1932 und 1936. Aber die Bilanz der Katarina Witt liest sich noch spektakulärer: drei Weltmeistertitel, sechsmal Europameisterin und zwei Olympiasiege. Die deutsche Meisterin Claudia Leistner schnitt recht gut ab: Sie erreichte den sechsten Platz

Eiskunstlauf, Herren	*20. 02. 1988*
1. Brian Boitano (USA)	**3,0**
2. Brian Orser (Kanada)	**4,2**
3. Viktor Petrenko (UdSSR)	**7,8**
4. Alexander Fadejew (UdSSR)	8,2
5. Grzegorz Filipowski (Polen)	10,8
6. Wladimir Kotin (UdSSR)	13,4
9. Heiko Fischer (BR Deutschland)	15,8
12. Oliver Hörner (Schweiz)	24,0

Eiskunstlauf, Damen	*27. 02. 1988*
1. Katarina Witt (DDR)	**4,2**
2. Elizabeth Manley (Kanada)	**4,6**
3. Debi Thomas (USA)	**6.0**
4. Jill Trenary (USA)	10,4
5. Midori Ito (Japan)	10,6
6. Claudia Leistner (BR Deutschland)	13,2
10. Marina Kielmann (BR Deutschland)	21,6
15. Stefanie Schmid (Schweiz)	31,0

Stars

Yvonne van Gennip kommt aus Haarlem, 23 Jahre jung – ein hübsches Mädchen, das wunderschön lachen kann – sie wolle Hebamme werden, erzählte sie. Yvonne van Gennip stammt aus einer Familie, in der man seit Generationen den Eisschnellauf betreibt. Sie gewann in Calgary drei goldene Medaillen. Nein – sie war nicht der Star dieser Winterspiele. Der Star war ein Jahr jünger, kam aus Karl-Marx-Stadt, erhielt nur eine Goldene und heißt Katarina Witt (Bild oben). Warum sie und nicht Yvonne van Gennip? Weil zum Star-sein die sportliche Leistung nicht ausreicht – weil das Fräulein Witt in der Flitterwelt des Eiskunstlaufens auftritt – weil es beim Eisschnellaufen nicht das gibt, was man ›Glamour‹ nennt – weil der Visagist und der Kostümbildner hier so wichtig sind wie der Kufenschleifer – weil man nach einer Musik läuft. Katarina Witt lief nach ›Carmen‹. Sie tat das auf langen Beinen, graziös, kokett, verführerisch – Carmen war ein Luder. Katarina Witt war selbst als gutaussehend zu bezeichnen, als das Make-up herunter war – sie vermag jemand anzulachen, daß der meint, dieses Lachen sei allein für ihn gedacht – sie hat das, was sich nicht lernen läßt. Sie wollte zur Bühne – die Manager lockten, aber das ist gar nicht so einfach, wenn man in Karl-Marx-Stadt zu Hause ist. Ach ja – sie sächselt jenes kleine Wenig, das noch charmant ist. Um noch einmal auf Yvonne van Gennip zu kommen: Sie startete in einer anderen Welt.

Ulrich Kaiser

Eiskunstlauf
Paare
Eistanz

Ordnung und Nostalgie sind die halbe Wertung: Preisrichter bestrafen neue Einfälle

»Kabarettisten des Eistanzes« werden sie genannt, Natalja Bestemjanowa (in der Luft) und Andrej Bukin (auf dem Eis), die dreimaligen Weltmeister im Eistanz. Ihre Vorgänger von Sarajevo 1984, Jayne Torville und Christopher Dean, sagen heute zum Wertungs-Dilemma: »Viele Preisrichter sind mit der Entwicklung des Eistanzes nicht auf gleicher Höhe.«

Rechte Seite: Das Gold-Paar Jekaterina Gordejewa und Sergej Grinkow bei ihrer Kür. Mit 16 Jahren ist Jekaterina die jüngste Paarlauf-Olympiasiegerin seit Irinia Rodnina vor 20 Jahren in Grenoble.

Eiskunstlauf, Paare	*16. 02. 1988*
1. Jekaterina Gordejewa/Sergej Grinkow (UdSSR)	**1,4**
2. Jelena Walowa/Oleg Wassiljew (UdSSR)	**2,8**
3. Gill Watson/Peter Oppegard (USA)	**4,2**
4. Larissa Seleznewa/Oleg Makarow (UdSSR)	6,4
5. Gillian Wachsmann/Todd Waggoner (USA)	6,6
6. Denise Benning/Lyndon Johnston (Kanada)	9,0
11. Brigitte Groh/Holger Maletz (BR Deutschland)	16,2

Eistanz	*23. 02. 1988*
1. Natalja Bestemjanowa/Andrej Bukin (UdSSR)	**2,0**
2. Marina Klimowa/Sergej Ponomarenko (UdSSR)	**4,0**
3. Tracy Wilson/Robert McCall (Kanada)	**6,0**
4. Natalia Annenko/Genrich Sretenski (UdSSR)	8,0
5. Kathrin Beck/Christoff Beck (Österreich)	10,0
6. Suzanne Semanick/Scott Gregory (USA)	12,0
9. Antonia und Ferdinand Becherer (BR Deutschland)	18,0

»Katuschja« stand auf dem Siegespodest, die sowjetische Hymne wurde für sie und »Serjoscha« gespielt, und ihr eben noch strahlendes Kindergesicht war plötzlich von Ernst überflogen. Tapfer biß sie sich auf die Unterlippe, damit sie nicht weinen mußte. Die 16 Jahre alte Jekaterina Gordejewa und Sergej Grinkow hatten Gold im Eiskunstlauf der Paare gewonnen. Seit 1964 in Innsbruck ging der Olympiasieg jedesmal in die UdSSR. Und Gordejewa/Grinkow scheinen beim derzeitigen Trend des Paarlaufs zu immer noch halsbrecherischen Luftnummern auf Kosten des tänzerischen Dialogs vorerst unbesiegbar, zumal sie diesmal den vierfachen Wurf-Toelopp noch ausließen. Die Silbermedaillengewinner, Jelena Walowa und Oleg Wassiljew, wollen nach diesem Winter ihre Laufbahn beenden. Sie erzählten in ihrer Kür abermals eine ihrer schönen Geschichten, aber diesmal war es die Geschichte ihrer eigenen Vergangenheit, als im Paarlauf noch Zeit war für das Schöne. Unter dem Eindruck der Zirkusnummern mit freiem Flug der Partnerin und der bloßen Artistik schien das lange her zu sein. Doch es waren nur drei Jahre.
Natalja Bestemjanowa und An-

drej Bukin hatten ihre Kür im Eistanz beendet, eine 6,0 und die Goldmedaille von den Preisrichtern kassiert – das Publikum applaudierte kurz und respektvoll. Bei Isabelle und Paul Duchesnay war es dagegen kreischend auf die Bänke gestiegen. Die französischen Geschwister wurden aber bloß Achte. Die Preisrichter monierten, die Duchesnays hätten sich nicht an die Regeln gehalten. Und die gestrengen Preisrichter lieben nun mal die Ordnung. Deshalb stand auch in Calgary das Endergebnis bereits nach dem ersten Pflichttanz fest. Einmal mehr, denn die Reihenfolge auf den Medaillenplätzen, Bestemjanowa/Bukin vor ihren Landsleuten Klimowa/Ponomarenko und den Kanadiern Wilson/McCall, ist bei allen Meisterschaften dieselbe geblieben.
Der Eistanz, das zeigte sich in Calgary erneut, ist nicht von seiner modernen Entwicklung gefährdet, sondern von jenen antiquierten An- und Einsichten, die streng nach dem Regelbuch die Phantasie in die Schranken verweisen. Die Titel der Kürmusik von Klimowa/Ponomarenko hörten sich jedenfalls wie ein Urteil über die Preisrichter an: »Yesterday« und »Let it be«.

Eistanz

So wie die Geschwister Isabelle und Paul Duchesnay getanzt haben, so tanzt man nicht. Nun gut – bei der letzten Europameisterschaft gab man ihnen noch den dritten Platz, aber da waren die Juroren auch noch überrascht von der Vorführung, womöglich sogar angetan. Mittlerweile hatte man genügend Gelegenheit, über diesen Fall zu sprechen, um eine Meinung zu bilden. Und die Meinung lautete, daß man so nicht tanzt. Die Geschwister Duchesnay – aus Kanada stammend, für Frankreich startend, in Deutschland trainierend – huschten in ihrem braunen Kostüm übers Eis, nackt-zuckende Arme, wilde Schrittkombinationen, miteinander, voneinander, zueinander, zu der Musik eines verrückten Drummer-Solos. Die Menschen auf den Tribünen wirkten zunächst erschreckt, dann fasziniert, schließlich hingerissen. Die Juroren, die ihre Reihenfolge mit geringen Abweichungen bereits seit dem ersten Pflichttanz festgelegt hatten, waren anderer Meinung. Nämlich dieser: Bevor man etwas so macht, wie es bisher noch keiner gemacht hat, muß man es erst mal so machen, wie es alle machen. Kapiert? Und so tanzt man nicht – basta! Deswegen setzte man die Geschwister Isabelle und Paul Duchesnay schließlich auf den achten Platz – vielleicht als pädagogische Maßnahme. Eine von jenen, die da lauthals protestierten gegen dieses Urteil, hieß Natalja Bestemjanowa. Sie hatte zusammen mit Andrej Bukin gesiegt. Natalja, die Klassische, zeigte Solidarität mit den Progressiven. Ungehört.

Ulrich Kaiser

Olympia und Profi-Klubs: Kanada spielt ohne Stars

Links: Die Mannschaft der UdSSR stand schon als Olympiasieger fest, als sie im Finale ziemlich lustlos gegen Finnland antrat. Die Finnen gingen in der 31. Minute durch Ojanen in Führung. Lehtonen sicherte mit dem entscheidenden 2:1 in der 58. Minute Silber.

Willi Daume war so etwas ähnliches wie beleidigt: »Das Mutterland des Eishockeys hat es nicht für nötig gehalten, Olympia die Ehre zu erweisen und sein bestes Team aufs Eis zu schicken«.
Dabei hatte der Präsident des Nationalen Olympischen Komitees für Deutschland doch 1981 beim IOC-Kongreß in Baden-Baden extra für Calgary gestimmt, weil den Winterspielen »ein richtiges Eishockey-Festival gut getan hätte«. Und als Vorsitzender der Zulassungs-Kommission des IOC hatte er auch noch den kanadischen Profis den Weg zu Olympia geebnet. Und was passierte? Die legendären Stars des olympischen

Unten: Das Spiel des deutschen Unsinn-Teams gegen Österreich endete mit 3:1. Hier stürzt der Österreicher Hutz auf Harold Kreis und beide liegen zu Füßen von Torhüter Karl Friesen.

Gastgebers wie Wayne Gretzky oder Mario Lemieux glänzten im eigenen Land durch Abwesenheit, weil die Bosse der Profi-Klubs nur durch hohes Entgelt der Olympia-Macher bereit gewesen wären, den Spielbetrieb der National Hockey League (NHL) zu unterbrechen. Erst Geld, dann Gold, lautete ihre Devise, und so kam es, daß Nationalstolz und Nationalsport nicht unter einen Hut zu bringen waren.
Auch Schweden mußte auf zahlreiche in der NHL tätige Profis verzichten, hatte von seinem Weltmeister-Team von Wien 1987 gerade noch die Hälfte dabei. Die Folge: Der Rekord-Weltmeister UdSSR (20 Titel) hatte leichtes Spiel. 5:0 gegen die zweitklassigen Kanadier, 7:1 über Schweden, und als der Olympia-Sieg vorzeitig feststand, erlaubte man

Ohne Druck und Nerven: Das Eis gehörte dem UdSSR-Team

Das furiose Olympia-Finale des deutschen Eishockey-Teams gegen Schweden blieb ohne Happy-End. Nach einer glänzenden Leistung mußten sich Xaver Unsinns Eismänner unglücklich mit 2:3 geschlagen geben und wurden Fünfte.

den Finnen nach durchfeierter Nacht auch noch einen 2:1 Sieg und damit die erste olympische Medaille überhaupt. Den Schweden blieb nur Bronze, Kanada Platz vier. Für den »Calgary Herald« war das Saddledome, die schönste Eishalle der Welt, plötzlich nur noch die »teuerste Leichenhalle der Welt«.

War das olympische Eishockey-Turnier nur ein tödlicher Langweiler? Nein. Daß dem nicht so war, dafür sorgten schon gleich zu Beginn etliche Muntermacher: Polen ertrotzte ein 1:1 gegen Weltmeister Schweden, die Schweiz schlug den späteren Silber-Gewinner Finnland, die Finnen wiederum besiegten Kanada 3:1, Deutschland gewann das Eröffnungsspiel gegen den sechsfachen Weltmeister CSSR mit 2:1.

Überhaupt, die *germans*: Die waren von den kanadischen Zuschauern sofort ins Herz geschlossen worden. Ein absolut *crazy team*, eine verrückte Mannschaft, die der Bundestrainer »Xiever Günzen« – so wurde er in der Pressekonferenz vorgestellt – da mit über den großen Teich gebracht hatte. Die Schützlinge von Xaver Unsinn waren zu allem fähig – im guten wie im schlechten Sinne. Eine interessante Bereicherung eben.

Über die Spiele der deutschen Mannschaft wurden die Fernseh-Zuschauer in Nordamerika stets besonders nachdrücklich in Kenntnis gesetzt. Und ausgerechnet dem amerikanischen Sender ABC, der sich für 309 Millionen Dollar die Spiele praktisch gekauft hatte, versetzten die Unsinn-Mannen den derbsten Schlag, als sie mit einem 4:1 die USA aus der Endrunde schossen. Nicht druckreife Worte sollen an jenem Abend in den Vorstandsetagen der ABC ausgerufen worden sein. 30 Millionen Dollar Einbußen – so war von Xaver Unsinn zu erfahren – waren dem TV-Giganten dadurch entstanden, daß mit dem Fehlen der US-Boys bei der Medaillen-Vergabe die Sehbeteiligung und damit die Einnahmen aus den Werbeminuten drastisch abgesackt waren.

Die meisten der unbeteiligen Fans fanden's freilich toll. Zur ganz großen Nummer wären die Spieler um Kapitän Udo Kießling dann beinahe im letzten Spiel des Turniers geworden. Bei einem Sieg über Schweden hätten sie den Kanadiern noch die Bronzemedaille (die erste olympische seit 20 Jahren überhaupt) beschert. Vor 18000 Zuschauern im Saddledome führten die Deutschen nach zwei Toren des Kölners Dieter Hegen bereits 2:0 und nach dem Ausgleich der Schweden zum 2:2 wäre Hegen wohl zum Ehrenbürger Calgarys ernannt worden, hätte er eine Riesenchance kurz vor dem Ende zu seinem dritten Tor genutzt.

Schweden gewann schließlich 3:2, aber bis zur letzten Sekunde versuchten die aufopferungsvoll kämpfenden Deutschen, das Spiel noch umzubiegen. Unsinn nahm in der Schlußminute sogar Torhüter Karl Friesen für einen sechsten Feldspieler vom Eis. Dafür gab's dann nach der Schlußsirene die höchste Anerkennung, die der anglo-amerikanische Sport kennt: *standing ovations.* Xaver Unsinn bekannte: »Als Kind hab ich voller Ehrfurcht die Bilder der kanadischen Eishockeyspieler gesammelt. Daß ich hier im Mutterland des Eishockeys mit meiner Mannschaft so bejubelt werde, hätte ich mir nie träumen lassen. Es ist mir kalt den Rücken runtergelaufen. Dabei bin ich bestimmt nicht sentimental«. Es war wohl ein kleiner Trost dafür, daß die »Unsterblichkeit«, die Unsinn den Seinen versprochen hatte, wenn sie eine Medaille holen würden, doch nicht erreicht worden war. Es hatte nur zu Beinahe-Helden gelangt. Zu mehr fehlten der deutschen Mannschaft Konstanz und Ausgeglichenheit.

Ausgeglichenheit auf höchstem Niveau, das sich in puncto Schnelligkeit, Spielintelligenz und Technik nur denken läßt, präsentierte die Mannschaft von Viktor Tichonow. Im Gegensatz zu den vorangegangenen zwölf Monaten, als die Sowjets bei wichtigen Turnieren wie Canada-Cup, Iswestija-Turnier und Weltmeisterschaft stets das Nachsehen gehabt hatten, war ihnen diesmal keinerlei Nervosität anzumerken. Vielleicht, weil nach den Niederlagen nicht mehr der hohe Druck, stets gewinnen zu müssen, auf der Mannschaft lastete. Auf jeden Fall sah das zuletzt so sorgenvoll getrübte Kummergesicht von Trainer Tichonow im Saddledome gelöst und heiter wie selten zuvor aus, vor allem nach dem 7:1 über Weltmeister Schweden. Viktor Tichonow, Major der Roten Armee, stand auf der Spielerbank und bejubelte den siebten Olympia-Sieg der »Sbornaja« wie ein Kind den ersten Schneefall. Er genoß seinen Triumph und er ließ ihn sich nicht schmälern. Ob er bedauere, daß Wayne Gretzky nicht dabei war, wollte ein Reporter nach dem Sieg wissen: »Kanada hat einen Gretzky. Aber ich habe viele Gretzkys«, antwortete Tichonow selbstbewußt. Das war der Fehdehandschuh für die Zukunft. Hoffentlich wird er die Kanadier endlich aus der Olympia-Abstinenz ihrer Stars herausziehen.

Eishockey	*28. 02. 1988*
1. UdSSR	**8:2**
2. Finnland	**7:3**
3. Schweden	**6:4**
4. Kanada	5:5
5. BR Deutschland	2:8
6. CSSR	2:8

Es war das UdSSR-Team, das den Siegeszug der Deutschen stoppte (6:3). Oben hebt Igor Stelnow Bein und Schläger gegen einen BRD-Spieler.

Oben links: Jagdszene aus dem Eröffnungsspiel des deutschen Teams gegen die CSSR (2:1) mit Dieter Medicus (senkrecht) und Petr Rosol (waagerecht).

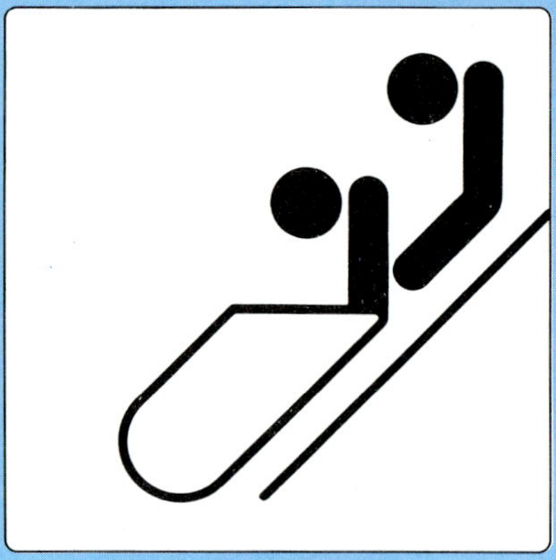

Bob und Rodeln

Verschiebungen

Bob- und Rodelwettbewerbe in Calgary, das bedeutete Absagen, Verschiebungen, irreguläre Bedingungen, Ultimaten, Manipulationsvorwürfe und Beschimpfungen. Der Sport und die Sportler rangierten unter der Kategorie »ferner liefen«. Dennoch – oder gerade deswegen – kamen die Zuschauer in Scharen und machten tolle Stimmung, wenn die Rennen nicht gerade wieder mal verschoben wurden. Da zeigte sich sogar das Fernsehen, von vielen zum Sündenbock für alles erklärt, einsichtig und stimmte notwendigen Verlegungen auf weniger zuschauerträchtige Sendezeiten zu, obwohl Amerikaner und Kanadier in beiden Bewerben ohnehin keinerlei Rolle spielten.
Erfolgreichster Athlet war der Sowjetrusse Janis Kipurs, er gewann zwei Medaillen: Gold im Zweierbob und Bronze im Vierer. Sonst dominierte die DDR. Von 15 zu vergebenden Medaillen in den beiden Sportarten eroberte sie sich neun. Auch bei den Doppelsitzern der Rodler, wenngleich von Doppelsitzern im Sinne des Wortes keine Rede sein kann. Denn das »Zwillings-Gespann« sitzt nicht hintereinander, sondern liegt wie zwei Blätter übereinander rücklings auf dem Rodelschlitten, der Untermann auf der Schale und der Obermann auf einem kleinen Podest, das im Vorderbereich des Rodels angebracht ist. Am oberen Athleten, dem Steuermann hält sich der Untermann durch eine Leine fest. Der Pilot steuert den Schlitten mit Beinen und Händen. Seine Hände verankert der Obermann in Haltegriffen des Rodels.

Eiskanal-Prinz

Und darauf und anderes körperliches Ungemach mehr hatten sich die Sportler systematisch vorbereitet. Auch für die bundesdeutschen Rodler war keine Trainings-Anstrengung zu groß. Insgesamt 425mal jagten sie auf ihren Schlitten durch die Eisröhren der Welt. Das sind 425 Kilometer, einmal München–Bozen und zurück. Je 150 Tonnen stemmten Männer und Frauen. Ihnen gleich taten es die Bobfahrer: 150mal rasten sie mit Spitzengeschwindigkeiten von 120 Stundenkilometern durch die Eiskanäle. 180 Kilometer legten sie dabei zurück, das entspricht der Strecke München–Salzburg.
Da mochte seine Hoheit Prinz Albert natürlich nicht zurückstehen – und steuerte höchstpersönlich den Zweierbob für Monaco. Auch sonst unterschied er sich nicht von seinen Mitstreitern. Er zog demonstrativ zu den Athleten ins Olympische Dorf und verzichtete auf seine Suite in einem Luxushotel von Calgary. Und Prinz Albert war selbstverständlich einer, der den Stars nie Konkurrenz um die vorderen Plätze machte, auch wenn er einen Lauf lang vor dem Weltmeister im Viererbob, Hiltebrand, lag. Für den Prinzen galt eben wirklich das olympische Motto: »Dabeisein ist alles«.

Die kombinierte Bob- und Rodelbahn im Canada Olympic Park hat eine Länge von 1 475 Metern, bei einem Höhenunterschied von 118,2 Metern. Auch der Eiskanal hatte unter widrigen Winden zu leiden. Einmal bliesen sie fast die Rodlerinnen aus der Bahn, dann sorgten sie mit Sandladungen dafür, daß die Bobs nicht zu schnell wurden.

Durch zehn Kurven der Eisröhre: DDR war Klassenbeste

Zunächst verlief beim Rodeln der Damen alles nach Plan. Pünktlich wurden die ersten beiden Läufe gefahren, nach denen die Favoritinnen aus der DDR an der Spitze des Feldes lagen. Dann sorgte das Wetter für Terminänderungen: Ein stürmischer Wind fegte über den Eiskanal. Die Finalläufe mußten um einen Tag verschoben werden. Die DDR-Mädchen ließen sich aber nicht beeindrucken und fuhren der internationalen Konkurrenz auf und davon. Die Goldmedaille gewann wie in Sarajevo Steffi Walter, Silber ging an Ute Oberhoffner und Bronze an Weltmeisterin Cerstin Schmidt.
Erste im Team »Rest der Welt« hinter dem Siegertrio wurde die Deutsche Veronika Bilgeri auf Platz vier. Und viermal war die Gaißacherin in der 1 080 Meter langen Eisröhre mit zehn Kurven vergeblich hinterhergerast. Die Gejagten waren für die Jägerin einfach zu schnell. Dennoch heimste Veronika Bilgeri viele Komplimente und einen Werbevertrag ein. Sie setzte die olympische Tradition einer Elisabeth Demleitner, Andrea Fendt, Constanze Zeitz und Andrea Hatle fort. Einen vierten Platz bei olympischen Spielen hatte zuletzt Elisabeth Demleitner 1980 in Lake Placid erreicht, während die DDR-Rodlerinnen seit 1964 14 von 16 möglichen Medaillen gewannen, fünf von sieben Goldmedaillen holten sie. Dreimal, 1972 in Sapporo, 1984 in Sarajevo und in Calgary, sahnten sie gleich alles ab.

Damen-Einsitzer	*18. 02. 1988*
1. Steffi Walter (DDR)	**3:03,973**
2. Ute Oberhoffner (DDR)	**3:04,105**
3. Cerstin Schmidt (DDR)	**3:04,181**
4. Veronika Bilgeri (BR Deutschland)	3:05,670
5. Julia Antipowa (UdSSR)	3:05,787
6. Bonny Warner (USA)	3:06,056
12. Andrea Tagwerker (Österreich)	3:07,501

Oben: Steffi Walter am Start. Sie war mit Gold die Nr. 1 im DDR-Team, das alle Medaillen absahnte und niemanden mitspielen ließ.

Links: Das deutsche »Ein-Mann-Team« Veronika Bilgeri. »Der 4. Platz ist für mich eine Superleistung.«

Herren
Rodeln
Einsitzer
Doppelsitzer

Deutsches aus Ost und West: Dreimal DDR, zweimal Bundesrepublik

Die DDR-Rodler hatten Vorfahrt auf dem olympischen Eis-Highway. Gold im Doppelsitzer ging an Jörg Hoffmann und Jochen Pietzsch (rechts) und Silber an Stefan Kraußе und Jan Behrendt.

Gold: Jens Müller (unten) war 368 Tausendstel Sekunden schneller als Georg Hackl (rechte Seite, oben). Hatte er mit einer Medaille gerechnet? »Weil ich im dritten Lauf einige Zeit habe irgendwo liegen lassen, war ich schon ein bißchen skeptisch. Aber ich wußte, daß ich noch etwas drauf habe.«

Rechte Seite, Mitte: Spitzen-Handschuh der Rodler.

Ein Happy-end aus bundesdeutscher Sicht gab es im Doppelsitzerbewerb der Rodler. Als der letzte Schlitten mit zwei Sowjets durch's Ziel raste, durften sich Thomas Schwab und Wolfgang Staudinger nach langem Zittern über Bronze freuen. Gold und Silber gingen an die DDR, an Jörg Hoffmann/Jochen Pietzsch und Stefan Krauße/Jan Behrendt. Vor dem entscheidenden vierten Lauf betrug der Vorsprung der russischen Schlitten Beloussow/Beliakow auf Schwab/Staudinger 51 Tausendstel Sekunden, doch am Schluß waren die beiden Berchtesgadener die Glücklicheren. Dabei hatten sie schon ans Aufhören

Herren-Doppelsitzer	*19.02.1988*
1. Jörg Hoffmann/Jochen Pietzsch (DDR)	**1:31,940**
2. Stefan Krauße/Jan Behrendt (DDR)	**1:32,039**
3. Thomas Schwab/Wolfgang Staudinger (BR Deutschl.)	**1:32,274**
4. Stefan Ilsanker/Georg Hackl (BR Deutschland)	1:32,298
5. Georg Fluckinger/Robert Manzenreiter (Österreich)	1:32,364
6. Vitali Melnik/Dimitri Alexejew (UdSSR)	1:32,459
12. Gerhard Sandbichler/Franz Lechleitner (Österreich)	1:33,462

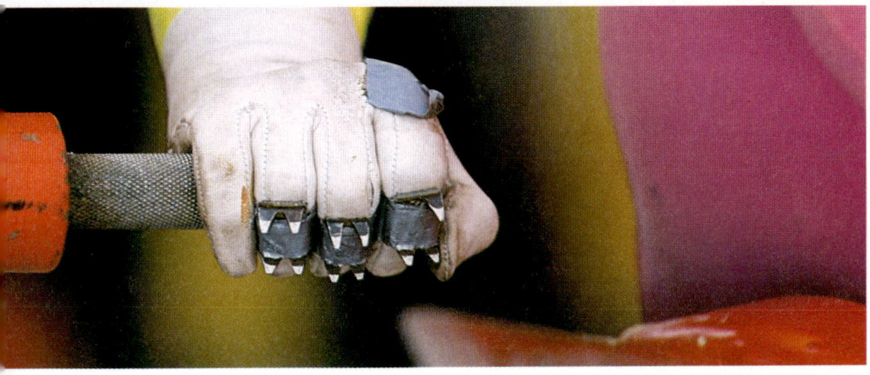

gedacht, aus Frust über die fehlenden Erfolgserlebnisse. Doch sie entschieden sich zum Weitermachen. Vernünftigerweise.
Ein Wahnsinns-Gefühl verspürte Georg Hackl nach dem Gewinn der Silbermedaille im Einsitzer der Rodler. Der 22jährige Bayer sorgte zudem für großen Jubel, ausgelassene Stimmung und einen gehörigen Motivationsschub im deutschen Olympia-Team. Schließlich hatte Hackl am zweiten Tag die erste Medaille für die Bundesrepublik geholt. Dabei hatte es nach drei Läufen gar nicht gut für ihn ausgesehen, er fiel vom zweiten auf den vierten Platz zurück. Und das Gerücht vom Abbruch geisterte herum. Doch dann wurde weitergefahren und der Berchtesgadener legte einen tollen vierten Lauf hin.
Trotzdem mußte er noch bange 20 Minuten überstehen, denn die vor ihm plazierten Juri Chartschenko und Thomas Jacob mußten noch in den Eiskanal. Doch ihre Läufe wurden vom Winde verweht, so wie Hackls dritte Fahrt. So ging ein Traum in Erfüllung, schließlich hatte niemand mit Schorsch Hackl gerechnet, am wenigsten er selbst. Zumal die kurzen Arme des 1,72 Meter großen und 78 Kilogramm schweren Athleten nach eigenem Bekunden nur schlechte Startzeiten zulassen. Ob das der Grund war, daß die 15 000 Zuschauer ihn so begeistert feierten? Es war ein wenig wie David gegen Goliath: Hackl zwischen dem Gewinner der Bronzemedaille Juri Chartschenko aus der Sowjetunion und Olympiasieger Jens Müller aus der DDR.

Herren-Einsitzer	*15. 02. 1988*
1. Jens Müller (DDR)	**3:05,548**
2. Georg Hackl (BR Deutschland)	**3:05,916**
3. Juri Chartschenko (UdSSR)	**3:06,274**
4. Thomas Jacob (DDR)	3:06,358
5. Michael Walter (DDR)	3:06,933
6. Sergej Danilin (UdSSR)	3:07,098
7. Johannes Schettel (BR Deutschland)	3:07,371
9. Otto Mayregger (Österreich)	3:07,619

Die Bobmannschaft aus Jamaika.

Verlierer

Nein – die Rede ist nicht von jenen Verlierern, die schon einmal ganz oben standen und jetzt unbeachtet von weitem zuschauten, wenn andere gefeiert wurden. Diese gehören zu den traurigen Verlierern – sie kommen beispielsweise aus Österreich, der Schweiz, auch aus Deutschland – sie haben den Triumph schon einmal geschmeckt, sie wissen, wie es ist, umjubelt zu werden – man hißte Fahnen und spielte Hymnen zu ihrer Ehre. Nein – von denen ist nicht die Rede. Wir reden beispielsweise von dem Biathleten Elliot Archilla aus Puerto Rico, der sich ski-joggend über die Loipe bewegte und seine Kugeln fröhlich verballerte. Wir reden auch von den Bobfahrern aus Mexiko, die jedes Mal, wenn sie das Ziel erreichten, so herrlich erleichtert wirkten, und dann so stolz um sich blickten, als würde aller Beifall ihnen gehören. Wir reden auch von der Inderin mit dem wunderschönen Namen Shailya Kumar, die die Piste des Riesenslaloms so gemächlich herabrutschte, daß man darüber den falschen Eindruck erhielt, so kannst du das auch. Sie alle waren hergekommen, ohne die geringste Hoffnung im Herzen, geehrt zu werden – sie fuhren heim ohne bittere Enttäuschung – sie werden zu Hause sehr viel zu erzählen haben und da sie Zeit hatten, auf mehr zu achten, als auf Tausendstelsekunden, werden sie für die Verbreitung der Idee dieser Spiele mehr tun als die Sieger. Die Rede ist von den glücklichen Verlierern. Ihre Zahl ist sicherlich größer als die der Sieger.
Ulrich Kaiser

Von der Eisbahn zur Sandbahn: Kein Problem für UdSSR und Schweiz

Zum dritten Lauf der Zweierbob-Entscheidung gibt es einige bemerkenswerte Sprüche: Sandbahnrennen im Eiskanal; Sandspiele; »Wir fahren wie auf Schmirgelpapier«; »Den Abbruch hätten sich die Idioten früher überlegen können«. Aber trotz aller Widrigkeiten fand die Zweierkonkurrenz doch noch statt und hatte mit Janis Kipurs und Wladimir Koslow (oben beim Start, unten im Auslauf) zwei begeisterte Sieger.

Ärger über Ärger setzte es bei den Zweierbobs: Während der ersten beiden Läufe weichte die mit 25 Grad brennende Sonne die Bahn auf. Späte Startnummern kosteten Sekunden – im Bobsport sind das Welten. Im dritten Durchgang verwandelte der Wind die Eisröhre in eine Sandbahn. Nach 28 Fahrern brach die Jury ab, Anton Fischer (BRD) mit Nummer 24 gestartet, schimpfte wie andere Piloten böse auf die schwache Organisation.

Auch die Neuauflage forderte starke Nerven. Weil der Wind wieder Sand in die Bahn blies, wurde das Rennen um drei Stunden verschoben. Dann fuhren die Spurenbobs ein Loch in Kurve drei. Sage und schreibe vier Stunden mußten die Fahrer warten, ehe es losging. Fast die Hälfte der 15 000 Zuschauer hatte sich inzwischen auf den Heimweg gemacht. Sie verpaßten die Fahrten von Prinz Albert von Monaco und das Riesenglück der Japaner Yuji Yaku/Toshio Wakita. Bei einer Geschwindigkeit von 70 Stundenkilometern kippte ihr Bob um und schlitterte kopfüber durch den Eiskanal. Beide blieben unversehrt.

Die Goldmedaille holten sich in diesem Chaos die Russen Janis Kipurs (»Das war kein Wettkampf, sondern ein Lotteriespiel«) und Wladimir Koslow. Wolfgang Hoppe, Doppel-Olympiasieger in Sarajevo 1984, und Bremser Bogdan Musiol (DDR) mußten sich mit Silber begnügen. Bronze gewannen ihre Landsleute Bernhard Lehmann und Mario Hoyer. Die deutschen Bobs belegten Platz sieben (Anton Fischer/Christoph Langen) und elf (Michael Sperr/Rolf Müller).

Wie im Zweier-, so im Viererbob: Die Deutschen enttäuschten, fuhren erneut hinterher. Wolfgang

Zweierbob	*22. 02. 1988*
1. Janis Kipurs/Wladimir Koslow (UdSSR)	**3:53,48**
2. Wolfgang Hoppe/Bogdan Musiol (DDR)	**3:54,19**
3. Bernhard Lehmann/Mario Hoyer (DDR)	**3:54,64**
4. Gustav Weder/Donat Ackling (Schweiz)	3:56,06
5. Ingo Appelt/Harald Winkler (Österreich)	3:56,49
6. Hans Hiltebrand/Andre Kiser (Schweiz)	3:56,52
7. Anton Fischer/Christoph Langen (BR Deutschland)	3:56,62
8. Peter Kienast/Christian Mark (Österreich)	3:56,91

Viererbob	*28. 02. 1988*
1. Schweiz I	**3:47,51**
(Ekkehard Fasser/Kurt Meier/ Marcel Fässler/Werner Stocker)	
2. DDR I	**3:47,58**
(Wolfgang Hoppe/Dietmar Schauerhammer/ Bogdan Musiol/Ingo Voge)	
3. UdSSR II	**3:48,26**
(Janis Kipurs/Guntis Ossis/Juri Tone/ Wladimir Koslow)	
4. USA I	3:48,28
(B. Rushlaw/H. Hoye/M. Wasko/W. White)	
5. UdSSR I	3:48,35
(M. Poikans/O. Kliawintsch/I. Bersups/ I. Iaudsems)	
6. Österreich I	3:48,65
(Peter Kienast/Franz Siegl/ Christian Mark/Karl Teigl)	

Fischer landete auf Rang elf, Michael Sperr auf dem 14. Platz. Ganz vorne plazierte sich der Bob Schweiz I mit Ekkehard Fasser, Kurt Meier, Marcel Fässler und Werner Stocker, sieben Hundertstel Sekunden vor dem DDR-Schlitten in der Besetzung Wolfgang Hoppe, Dietmar Schauerhammer, Bogdan Musiol und Ingo Voge. Die Bronzemedaille gewann die Crew von Zweierbob-Olympiasieger Janis Kipurs aus der UdSSR. Bemerkenswert: Die DDR-Bobs blieben ohne Gold – das erste Mal seit dem Debüt der DDR 1976 in Innsbruck.

Vor dem Rennen hatte es eine Menge Aufregung gegeben. Der Internationale Bobverband hatte dem Organisationskomitee in Calgary ein Ultimatum gestellt. Entweder wird der Wettbewerb frühmorgens gestartet oder gar nicht. Hintergrund dieser Drohung war das Dilemma bei den Zweierbobs, als durch die relativ späte Ansetzung (10 Uhr) irreguläre Verhältnisse entstanden. Das Organisationskomitee sträubte sich zunächst gegen eine Vorverlegung, mit schwachen Argumenten allerdings, etwa den fehlenden Informationsmöglichkeiten. Im Zeitalter der schnellen Kommunikation war das eine ziemlich unhaltbare Begründung.

Doch schließlich mußten sich die Organisatoren dem Internationalen Bobverband beugen. Und das war richtig so, denn bei den Viererbobs herrschten dann reguläre Bedingungen. Zur Freude von Sportlern und Zuschauern.

Die Schweizer fuhren mit ihrem Viererbob auf der Überholspur (Bild links) und verwiesen den erfolgsgewohnten DDR-Bob auf den zweiten Platz. Das Team: Ekkehard Fasser, Kurt Meier, Marcel Fässler, Werner Stocker.

Ein Abschied ohne Melancholie

Mit einer großen Eisschau im Rahmen der Schlußfeier im McMahon-Stadion wurden die Olympischen Spiele in Calgary am 28. Februar 1988 beendet.
In den französischen Alpen fiebert ein kleiner Ort namens Albertville dem nächsten olympischen Treffen 1992 entgegen. Auf Wiedersehen also in Savoyen, auf Wiedersehen in vier Jahren in Albertville.

Eröffnungsfeiern wecken Erwartungen, Spannung und Vorfreude, tun sich leicht mit der richtigen Stimmung. Schlußfeiern sind problematisch, müssen ein Ende machen, wecken Trauer, stören nur noch den Troß der Weltsportler beim Kofferpacken. Während im Saddledome noch das Schaulaufen derEiskünstler über die Bühne ging, wollten die Organisatoren von Calgary wohl nicht zurückstehen und bastelten zum Abschied ebenfalls eine Eis-Revue. Jeder der 60000 Zuschauer im Stadion erhielt eine kleine olympische Fackel in die Hand und durfte sie zu den *highlights* des Programms in die Höhe heben.
Scheinbar nicht auszurotten, zeigte sich wieder einmal die Tradition, daß die Athleten auch am Ende der Spiele noch nationen-

weise einmarschieren. Nur selten wurde diese starre Regel bisher angekratzt. Um so schöner, daß die Russen einfach fünf US-Amerikaner in ihre Reihen aufgenommen hatten.
Ganze einhundertundfünf Minuten dauerte die Show auf dem Eis, von ABC für ABC, die größte Eisrevue, die je in den Wohnzimmern der ganzen Welt über den Bildschirm geflimmert ist. Eigentlich fehlte nur noch Mickey Mouse, um das amerikanische Flair perfekt zu machen.
Noch einmal durfte Toller Cranston auf seine alten Tage die Welt mit seiner unnachahmlichen Art, übers Eis zu schweben, faszinieren und begeistern. Da schmolz Königin Silvia von Schweden auf der Tribüne ebenso dahin wie alle Nordamerikaner.

Nachher
Man braucht ein wenig Abstand, um Bilanzen zu ziehen. Nicht zuviel davon, weil der menschliche Kopf so eingerichtet ist, das Schlimme zu verdrängen und sich nur noch an das Schöne zu erinnern – nur gerade soviel, daß das Urteil durch keinen Frust mehr beeinträchtigt wird. Jeder hat nämlich Frust nach zwei oder drei Wochen: Alle Sportler, bis auf die Sieger – verständlich. Die Funktionäre, weil man immer die falschen lobt und die falschen kritisiert. Die Helfer, weil es auf einmal vorbei ist und morgen ist Montag. Auch die Berichter, weil sie müde sind und die Nase voll haben. Was bleibt also, wenn man diesen Frust abzieht?
Es bleibt die Erinnerung an einen störenden Wind, der das Programm durcheinander brachte – von dem die Einheimischen aber wußten, daß er immer um diese Zeit des Jahres bläst. Das war ärgerlich, aber wenn alles auf Kunstschnee und auf Kunsteis stattfindet, ist es auch möglich, über das bißchen Natur zu lächeln. Natur? Was man nicht vergessen wird, ist der Blick auf den verwüsteten Berg dort – wo man Schneisen in den Wald schlug, die nichts anderes als schrecklich aussahen. Man will sie wieder anpflanzen, hieß es. Aber es gibt so viele Schneisen auf der Welt, die man wieder anpflanzen wollte. Den Schanzen für die Skispringer wird auch keine Anpflanzung helfen – sie werden da stehen, und vielleicht werden sie einmal die Meisterschaften der Provinz Alberta dort austragen. Vielleicht wird man diese Meisterschaften auch mehrmals wegen des Windes verlegen müssen. Die Schanzen werden dort stehen wie Denkmäler aus Beton. Denkmäler wofür? Und ob es dieser Bahn für die Rodler und Bobfahrer besser gehen wird? Was bleiben wird bis zur nächsten Gelegenheit ist die Tatsache, daß die einst so hehr gehaltenen Spiele Olympias verkauft wurden. Verkauft an ein Medium, mit dessen Hilfe sie in jedes Wohnzimmer auf der Welt flimmern – wenn man es positiv sehen will, trägt das auch zur Verbreitung ihrer Idee bei. Der hohe Preis, den man dafür erlösen kann, hat die Olympier von der Sorge enthoben, kaum noch Ausrichter zu finden.
Er hat zu Reichtum geführt, wo man früher kaum das Geld besaß, die Miete und das Personal zu bezahlen. Er hat auch dazu geführt, daß die, die viel Geld bezahlen, Einfluß nehmen. Das ist immer so bei einem Geschäft, und verwunderlich daran ist nur, daß die, die das Geschäft machten, sich plötzlich darüber wundern. Gestartet wird, wann es der Regisseur befiehlt – die Zeremonien erhalten den dramaturgischen Ablauf, der auf den Bildschirm paßt – und wenn man eine Pause braucht, um den Werbespot unterzubringen, dann hat die Pause gefälligst auch stattzufinden. Die Alternative würde bedeuten: Zurück zur Armut – sie ist in der Geschichte nie vorgekommen. Zwanzig Jahre vorher hat ein Präsident des Internationalen Olympischen Komitees die Idee dieser Spiele mit einer Religion dieses Jahrhunderts verglichen. Ist es Zynismus, wenn man sagt, daß seine Nachfolger darunter eben das verstehen, was sie daraus gemacht haben?
Ulrich Kaiser

Medaillenverteilung in Seoul

	Gold	Silber	Bronze
UdSSR	55	31	46
DDR	37	35	30
USA	36	31	27
Südkorea	12	10	11
BR Deutschland	11	14	15
Ungarn	11	6	6
Bulgarien	10	12	13
Rumänien	7	11	6
Frankreich	6	4	6
Italien	6	4	4
China	5	11	12
England	5	10	9
Kenia	5	2	2
Japan	4	3	7
Australien	3	6	5
Jugoslawien	3	4	5
CSSR	3	3	2
Neuseeland	3	2	8
Kanada	3	2	5
Polen	2	5	9
Norwegen	2	3	–
Niederlande	2	2	5
Dänemark	2	1	1
Brasilien	1	2	3
Finnland	1	1	2
Spanien	1	1	2
Türkei	1	1	–
Marokko	1	–	2
Österreich	1	–	–
Portugal	1	–	–
Surinam	1	–	–
Schweden	–	4	7
Schweiz	–	2	2
Jamaika	–	2	–
Argentinien	–	1	1
Chile	–	1	–
Costa Rica	–	1	–
Indonesien	–	1	–
Iran	–	1	–
Jungferninseln	–	1	–
Niederl. Antillen	–	1	–
Peru	–	1	–
Senegal	–	1	–
Belgien	–	–	2
Mexiko	–	–	2
Dschibuti	–	–	1
Griechenland	–	–	1
Kolumbien	–	–	1
Mongolei	–	–	1
Pakistan	–	–	1
Philippinen	–	–	1
Thailand	–	–	1

Medaillenverteilung in Calgary

UdSSR	11	9	9
DDR	9	10	6
Schweiz	5	5	5
Finnland	4	1	2
Schweden	4	–	2
Österreich	3	5	2
Niederlande	3	2	2
BR Deutschland	2	4	2
USA	2	1	3
Italien	2	1	2
Frankreich	1	–	1
Norwegen	–	3	2
Kanada	–	2	3
Jugoslawien	–	2	1
CSSR	–	1	2
Japan	–	–	1
Liechtenstein	–	–	1

Inhaltsverzeichnis

Bildnachweis

Calgary
Lorenz Baader (13); Bongarts Sportpressefoto (Lutz Bongarts /Maja Moritz) (18); Deutsche Presseagentur (20); GES (2); Horstmüller (4); Perenyi (6); Rogmans (10); Sven Simon (5); WEREK (4); Witters (7).

Seoul
Lorenz Baader (27); Bongarts Sportpressefoto (Lutz Bongarts/Maja Moritz) (159); Deutsche Presseagentur (84); GES (4); Horstmüller (8); Kösegi (4); ZDF Bilderdienst (3); International Olympic Comitee (5); Sven Simon (45); Studio X (20); WEREK (25); Witters (20).